アライ＝ヒロユキ

オタ文化からサブカルへ

ナラティヴへ誘うキャラクター

Redefining Otaku culture as Subculture
Character induces Narrative
ARAI Hiroyuki

はじめに　なぜサブカルチャーなのか

作品ではなくコンテンツといい、鑑賞者ではなくユーザーという。オタ（ヲタ）文化、サブカルチャーの現在的状況だ。この受けとめ方には、表現が消費（商品）に傾斜してしまった背景がある。

本書はアニメーションの批評をテーマとするが、峻別して用いられるオタ（ヲタ）文化でなく、あえてサブカルチャーという言葉を使っている。その理由は、この言葉に公的な社会性が刻印されているからだ。自らの内側に閉じて完結するのではなく、外側に対しての軋轢や投げかける主張を含むがゆえ、そう呼ばれる社会集団。それは運動の形態を取ることもある。

その例を1970年代から拾ってみよう。コミケは自由な交流の場として、古代ギリシアのアゴラ(広場)をイメージして作られたという創設スタッフの証言がある。またアニメ文化の礎石となったヤマトブームは、大人の呈示する価値観への異議申し立ての要素があった。サブカルチャーのルーツたるアメリカでは、サイケデリックやロックにまつわるサブカルチャーは、よりラディカルな行動文化のカウンターカルチャーと地続きであり、より穏当なかたち、複雑なニュアンスで既存の価値観にプロテストを行った。

こうした行動に人々を誘うサブカルチャーとは何だろうか。筆者は、いわゆるおたく第一世代の下限にあたる。日本のアニメというサブカルチャーがまだギラギラした輝きを放っていた時代（70年代）を記憶に持つ。あの当時に比べ、今流にコンテンツ、ユーザー、商品と形容するとき、そこには脱臭に似たものを感じずにはいられない。作品を単に商品と見るなら購買行動の対象としてその性格は限定され、私たち消費者ともども資本主義の奔流の中の消えゆく泡でしかない。しかし作品を表現として捉えるなら、歴史を通じて語り継がれていくものとなる。見渡してみれば、いまも多くのメッセージ、思想、想いが凝縮して込められている。作品そのものではなく、むしろ作品への接し方、捉え方こそが変貌してきたことに気づかされる。

では、いまサブカルチャーをどう捉え直せばいいだろうか。その問題意識の解答として執筆したのが本書となる。

本書は、4つのパートに分かれている。

まず「欲望と消費」。サブカルチャーではしばしば政治／社会的メッセージが投げかけられるが、作品の根幹はその主張に必ずしも寄り添うものではない。それは娯楽性に止まらないだけでなく、構造的な問題に関わる。たとえば宮崎駿はその（左翼的な）思想性がよく知られるが、諸作品には少女とメカへの偏愛も潜む。つまり、フェミニズム的な視点からは政治的には正しくない。では、萌え少女を主人公とする『魔法少女まどか☆マギカ』はどうだろうか。そこには、ジェンダー問題を射程に収める意味の読み替えがある。それは、ボーイズラブ（的）という真逆のベクトルを持つ『Free!』も同じだ。こうした矛盾の問題系を、サブカルチャーについての海外の最新研究をも踏まえ、探った。

次に「自由と抗い」。サブカルチャーのキャラクターを見ていくとき、属性と役割のふたつの要素を持つことに気づかされる。属性は機能に、そして役割は行動に結びつく。そして後者の、行動で自身の思想を語り、物語を紡いでいくある種のヒーローたちがいる。具体的には、ルパン三世、ハーロック、キリコ・キュービィー（『装甲騎兵ボトムズ』）だ。特に後者のふたりは沈黙、寡黙で知られている。そのありようは、思想家ヴァルター・ベンヤミンのいう抗う存在、「英雄」に近い。この「英雄」は（古代ギリシアの）演劇と深く関わりがある。実際、先の作品には演劇的なアプローチが窺える。その抗いとは何のためのものか。そこに託された時代への反語を読み解いてみた。

そして「世界と物語」。演劇性とは行動者が世界を語る叙述法のひとつである。『イデオン』のドバ・アジバやユウキ・コスモが語り、抗う運命とはどのようなものか。この問題を、空間設計の演劇的な分析から読み解く。その対極にある、現代の情報環境と分岐／並行の世界観を背景とした『涼宮ハルヒの憂鬱』。ハルヒとキョンというふたつの話法が語る（ナラティヴ）世界とはどのような意味を持つのか。そして、歴史もまた物語のひとつである。その歴史を常識にとらわれずに換骨奪胎した表現『るろうに剣心』や『戦国ＢＡＳＡＲＡ』などの現代的な意味も考察した。

最後は「テクストと解釈」。これまでの分析を総括しつつ、アニメにおける演劇性とナラティヴの問題を、出崎統の作品（『エースをねらえ！』ほか）や『銀河英雄伝説』などに探った。そこには、ハンナ・アーレントが大衆社会論でいう均質化された消費者からの脱出の糸口がある。それが、なぜサブカルチャーと関わるのだろうか。さらに演劇性は昨今のメタ視点を持つアニメを理解するさい、全く新しいアプローチを可能にするだろう。

本書は、より広い視点からアニメ表現を捉え直す試みである。ゆえに題名にこのように付けた。オタ（ヲタ）文化からサブカル（サブカルチャー）へ。

〈目　次〉

自由と抗い

世界と物語

テクストと解釈　267

欲望と消費

宮崎駿はなぜ政治的に正しくないか

反戦の主張と兵器への耽溺。宮崎駿の抱えた矛盾の意味　『風立ちぬ』

オタ（ヲタ）文化、おたくカルチャーより、より公的な社会との接点を持つもの。サブカルチャーを、こう捉えることができる。だが、それは社会問題をそのまま反映して表現する、受容されることを意味しない。社会＝公への志向は欲望という対極の要素との矛盾にしばしば苛まれる。

たとえば、もっともよくしられたアニメ作家、宮崎駿にこれが顕著だ。彼の監督による最新作の映画『風立ちぬ』（２０１３年）は、零戦の設計にも携わった飛行機の設計技師・堀越二郎を主人公とする。本作は引退作と喧伝されたこともあり（過去何回もあるが）、多くの話題を呼んだ。

宮崎駿はまず動きの映像表現で知られ、評価されるが、その代表例に「飛ぶ」がある。これまで丹念に追求されたこの主題は、本作では飛行機の設計技師を主人公とすることで、その中核に据えられる。冒頭は堀越の空想の飛行機で始まり、終幕は同じく零戦の飛行で締めくくられる。その夢幻の舞台のなかで、彼は中堅技術者になっても「やあ、来たな。日本の少年」と憧れの技術者、カプローニに声をかけられる。主題である「飛ぶ」は、終始、少年のモチベーション、情熱に支えられている。

『風立ちぬ』は、飛ぶ、風、重低音の3つの要素を持つ。飛ぶことの付随現象に風がある。重低音はこれに遅れて続く。再会などの場面で風を象徴とする存在、結核を病んだ妻・里見菜穂子はそれゆえに清涼感があるが、生身の女性のリアルさに欠ける。さらに重低音は、関東大震災や第二次世界大戦のような時代の大潮を象徴する。しかし、終幕の童顔を残す「少年」の心に傷跡を残すようでもない。彼はすべてに対し、毅然とそびえる存在だ。

『風立ちぬ』は、日本が対外侵略で破滅へと突き進んでいく暗い時代を舞台とするが、歴史ドキュメントの要素は高くない。「少年」の眼差しを残す主人公は、歴史の暗部を描くのには適さない。むしろ、日本の航空機の黎明期を生きた設計技師の生涯を極めて主観的な憧れで綴ったオマージュ的な映像だ。堀越というより、宮崎駿の内面を反映した飛行機や風、雲のざわめきは、彼の作家歴で蓄積した技法の冴えをまざまざと見せつける。

本作のプロデューサー、鈴木敏夫は宮崎駿を「戦闘機が大好きで、戦争が大嫌い。宮崎駿は矛盾の人である」(「日本人と戦争」、映画パンフレット『風立ちぬ』)と形容する。これは、『風立ちぬ』で戦争の悲惨さ、航空兵のリアルな死、技術者として戦争に荷担した悔いの描写が見られないことを受けてのものだ。そのことを批判する意見がないでもないが、内外ともにおおむね批判のトーンは高くない。それは彼が護憲派として知られ、日本の保守性を強く批判する「左翼」的な立場と見なされているからだろう。

宮崎駿はこう反論する。「職業をもつということは、どうしても荷担するという側面を持っている。それはもうモダニズムそのものの中に入ってるんだと思ってるんです」（『ビジネスジャーナル』2013年9月25日）。彼はむしろ技師として職務に誠実さを持ち、情熱をもって技術向上に心血を注いだ堀越の姿勢を評価する。それが憧れというかたちで、本作の映像世界に直結する。

モダニズムの過酷さ、両義性を描いた短編小説に、芥川龍之介の「地獄変」がある。娘の命を犠牲にしてモデルとし、芸術の前人未踏の領域を極めようとした絵師の物語だ。その凄絶さには、人の業が個人表現で表出する近代という時代がよくあらわされている。芥川は平安時代の絵師を題材にするも、作品は自我にとらわれた近代的人間像の実像に迫る。それはモダニズムの核心でもある。

芥川龍之介の「地獄変」と対照してみると、明らかになるのは、『風立ちぬ』には陰影を伴う近代的な人間像とその描写がない点である。

小説は内面性という固有価値をもつ冒険の形式である。

小説において形式を規定する根本志向は、小説の主人公の心理として客観化される。小説の主人公は探究する人なのだ。

ジェルジ・ルカーチ「小説の理論」『ルカーチ著作集 2』白水社

この内面性という小説性の欠落は、記号化されたキャラクターを扱う日本のアニメではしばしば見られる。その意味では、宮崎駿だけの問題ではない。だが彼は作中にしばしば自身の思想、イデオロギー性を投影、混入させる。つまり趣味性と思想性の乖離であり、矛盾だが、本作ではこれが大きな問題となって表出する。

芥川龍之介が体現したモダニズムが作中にあるなら、堀越二郎は飛行機技術の兵器への転用という業を引き受け、より凄絶な陰影を伴わなければいけない。しかし、それは薄い。戦争映画がすべからく反戦メッセージを込めなければいけないとは筆者は思わない。しかしそこに人間の業の描写という戦争の実相を欠いたとしたら、それは戦争という快楽の消費でしかない。そして、それは政治性の欠如による権力への荷担に直結する。

宮崎駿流のモダニズムとは、階級性の肯定にある。芸術家、技師とは、言葉を変えれば情報技術のテクノクラート（専門家の官僚）である。堀越は、冒頭から非の打ち所のない文武両道のハンサム系の少年として描かれる。まっすぐな眼を持ち、大志を抱き、勉学に熱心、かついじめられっ子を悪童からいとも簡単に助け出す柔術の持ち主だ。そして物語は、堀越の周辺の「持つもの」（上層階級）の視点で描かれていく。関東大震災のさい、逃げ惑う人々の会話は一切省かれる。かれらは、堀越たちにとって名前を持たず、知性（文化資本）を具えない群衆にすぎないからだ。日本での外国語の会話は頻出するが、堀越二郎と里見菜穂子のそうした会話をじろと見る庶民の描写は、宮崎の意図的な挿入だろう。

日本のモダニズムは、往々にして上層階級によってその進歩が成し遂げられてきた。これを前提に、宮崎駿は堀越二郎というキャラクター（史実の彼とイコールではない）をその体現者として描く。彼の純粋さとは、階級性の等閑視の上に成り立つ。そしてリベラリズムと進歩思想もまた、その延長上にある。彼の拠って立つ基盤だ。それは、カプローニの「君は、ピラミッドのある世界とピラミッドのない世界とどちらが好きかね？」という問いかけが象徴する。そしてつまるところ、堀越とは宮崎の自己投影だろう。

もうひとつの、大戦中の航空技師物語

『わが青春のアルカディア』

『風立ちぬ』の前に、もうひとつアニメで航空技師を描いた作品がある。松本零士が企画・原作・構成の映画『わが青春のアルカディア』（１９８２年）である。これは、太陽系連邦軍の将校だったハーロックが親友トチローとともに、国家の軛を離れた宇宙海賊へ転身する姿を描いた物語だ。ふたりの先祖を語る挿話として、第二次世界大戦のドイツのパイロットだったファントム・Ｆ・ハーロッ

クⅡ世と日本の航空技師で戦闘機の照準機の開発に取り組んでいた大山敏郎が登場する。

本挿話は、松本零士の「ハーロック・サーガシリーズ」の一環とともに、「戦場まんがシリーズ」（ザ・コクピットシリーズ）の同名の一エピソードでもある。「戦場まんがシリーズ」は日本兵だけでなく、各国の兵士が登場するが、そのトーンは一貫している。一時的な勝者はいたとしても、長大で非情な時の流れの中では虚でしかない。物語は基本的に、敗者を宿命づけられた末端の兵士の視点が縦貫する。これはこの映画も変わらない。

敏郎「こんな戦いを始めやがって」
ハーロック「お互い空しい気がするな」

ふたりの発言に反戦的なニュアンスはあるものの、戦争の当事者としては軽すぎるだろう。だがハーロックは敗戦国の将校であり、彼の行く手に待っているのはフランスレジスタンスの銃口であり、処罰だ（原作漫画では残るもうひとつの目も失明させられる）。「海賊はやったことに責任を持つのが生き方だ」

大山敏郎はトチローの原型であり、短足のチビなブ男だが、「百姓のせがれ」であって上層階級の出自ではない。彼は日本に帰っても、花形技術者として大成する含みはない。おそらく社会の片隅で生きる人間であり、彼も非上層なるがゆえに敗者を宿命づけられている。そして『わが青春のアルカディア』という物語で、未来においてもハーロックとトチローは負け続け、敗残の苦しみを噛みしめる。その敗北の堆積の延長上に未来の勝利＝アルカディアがあるが、それは理想ゆえに描かれない。敗者の視点での戦争の描写は、倫理性をはらむことを強調したい。

そして、『風立ちぬ』の終幕の夢幻の舞台が暗示するように、堀越二郎の行く手にはさらに戦後日本の復興した航空機産業がある。つまり日本は敗戦を迎えたが、彼は変わらず勝ち組であり続けるであろうと読み取れる。おそらくこの自覚的に残酷な図式こそ、多くの人が気づいていない本作の隠れたテーマだろう。そしてここで示された社会に接続する回路は、サブカルチャーなるものの本分ではないと筆者は思う。

「飛ぶ」が導く、表現の高みと限界

『魔女の宅急便』『未来少年コナン』

宮崎駿の『風立ちぬ』が示す陥穽は、彼の志向と技法の乖離に由来する。彼の諸作品は、アニメーションの常套手段であるキャラクターの類型化で成り立っている。この場合、清純な乙女、健康的な少年、寛容で温かみのある大人、そして英知にあふれた老人などといった人間の類型だ。それは丸みを基調としたあの人物造形でかたちを与えられ、清冽な情感を基調とする物語の中で類まれな動きの描出を経て、命を与えられる。それは、近代的な人間像とはむしろ別領域のエンターテインメントでこそ魅力を発揮する。

映画『魔女の宅急便』（1989年）は、宮崎駿のトレードマーク「飛ぶ」という『風立ちぬ』と同モチーフがドラマの根幹と共鳴し、比類のない爽快感を生む。本作は、親元を離れ、ホウキに乗って荷物を届ける宅配便を始めた魔法少女キキの成長の物語だ。実業を通した少女の成長という、やや地味な題材をダイナミズムで盛り上げる役割も「飛ぶ」が果たす。

それまで飛ぶことに特別な意識を持たなかったキキだが、同世代のトンボと出会い、思春期特有の迷い（恋心）を抱いて飛べなくなる。そんな彼女に画家（の卵）の少女ウルスラは、「飛ぶ」ことは彼女の資質に根ざしたいわば「表現」であり、そのバランスが崩れたのなら自分を見つめることで取り戻せるとアドバイスをする。

そんなとき、トンボは飛行船の事故に巻き込まれる。キキは彼の窮地を救うため、（床掃除用の）ブラシにまたがり、気合いを込める。その数秒のタメ（間）の後、勢いよく飛び出す解放感。そして、「力」をまだよく制御できない状態での、不安定な飛行で懸命にトンボの命を救おうとするハラハラドキドキ感。大群衆が見守るさなか、彼女が間一髪でトンボを救うと浴びる拍手喝采。

事業はそもそも人々に受け容れられ、支えられてこそ成立する。宮崎駿の作品群には、労働を通した社会参加が強く打ち出される。それは、自己実現とはじゃっかん異なった集団性の強調だ。終盤のエピソードはキキの恋の決着だけでなく、彼女が人々から喝采浴びることで社会の成員＝大人の一員となったことも象徴する。

サブヒロインのウルスラ、キキの下宿屋であるパン屋のおかみ、おソノの両者とも、宮崎作品では珍しく美人ではない。前者が芸術家の卵であるせいか、その性格の描写も幅があり、よく練られている。キキもまた引っ込み思案の性格が陰影を与えている。

もともと宮崎駿はテレビアニメ『未来少年コナン』（1978年、全26話）の人気だけでなく、児童向け短編映画アニメ『パンダコパンダ』（1972年）の発掘などの検証を通し、アニメブームのさなか評価された面がある。彼は最初はまんが映画というアニメーションの王道を継承する作家として認知された。だが『コナン』のような文明批評性を持つ作品が題材に選ばれると、問題は顕在化し始める。これは磁力兵器による最終戦争後の地球を舞台にした物語だ。野生児コナンと少女ラナの出会いから始まるこのドラマは、典型的な「ボーイミーツガール」の形態を取る。本作の要もまた、コナンの野生児あふれる冒険、活躍であり、動きだ。それはそのまま人間の健全性のメタファーでもある。だが、それは精神を欠いた肉体の完全さである。これが物語では、動＝肉体＝コナン、静＝精神＝インダストリア（復興都市）という図式であらわされる。

アニメーションの動きそのものが文明の健全さを体現するのはすぐれたコンセプトだが、これは明らかに「ボーイミーツガール」という恋の物語に不適切だ。少年の恋の物語は、自我の芽生えを当然のごとく前提とする。これは作品の牽引力に関わる。さらに自我の欠如は、文明への省察を欠き、その批判は表面的、図式なものに止まらざるを得ない。事実、表層的な肉体の健全さがメッセージとなる。これに対し、精神を持つ都市人は存在そのものが汚れたものとされる。これはエコロジーが陥りやすい思想の一元化だ。

民俗学という複数性、少女という単数性

『未来少年コナン』『千と千尋の神隠し』

コナンのような少年像は好きですね。…お姫様を救うとかいう古典的な願望の主人公になれるのは、十一歳くらいじゃないかって思うんです。だから僕はコナンを十一歳にしたんです。(著者注　コナンが)むしろいい子すぎるって言う人のほうが、僕はあんまり好きじゃないんです。悪い子見たいの、おまえは？　って言いたくなるんで。(著者注　反抗的な少年主人公に対して)第二次反抗期の息子みたいなね。ああいうの見ると、張り倒したくなるんだよね、やなガキだと思って。ああいうのがヒーローってのは、どうしても僕には納得できないことなんですよ。

宮崎駿『出発点〔1979〜1996〕』徳間書店

この人間観は宮崎駿が用いる技法に適してもいる。彼が出身の東映動画はなめらかな動きを重視

した自然リアリズムの映像技法をもともと得意とし、これはほのぼのとした情感や自然の事物が動くダイナミズムに適している。一方、手塚治虫の創設した虫プロはモンタージュ手法に秀でた映像作家が多く、主観的な映像表現を得意とし、人物の内面描写にすぐれている。東映動画出身の宮崎の技法とは、この主観的な描写とは隔たりがあり、恋などの内面描写にはハンデがあるだけにそれ相応の仕掛けが必要となってくる。

少女文化的なクセや情緒、イヤみは、ヘテロの男性にならむしろかわいらしさに映るが、それは主題の反文明的な価値観にそぐわない。しかし、ラナはいわば聖少女として偶像化されて描かれる。それは少女という内面を描写上省くがゆえの記号化でもある。

『コナン』は人物の猥雑さと多様性を欠いた単数性が底流にあり、それは反文明というイデオロギーで補強される。これは、いわば単数性によって主張される正しさにほかならない。彼の作品はしばしばこの傾向がある。現代の他のアニメでも、キャラクターの記号化などでしばしば直面する問題だが、これはメタ視点でカバーする場合も多い（後に触れる）。

『風立ちぬ』の里見菜穂子もこれは同じ事情だ。「白馬の王子様」という発言、紙飛行機を交えた恋のやり取りは、ラナくらいの12歳の少女ならともかく、20代中盤くらいの女性の恋としてはあまりにも子どもじみているのではないか。

映画『千と千尋の神隠し』（２００１年）は宮崎駿の学識を活かした民俗学的な空想世界で、雄渾な力強さがある。だが思弁性が強いほど、作品のある種の欠落性も明瞭となる。

これは現代の物語だが舞台は廃墟に潜む異界で、文字通り神隠しにあって連れ去られた少女、千尋の体験が綴られる。その異界には八百万の神が暮らしのアカを落とすため立ち寄る油屋という湯屋（浴場に特化した宿泊施設）があり、千尋（この世界では千という名）はここで働くことになる。

宮崎駿のアニミズム的なディテールへの偏愛の趣向は、この作品では見事に生かされている。その汎アジアを志向する民俗学的な豊穣さはメッセージとしては反資本主義的で、リベラル・左翼的な思想性が強く感じられる。だが、この世界観は同時に少女への欲望によっても支えられている。千の仕事である湯女とは、古くは（江戸や室町時代）風呂屋で垢すりのサービスなどを提供した女性のことだが、彼女たちは性的サービスも行った。本作にも劇中、浴場に「回春」と立て札があるので、史実を踏まえて作られたものだろう。

けなげに働く千と出会うことで浄化される男の神たち（物語の中には女の神も登場するものの、湯屋のシーンと切り離されている）は、たしかに性風俗で癒される（とされる）オヤジたちの姿を彷彿させる。しかし千の仕事にはイメージの参照元である売春が持つ苦しさ、重さは描かれない。これは経済的な階級性から望まない苦役を強いられた、昔の日本女性への共感を醸成しない。その意味では、確かに作品にまがまがしさという膨らみを与えるものの、現代的な人権意識とそぐわない。

宮崎駿が八百万の神と娼婦の湯女を組み合わせたのは、かつて神社にしばしば遊郭が併設され、巫女が参拝客相手の性的な供応・供儀も行っていたとの網野善彦らの歴史家の主張を踏まえたものと思われる。それは女性への聖性の付与でもあるだろう。だが小谷野敦はこの「聖なる性」論に関しては、聖と性が近代になって確立した概念である、遊女・白拍子などの職業と売春はイコールではない、階層性を持つ娼婦の中の上流層に恣意的に例を当てはめているなどの指摘をする（「聖なる性の再検討」『日本研究第29集』国際日本文化研究センター）。千の湯女についても、つきつめると歴史ではなく主観的な文学の範疇でしかない。

ここから、民俗学的な題材を持ってはいても人間に対する複数性を持っていないこと、少女への欲望の視点が含まれていることがわかる。民俗学によって補強された文明批評ではあっても、それは女性の単数性の価値観に縦貫されている。ちなみにフェミニズムとは女性の称揚ではなく、女性の生き方の複数性を価値観の提起と制度の確立で底支えする思想のことである。

自然描写に潜む資本主義的な欲望

『風の谷のナウシカ』

僕は「自然はすばらしい、自然は大事だ、自然は守らないといけない」というのは確かにそうなのですが、それは僕らの持っている世界の中の一部だと思いたい。今は当面そうだけれども、自分たちの歴史の中では、森の力が圧倒的に強かった時期があったことを忘れてはいけないという気持ちがあるものですから。

機械というものに霊的なものが宿るということもありうるのではないか。…機械の持っている不思議さに、一種のアニミズム的な力を感じとる人間の方が好きですね。

宮崎駿『出発点〔1979~1996〕』徳間書店

これはアニミズムへの礼賛という宮崎駿の抱える矛盾をよく物語る。絵がアニメート（生き生きと動く）するアニメーションとなっていくとき、そこには森羅万象を欲望の律動へと変えていく契機もはらむ。このアニメをよりよく操る宮崎駿が抑制を離れて動きと世界観に傾斜するとき、欲望の要素が強く現れる。それは自然だけでなく、彼の好む少女、メカ（兵器）にもあてはまる。現実が動き移ろいゆくものなら、あえてこれを静止させた姿で見るとき、私たちの奥底に眠るものが顕在化される。そこには欲望、リビドーもまたはらむ。このことに最初に気が付いたのはヴァルター・ベンヤミンだった。

精神分析によって無意識の衝動を知るように、ぼくらはカメラによって初めて、無意識の視覚を体験する。

ヴァルター・ベンヤミン「複製技術の時代における芸術作品」『ボードレール　他五篇』岩波書店

この無意識の視覚＝写真が動画となるとき、欲望はどうなるだろうか。ドラマツルギーが健在であるなら、あるいは個人の内面が作品の表層を覆うなら、無意識の欲望は潜在化する。イギリスの思想家フレドリック・ジェイムソンはこう述べている。「欲望が常に時間の外に、物語の外にある」（『政治的無意識』平凡社）

宮崎駿のアニメーション表現においては、この欲望の視点が強化される。これがとりわけ強く現れるのが、アニメ映画『風の谷のナウシカ』（１９８４年）だ。本作では、特殊な生命体である腐海、生態系描写とともに、機械／兵器の描写にも努力が注がれる。ここには、主体や自我のない快楽が存在する。肉付けのない聖少女はこの横溢する欲望をさらに強める。皮肉なことに、反資本主義という政治性を強調する作家が資本主義的な欲望を作品で強くあらわにする矛盾がある。

『ナウシカ』は「火の７日間」と呼ばれる最終戦争から、１０００年後の地球が舞台。ここでは、世界は瘴気と呼ばれる有毒な空気を放出する腐海という特殊な生態系に侵食され、人類は滅びの影に怯えて暮らしている。この腐海とは菌類と樹木の混合のような植物と王蟲に代表されるさまざまな形態の「蟲」で構成される。適正技術（環境に優しい生活技術）によって調和の取れた「風の谷」の族長の娘、ナウシカは、この腐海が「火の７日間」前に人類によって壊滅的なまでに汚染された地球を生体循環作用で浄化する働きをしていることを知る。物語は、人類が生んだ最終兵器・巨神兵なども登場させつつ、文明の愚かさと自然の崇高さを説く。

「多すぎる火は何も生みはせん。火は森を一日で灰にする。水と風は百年かけて森を育てるんじゃ」（ゴル）、「わしらは水と風のほうがええ」（ギックリ）

この風の谷の老人たちの言葉はその代表的なものだ。だがこれはやや図式的で、個人の胸から発するものというよりは群衆の言葉の印象がある。そして注意したいのは、この自然賛歌という物語はナウシカという美少女が聖者となって牽引することが初めて成立する点だ。

映画の終盤、風の谷を奔流のように襲う王蟲の群れ。これを止めてみせたのは、復活した巨神兵というしにえの最終兵器ではなく、自然を愛するがゆえ自らの身命を捧げたナウシカであった。彼女は死んだと思われていたが、王蟲が生命を分け与えることで復活する。そこで大ババは泣き、救世主が降誕したと告げる。ここでは受難と再生の宗教劇が物語のクライマックスとなる。聖少女の物語が老婆の祈りといった民俗学的な装いを与えられ、日本の古層的な「王権」の誕生へと導かれる。ここには崇高さという、議論を介在しないものの危うさがある。『風立ちぬ』の持つ階級性（指導性）を想起したい。そして、映画『風の谷のナウシカ』の終着点は、聖性ゆえに近代的自我を欠いた少女とアニミズム的なメカニズムという資本主義的な欲望が強化されたものでもある。

マンガが語り得た、アニメの限界地平

では、これが宮崎駿という作家の表現の本質かというと、実情はそこまで単純ではない。本作はもともと原作である彼の漫画が出発点だが、そこには多様な視点が確保されている。原作の完結は映画制作の後で、再検討を踏まえた上でとも取れる。だが彼がアニメでなし得なかったことが、マンガではなし得ている。

原作では、ナウシカは風の谷の族長の娘として強国トルメキアの招請に従い、その敵国への遠征に加わる。消耗を極める行軍とその果てに、彼女はさまざまな人々と出会い、多くを学んでいく。王蟲の風の谷への暴走もない。巨神兵は凶悪な兵器ではなく、自意識を持ち、むしろナウシカを終着地、土鬼（ドルク）のシュワの墓地に導く存在である。そこは「火の7日間」前のテクノロジーが周到に保存される場所だった。墓の主が語ったのは、腐海はオーバーテクノロジーによって世界の浄化のため作られた人造生命であり、ナウシカたち人間もまた汚染された地球に適応し、墓の主たちに役立つよう作られたという真実だった。そして完全に浄化された地球では腐海と現生人類は適応できない用済みとなる存在であり、その後の地球は墓に眠る新生人類が支配するところとなる、というのだ。

これに対しナウシカは「私達の生命は私達のものだ。生命は生命の力で生きている」と、生命の

存在そのものの尊厳性でもって反論する。ナウシカはこの新人類（の卵）を結果的に殺戮する。新人類は戦争や環境汚染をもたらさない「おだやかな種族」だとされるが、彼女は生命が本来持つ「清浄と汚濁」という相矛盾する本質を欠落させているとして否定する。

しかし王蟲と現生人類がともに作られた存在でありながら、矛盾という生命の本質を謳歌するなら、新人類もまた同じ性格を備えるだろう。ナウシカは、つまるところ自分たちと並び立たない対等の存在だからこそ新人類を否定する。このまがまがしさを持っているからこそ彼女もまた生命そのものなのだ。

この場面にはトルメキアのヴ王が立ち会う。彼は悪逆と頽廃を尽くした王のようだが、ナウシカの主張を首肯し、墓の主に抗弁さえしてみせる。「自分の運命は自分で決める」「そんなもの（著者注　新人類）は人間とはいえん…!?」ふたりとも、生あるものはたとえ罪深くともそれだけで尊厳を持ち、そのまるごとを肯定したいという点で一致するようだ。

原作は地べたを這うような徒労感に満ちた行軍と世界の真理への探究で、ナウシカの出典のギリシア神話のオデュッセイアの旅路を彷彿させる。その旅で得た彼女の叡智、想いは、終着点において理不尽さを強要する墓の主＝神に対する雄々しいまでの抗いを支える柱として、読むものを納得させる。それは物語の最後に「生きねば」と記されたように、生きる力そのものである。

しかし、宮崎駿が示したこの「清浄と汚濁」の共存、複数性につながっていくもの、これをアニメ表現では（他の作品に至るも）遂に彼は描き得なかった。それは、彼がアニメ表現に課した「制約」を超える世界観、広がりを持っているからだ。

　宮崎駿が原作で描いたものと、アニメで描いたものの落差。そこには、彼のアニメ表現が抱えた矛盾と陥穽がある。サブカルチャーとしてのアニメは、むしろその矛盾と陥穽を乗り越えるものとして、これから語っていきたい。

サブカルチャーを定義する

カルチュラル・スタディーズによる、政治性の強調

ディック・ヘブディジ、現代文化研究センター（CCCS）

おたく文化でもなく、オタク（ヲタ）文化でもなく、サブカルチャー。本書がこの言葉をあえて用いるのは、消費物に止まらない「なにか」を含意したいからだ。まず、サブカルチャーは消費物と表現のふたつの要素を持つことに注目したい。この二面性を解く鍵を、社会行動というアプローチから探っていこう。

サブカルチャーの研究は１９３０年代の半ば、シカゴ大学社会学部、通称シカゴ学派を発祥とする。20世紀初頭はアメリカ移民のラッシュだったが、シカゴはニューヨークに次いで、移民の流入が多かった都市である。その流動性、複雑さを理解するため、都市社会学が発展した。具体的には、

非行者、移民、ギャング、浮浪者が対象となる。これらの社会集団の呼称「周辺的な（marginal）人々」を、1947年に社会学者のミルトン・M・ゴードンは「周辺的なサブカルチャー」と言い換え、これが語源となる。彼はサブカルチャーの対象領域を都市から拡張して考察した。ハーバード大学のアルバート・K・コーエンは犯罪との関係性を指摘するとともに、自身の社会的な問題の解決のため集団化とアイデンティティの形成がなされるとした。この段階では、サブカルチャーとは、「非標準的で周辺的な特定の関心と行動を持つ集団」くらいのゆるい定義と考えられる。ここでサブカルチャーに「反社会」的なニュアンスが含まれることがわかる。

1970年代のイギリスのバーミンガム大学の現代文化研究センター（CCCS）のカルチュラル・スタディーズでは、政治的プロテスト（抵抗）の色彩が濃く論じられる。スチュアート・ホールは、抵抗の視点から文化研究を行ったリチャード・ホガート・センター所長の後を継ぐ。ジャマイカ出身の彼はアントニオ・グラムシの再評価や、ルイ・アルチュセールの受容を経た新しいマルクス主義を掲げ、これを文化研究に応用した。

カルチュラル・スタディーズによる、理論面ではなく現象の解釈として重要なサブカルチャー論は、ディック・ヘブディジの『サブカルチャー』である。ヘブディジは1970年代のロンドンの二大文化であるテディボーイとパンクの対立に注目し、どちらも労働者階級の文化であるものの、前者が体制順応的、後者が反体制的と捉え、その表出構造に分析のメスを入れる。これはメッセージ性の分析といった単純なものではない。彼はまずパンクの構成要素のひとつに抵抗の成分が濃厚なレゲエがあることを指摘し、その密接な関係性を解き明かす。そして彼はいわば表象分析（記号論的）の手法を応用し、パンクが既存のイメージ、言葉、アイテムをいかに改変し、主流となる文化体系に亀裂をもたらすかを分析していく。そこには、マルクス主義者でありながら経済的な従属関係という下部構造の理論にとらわれず、文化体系の中における象徴による支配（ヘゲモニー）の研究と抵抗の方向性を模索した、グラムシの影響が強く見られる。

すべての若者文化同様、パンク・サブカルチャーも、一切の品物や価値や常識的な考え方を、人目をひく方法で次々変形していく過程の中で構成された。まさにこの変形によって、労働者階級の若者たちを主構成メンバーとするグループが、支配階級の価値と慣習に対する反対意見を別の形で表現できた。

ディック・ヘブディジ『サブカルチャー』未來社

ヘブディジは、パンクが既存のものを盗用と変形で作り変え、自身のスタイルを生み出すと説明する。その姿勢を、彼はレヴィ・ストロースのブリコラージュそのものと指摘する。強固な自我、主体に基盤を置き、ゼロからなにものかを創造するという近代的な主体による表現は幻想であり、社会の中に埋め込まれた「自ら」は周囲の物質との相互作用で作品を生み出していくとする。ヘブディジのこの「寄せ集め」に強い価値を見出していく姿勢は、近代ヨーロッパへのアンチテーゼであり、その後の思想の多くが継承した。

ヘブディジは同書で「サブカルチャーを一種の抵抗の形式である」と定義を表明する。抵抗の表現として歴史に名高いのはカウンターカルチャーであり、ヒッピー文化だ。しかし、意外なことに彼はこれをサブカルチャーに属さないものとみなす。「支配文化に対する明らかに政治的かつイデオロギー的な対立形式」があることが異なる点だという。サブカルチャーとは飽くまでも象徴的な抵抗の形式であり、中流若者文化の明瞭で直接的な抵抗は該当しないと理由を述べている。

ポスト・サブカルチャー論が乗り越えたもの

デイヴィッド・マッグルトン

ディック・ヘブディジの理解は正当だろうか。カウンターカルチャー、ヒッピー文化の当事者、同時代者の証言を当たれば、かれらは自身の運動がサブカルチャーでもあったという明確な意識を持っていた。マーティン・A・リーとブルース・シュレインの『アシッド・ドリームズ』（第三書館）、バートン・H・ウルフ『ザ・ヒッピー』（国書刊行会）などがその例証となる。かれらの認識は本来の社会学的な定義を受け継ぎ、発展させたものだ。むしろ、カルチュラル・スタディーズ（全員が同じ見解ではないが）のほうが恣意的にその適用を狭めたと言える。非ヨーロッパ、マイノリティ（かれらの当初の研究に女性は含まれなかったが）に価値を見出すヘブディジを代表とする左翼が、アメリカの中流階級の若者の抵抗文化をその政治志向から捨象したのは想像に難くない。そしていまは、外部からの批判、また自己批判を経て、これは発展的に止揚されている。特に批判的な意見を持つものたちの知見はポスト・サブカルチャーと呼ばれている。

ポスト・サブカルチャーの代表的な論客はデイヴィッド・マッグルトンである。彼はネオ・ウェーバー派の系譜であり、実証的なアプローチの必要性を強調する。彼はＣＣＣＳ（現代文化研究センター）の民族誌（観察記述）は客観性に乏しく、主観性の表出でしかないと断ずる。マックス・ウェーバーは対象の観測に則した分類と分析による社会学の創始だが、いわば帰納法のこの手法と理論を敷衍する演繹法のマルクス主義とは根底が異なる。ＣＣＣＳがマルクス主義の「大きな理論」に頼りすぎているというマッグルトンの指摘は、アルチュセールなどの思索を無視したうかつさがないでもないが、観察された事実に基づいて論を組み立てていくべきとする彼の主張はおおむね支持されている。ＣＣＣＳは当初から「社会学ではない」との指摘がある。パンクの考察にしても、集団の属性と地理的分布、時系列の変化、セックス・ピストルズやＰＩＬなどの表現とどのような関わりがあるか。そうした実証的なレベルでの考察というよりも、その手法が示すように記号論的なテクスト分析であって、狭義の意味での社会学ではない。マッグルトンは「もし私たちがサブカルチャーを、階級に根ざした反抗ではなく文化価値の表現／表出であるとするなら、すべての理論的な問題から解放される」（David Muggleton『Inside Subcuture』Berg、２００２年）と述べている。

マッグルトンの意見は必ずしも主流派ではないが、サブカルチャーの社会行動をポストモダンのハイパー個人主義の観点から考えるべきという視点は広く受け容れられている。この前提はCCCSも共有するところだが、彼はメディアとの相互作用の問題まで踏み込んでいる。ポスト・サブカルチャーには幾つかの流れがあるが、目立つものとして、社会的地位（階級）の複合的な再生産を論じたピエール・ブルデュー、相互的なコミュニケーションによるパフォーマティヴィティの視点からフェミニズムを展開したジュディス・バトラー、（小）集団／族形成のダイナミズムから社会学を論じるミシェル・マフェゾリ、などの論考が評価され、発展を見ている。バトラーの援用からわかるように、CCCSの否定と止揚によって政治的な視点は失われたわけではないし、逆に多様化、精緻化によってより本来の社会集団の分析に立ち返ったと見ることもできるだろう。

象徴的関係の視点から何が見えてくるのか
ルイ・アルチュセール、ピエール・ブルデュー、サラ・ソーントン

サブカルチャーへの政治性の投影は、祈りのようなものではないだろうか。私たちは、享受し、投棄されていくだけの消費物に囲まれる中、ときにそこに強い意味を見出そうとする。しかしCC

CS（現代文化研究センター）の研究は、サブカルチャーを目に見える社会行動のみ追う社会学から解き放つ役割も果たした。それは象徴的関係から捉える視座である。

「象徴による秩序に対し象徴による挑戦」（ディック・ヘブディジ『サブカルチャー』）。アントニオ・グラムシの論を援用した資本主義に対する象徴による抵抗は、より広い視点から捉えることができる。

主体のカテゴリーの働きによって、あらゆるイデオロギーは具体的な主体としての具体的な諸個人に呼びかける。

ルイ・アルチュセール「イデオロギーと国家のイデオロギー装置」『アルチュセールの〈イデオロギー〉論』三交社

ルイ・アルチュセールはマルクスを継承しつつも、主体は盤石の存在ではなく、呼びかけ（相互のやり取り）によって形作られるとこれまでの発想の転換を行った。社会全体もこの延長上にあり、政治体制、経済もまたこのコミュニケーションに由来すると考えた。彼はこれを国家イデオロギー装置（AIE）と呼んだ。彼の言葉を言い換えると、呼びかけからイデオロギーに至る過程は、象徴、想像的なものを介在する相互作用と考えられる。

アルチュセールやグラムシは象徴の問題を国家や政治闘争のレベルで考えていたわけだが、これをより拡張させたのがピエール・ブルデューだ。

0　およそ象徴的暴力を行使する力、すなわちさまざまな意味を押しつけ、しかも自らの力の根底にある力関係をおおい隠すことで、それらの意味を正統であるとして押しつけるにいたる力は、そうした力関係のうえに、それ固有の力、すなわち固有に象徴的な力を付けくわえる。

1・1・1　AP（筆者注　教育的働きかけ）は、本来、力の押しつけには決して還元できない象徴的権力であるが、それだけに、それ固有の、すなわち固有に象徴的な効果を生じることができるのは、コミュニケーション関係のなかで行使される場合にかぎられる。

ピエール・ブルデュー『再生産』藤原書店

ブルデューは社会制度と社会行動はハビトゥス（慣習）によって大きく左右されるが、このハビトゥスはさまざまな「資本」の蓄積の大小による区別（ディスタンクシオン）にもとづくとした。マルクスの資本主義論では、社会制度のすべては経済、具体的には経済資本の大小が決定要因となる。しかしブルデューはさらに変数を増やし、主要なものとして文化資本、学歴資本、社会関係資本をあげている。具体的に言えば、ある人物は収入に恵まれておらずとも、教養や見識、学歴、人脈（親族係累を含む）によって社会（階級）的には上位に立ちうる。この優位はしばしば再生産されることで階級として固定する。

ブルデューは、支配が物理的な要因の直接作用ではなく、ハビトゥスという価値観の介在による働きであると説く。彼はこれを象徴的暴力とか象徴的関係と言いあらわす。ここでは、グラムシがシンプルな形で表現した「象徴」が多元化されて捉えられている。これを心理学からアプローチするなら、ジャック・ラカンが想像界、象徴界、現実界の概念を用いて言いあらわしたものとも近い。サブカルチャーとは「象徴」を介在する行動とするなら、社会行動の基底にあるものへの解析にも転用できる。

ポスト・サブカルチャーの代表的な論客にサラ・ソーントンがいる。彼女はクラブカルチャーの論考で知られるが（美術評論家でもある）、彼女はクラバー（クラブ通いの人）の社会行動の区別（ディスタンクシオン）において「ヒップ」の大小が重要な役割を果たしており、それはブルデューのいう「資本」に近い働きがあると指摘する。そして、彼女はこれをサブカルチャー資本と名づける。

私はサブカルチャーという言葉を、メディアによってサブカルチャーと定義づけられた趣味行動による文化であり、これはクラバーがアンダーグラウンドと呼んでいるものと同義のものとして用いている。

Sarah Thornton『Club Cultures』Wesleyan University Press、1996年

ここにはグラムシのヘゲモニーの観点は皆無だが、サブカルチャーが象徴的関係にもとづくものとする精緻な分析がある。そしてその関係は発信者と受信者の一方的なものではなく、相互作用に基づくものであり、サブカルチャーもまたメディアと流通によって大きくそのあり方は変質する。では、クラバーとレイヴァー（レイヴ参加者）の行動原理とは何だろうか。

ソーントンは「若者はしばしば『家庭の専制』からの独立を求める」と述べる。そしてこう説く。

サブカルチャー資本は、文化資本のような階級に結びついたものではない。サブカルチャーの区別の主張とは、階級のないことへの幻想への信頼でもある。これは、音楽がなぜ若者のサブカルチャー世界において特権を与えられているかの理由でもある。

前掲書

ソーントンは、音楽のサブカルチャーは確かに「自由」を求めるものの、階級的な対立／衝突が背景にあるのではなく、むしろより曖昧かつ漠然としたものだと主張する。彼女が指摘するように、パンクが階級的意識に基づくなら、それはすべてがそうなのか、あるいはコアな集団のみなのか、CCCSのアプローチは明らかにはしない。音楽文化の輪郭を考えるなら、社会集団としてのサブカルチャーへの彼女の理解は、たしかに正しい。

たとえば、サブカルチャーとしてのヒッピー文化は階級的抵抗の視点では捉え得ない。むしろ層としては広がりのある文化行動として理解できる。これをパンクに置き換えるなら、消費行動の性格も濃厚になる。しかしそこには漠然とではあるものの、反抗というニュアンスもまた存在する。ここには両義性がある。

そしてサブカルチャーを「呼びかけ」、象徴的関係から捉えるなら、その網の目《ウェブ》において人々の社会行動だけでなく、作品も重要な役割を果たす。本論が作品分析を主軸に置く理由がここにある。

コミケ草創期の実情。アゴラ（広場）が意味する開放性

でもそれだけではなくて、マーケットという言葉には、単なる市場という以上の意味を込めたつもりです。市場という流通の場を作れば、そこで売りたい人は売り、買いたい人は買うという、描き手にとっても読み手にとっても〝開かれた自由な場〟を提供できるのではないかと考えた。こうした考えは1970年代当時に、〝アゴラ〟（※1　古代ギリシャで広場を意味する言葉）という思想が市民権を持ち始めたことも影響しています。アゴラができることで様々な人が出会い、新たな交流が生まれる。そうした雰囲気の中から、新しいマンガも生まれてくるのではないか、と期待したわけです。

亜庭じゅんコメント「『コミケ誕生打ち明け話』ダイジェストレポート　＃2「コミケ」の名称に込めら

れた思いとは?・」『ウルトラジャンプエッグ』

消費文化のイメージが強いコミケ(コミックマーケット)。だがおたく文化の代表例として知られるこのコミケは、サブカルチャーの自主運動をよりよく体現する存在でもある。これはマンガ文化とSF文化のふたつを源流とする。

コミケの原型は、アメリカのSF大会やコミックコンベンションにある。『スター・トレック』(宇宙大作戦)のコンベンションは、その筋ではよく知られた例だ。コスプレもまた、アメリカ由来だ。

マンガ文化については、1966年に創刊されたマンガ雑誌『COM』の「ぐら・こん」という読者のマンガ投稿、同人誌紹介コーナーが、交流サロンの役割を果たした。『COM』が1973年の休刊へと低迷するさなか、1972年にマンガファンによる初のイベントと言われる日本漫画大会が開催される。

コミックマーケットの創設に関わったのは、マンガ評論グループ「迷宮」(『漫画批評体系』を発行)を担った霜月たかなか、亜庭じゅん、米澤嘉博らである。かれらもまた、『COM』に触発された人たちであった。霜月は初代代表となり、仲間とともに1975年にコミックマーケットを創設した。出典サークル数32。「迷宮」のほか、マンガ評論の「チャンネルゼロ」、SFサークルの「明大SF研」、アニメ評論の「ファントーシュ」、萩尾望都ファンクラブの「Queen」らが参加した(吉本たいまつ『おたくの起源』NTT出版)。今よりだいぶ二次創作が少なく、評論の比重が高いことがわかる。かれらの文化は、これをファンダムと言うが、文芸同人サークルに形態としては極めて似ていた。コミケの自主運動という形態については、学生運動を始めとする「若者たちの反乱」が先行例として参考になったと、霜月は述べている（前掲ホームページ）。

表現という素材と人的資源のふたつの点でコミケ文化の一翼を担う日本のSFファン。かれらは既存のSF文学への批評と自身の創作による小説が中心だ。１９６２年に東京で「MEG-CON」が開かれたが、これは日本最初のSF大会だという。60年代の後半は「青少年ファンダム」という運動があり、既存の書き手らを批判する「造反有理」的な傾向も見られたという。これが70年代に入ると、テレビ文化、アニメの影響も強く見られるようになっていく。

アニメファンによるファンクラブは、１９７２年に放映されたアニメ『海のトリトン』（全27話）を対象とした「TRITON」が草分けだという。美形少年を主人公としたこのアニメは熱烈な少女ファン（トリトン族を自称）を獲得し、彼女たちがその担い手となった。「『海のトリトン』はSFだ」との主張が『SFマガジン』の「投稿欄」に載ったというが、ここらあたりがアニメとSFのファンダムの最初期の接点だろう（「座談会　現象としての富野論　永瀬唯×小谷真理×水民玉蘭」『富野由悠季 全仕事』キネマ旬報社）。『海のトリトン』は監督が『機動戦士ガンダム』の富野由悠季（当時は喜幸）、プロデューサーが『宇宙戦艦ヤマト』の西崎義展で、後に一世を風靡するクリエイターが台頭した作品でもあった。

サブカルチャーはなぜ社会と接点を持つのか

『宇宙戦艦ヤマト』、ローリング・ストーンズ、ボブ・ディラン

アニメのファンの裾野をぐっと広げるのに貢献したのは『宇宙戦艦ヤマト』である。本作は1974年に放映されたテレビアニメ（全26話）だが、視聴率が奮わず、放映短縮の打ち切りで終わった。だが、周知のように1977年に再編集版の映画が上映され、興行成績21億円と大方の予想を裏切る大ヒット。さらに翌年は『さらば宇宙戦艦ヤマト』が43億円の興行成績を記録し、アニメ映画としてこの記録は長らく破られなかった。

このヒットは作り手と受け手の共同作業と言える。『ヤマト』は再放送で人気の基盤を固め、裾野を広げていったが、まず関西での再放送で人気に火が付いた。ファンは再放送の懇願の投書を放送局に送り、その反映の放送はさらに支持層を拡大した。最初の映画上映に向かうなか、ファンはシングルの再発を望む投書を日本コロムビアに送り、新規のサントラ盤（実際はドラマ盤）の発売も映画公開直前に実現となった。ファンクラブも数多く生まれ、1977年9月の時点で541団体、総数6万人だったという。いまでは想像しにくいことだが、当初女性のファンは多かったという証言が、西崎義展（プロデューサー）と松本零士（監督・総設定・デザイン）の両者にある。

作り手の方では、西崎義展はテレビアニメの自主上映を行いつつ、再編集版の映画を東急エージェ

ンシーに持ち込み、映画公開にこぎつける。折しも、『スター・ウォーズ』がアメリカで公開されたころで、マスコミはSFブームをはやし立てたが、公開決定そのものに因果関係はない。西崎は数多くのレコード企画、豪華本などの出版企画、ラジオドラマ、ファンイベント、画期的な（当時としては）高年齢層仕様のプラモデル、そして続編の量産など、数多くのマーチャンダイジング展開を打ち出し、その後のアニメビジネスの範例となった。

ヤマトファンにおいては、表現を後押ししつつも二次創作を行う積極性とヤマトの商品を享受する二面性が存在した。「大人はわかってくれない」が、『ヤマト』を作った西崎プロデューサーは自分たちの代弁者。これが当時の『ヤマト』というサブカルチャーに脈打つ精神だった。当初は分散的だったファンの活動は、映画化を実現し、続編をも制作していった彼のリーダーシップに強く牽引されていった。『ヤマト』の続編ラッシュはその大活動源でもあったが、その商品化の渦にファンは呑み込まれていく。

この『ヤマト』のありようは、おたく文化の変容を象徴する。コミケは『ヤマト』を契機とするアニメファンの増加で文芸的なマンガファンとSFファンを押しのけ、裾野を広げた。それは二次創作に徹した受容の側面の強い運動として特徴づけた。この性質は今に至るも変わらないだろう。

現代では、「おたく文化」とそれ以外のもの（渋谷系など）を包括する「サブカルチャー」のふたつを分けて捉えることが多い。しかしこれまでの論から、サブカルチャーという社会集団の現れのひとつとして「おたく文化」が存在していることがわかるだろう。本書が「サブカルチャー」で統一するのは、この普遍的で包括的な視点を分析に導入したいがためである。
サブカルチャーは消費物と表現の双方を往還する、境界的、両義的な存在だ。そこには、しばしば反抗という反権威性を伴う。この往還の振幅が激しいほど、傑作の条件を具える。これは欧米でも同じで、ロックカルチャーに目を向けてみれば、幾つかの例がある。ジャン・リュック・ゴダールがローリング・ストーンズにアプローチした映画『ワン・プラス・ワン』（1968年）。「悪魔を憐れむ歌」の録音風景をベースに、黒人活動家によるリロイ・ジョーンズの『ブルース・ピープル』の朗読、マルクスへのオマージュが挿入されていく。ブルーズを根幹に置くストーンズの表現は黒人問題への射程は持つが、そこに政治性はほぼなく、ゴダールの思い入れは爽やかなまでに解消されていく。ボブ・ディランが政治的なプロテストフォークからロックへ「転向」していく経緯をドキュメントした映画『ノー・ディレクション・ホーム』（2005年、マーティン・スコセッシ監督）にも同じものが窺える。

「どっちかというと、歌って踊れる芸人だよね」
「そもそもフォーク・ロックなんて、やってないよ」
『完全保存版 ボブ・ディラン 全年代インタビュー集』インフォレスト

ディランは当時「若者の反乱」のシンボルと見なされたが、彼は努めて自身から「政治性」を払拭しようと振る舞う。ここにも、両義性、二面性がある。これをどう見るべきだろうか。

サブカルチャーが消費物と表現のふたつの要素から構成されるなら、象徴的関係という社会行動からのみ捉えるのはアプローチはどうしても一義的、一面的になる。これは序章でコンテンツという、受容性とともに社会行動学的な性質を持つアプローチとは別の視点の重要性を呈示したこととも関わる。

大衆社会の出現とともに、社会的なるものの領域は、数世紀の発展の後に、大いに拡大された。そして、今や、社会的領域は、一定の共同体の成員をすべて、平等に、かつ平等の力で、抱擁し、統制するに至っている。しかも、社会はどんな環境のもとでも均質化する。だから、現代世界で平等が勝利したというのは、社会が公的領域を征服し、その結果、区別と差異が個人の私的問題になったという事実を政治的、法的に承認したということにすぎない。

ハンナ・アレント『人間の条件』筑摩書房

ハンナ・アーレントのいう公的領域とは政治的な活動、私的領域は生活に必要な行動と捉えるとわかりやすい。恋愛と生殖も本質的には後者に属する。古代ギリシアの民主社会では、これが厳密に区分けされていたため、（男性の）市民は生存の欲求に根ざさない偉大な行動——政治活動に専念することができた。しかし現代は貨幣価値や効率ですべてを図りうるとされ、人間もまた計量可能の生物に貶められるようになった。その行動は社会行動と呼ばれ、これは凡庸で偉大さを欠いた社会の中で繰り広げられる。そこでは、すべては私（個）の生活と必要に密着した価値が支配し、人それぞれは唯一の存在ではなく、置換可能なものとされる。農耕や生殖もまた、現代では生産―消費の関係から逃れることは難しい。

アーレントの公的領域、私的領域は、厳密な歴史的、社会地理的な事実についての考察とは言い難い。現代社会は、このふたつの領域がすでに喪われた史的事実を指した用語と完璧に言い切れない曖昧さを宿している。むしろ指標のような意味合いがある。ここから考えると、現代を圧する社会的領域に接する形で公的領域、私的領域がときに見え隠れするものと考えたほうがしっくりくる。社会的領域は、均質化された個（私）として生の要求（消費）が支配する。これは以下のふたつに細分化して捉えていきたい。公的判断を伴わない快不快でのみ反応する〈生社会・趣味〉、さらに私的領域に似ているが、社会的なるもの（消費）との関係において個（自我）を保つ〈生社会・自我〉である。

日本のサブカルチャーもまた、政治性、社会性を加味した含意がしばしば生じる。しかし、それは完全なる思想のメッセージではない。消費という社会行動に根ざししつつも、ときに飛翔することで「現れ《アピアランス》」として出現する「公的領域」に侵蝕する。サブカルチャーはこうした両義性を持つ存在ではないだろうか。その構造を作品批評で捉えていきたい。日本の表現において、ときにそれがしばしばまばゆいほどの光輝を放つのは、むしろ伝統的に「公」を持たない社会の特質に根ざす。

本来公的な表現たるべき芸術の宿命的な欠落の代補である。

社会行動の面も持つサブカルチャーの表現とはそのようなものであり、本書はその核を見定めようとするものでもある。

ジェンダー消費を読み替える表現

欲望される主体を革命すること

『少女革命ウテナ』

サブカルチャーは、欲望を大きな動因としている。それは、宮崎駿のように見えざるもの、あるいはほかの作品のように容易に見えるもの、そのいずれにおいても変わらない。しかし、ときに欲望そのものが解放と抑圧の両義性を具える。そのひとつが、『少女革命ウテナ』（１９９７年、全39話）だ。

「私は薔薇の花嫁。今日から私はあなたの花です」　姫宮アンシー　『少女革命ウテナ』第１話

閉ざされた空間、全寮制の私立鳳学園のなかで、デュエリスト（決闘者）と呼ばれる学生たちは

「薔薇の花嫁」と呼ばれる姫宮アンシーをめぐって取り合う。それは摩訶不思議な空間での決闘の形式を取る。「薔薇の花嫁」は取り合うための商品であり、彼女に自由意思はない。この物語には、男性に支配され、抑圧される女性というジェンダー・ロールが誇張されて投影されている。彼女を守る存在が男装の少女、天上ウテナだ。自立し戦う少女（女性）イメージとして、『リボンの騎士』のサファイアや『ベルサイユのばら』のオスカルがあり、そのエッセンスが彼女には凝縮されていることはたやすく理解できる。

「ボクは守られるお姫様より、かっちょいい王子さまになりたいの!」　天上ウテナ　第1話

押しつけられたジェンダー・ロールを明確に否定するウテナの造形には、おそらくサファイアよりオスカルのイメージがより強く投影されている。題名に「革命」が冠されていること、さらにアニメ『ベルばら』の監督、出崎統を思わせる映像技法（カメラパンの反復など）がときに用いられるからだ。だが完全に男性的な軍装のオスカルに比べ、ウテナの男装には清潔な少女らしさがアクセントとして各所に配される。腰は超ミニのホットパンツ、胸の膨らみも隠されることはない。凛々しくも少女らしさを巧みに残した男装だ。

ウテナに見る〈男〉性と少女性の共存。これは男である視聴者による少女への倒錯した欲望、少女の見られる存在からの解放の不可分の二面性がある。

『ウテナ』には、極限、マージナルな性愛がしばしば登場する。アンシーと鳳暁生の近親相姦（妹と兄）、ウテナとアンシーの密やかで官能的な関係。薫梢（女性）の双子の兄、薫幹への執拗な想い。有栖川樹璃（女性）の高槻枝織への報われない想い。暁生の男女の性別を問わない、乱脈を尽くした毒牙、などだ。

こうした「性愛の自由さ」は「性愛の多様性」に必ずしも結びつかない。現代社会に生きる私たちは、欲望の充足が必ずしも心の解放に結びつかない。それは依存（アディクション）というさらなる病、閉塞を促すことにもなり得る。資本主義における心のゆがみ。それをより先鋭的な形で示すことが表現を傑作たらしめる。少女少年たちを解き放つこと、つまり革命とは、常にゆがみを前提とし、そこからの解放という形式を取る。

鳳暁生は容姿と才覚に恵まれた人物だったが、「王子様」を自認して期待されたとおりに振る舞うことは彼の心に過重な重荷を強いた。それは彼の心を折り、他者を蹂躙して充足を得る「世界の果て」へと変貌させた。妹である姫宮アンシーは兄の心を崩壊から守るため、肉体的に寄り添うことを選ぶ。しかし、それは「お姫様」という彼女自身が尊いと想っていた社会規範からの逸脱であり、それは兄と同じように彼女を冷酷な魔女へと変えた。彼女は決闘の商品として振る舞い、兄とともにその戦いを演出するうちに愉悦を感じるようになっていた。

ウテナはアンシーを暁生から救いだそうと決闘を続けるが、遂には心身ボロボロとなり、姿を消す。そんな彼女の姿を見て、アンシーは自身の力で暁生の鎖を断ち切り、学園の外へと足を踏み出していく。これがアンシーの「少女革命」である。アンシーが男性役のウテナに救われるのなら、それは男女のジェンダー・ロールの反復にすぎない。自身を覚醒させ、自ら歩き出すこと。ラストシーンの爽快さには、社会的な女性規範を打ち砕く強度がある。

　本作のインスピレーション源に、少女マンガの名作『風と木の詩』があるだろう。全寮制学園を舞台にした、美少年同士の禁じられた愛と逃避行。その物語を元型的に踏襲することで、本作は消費的な快楽の反復構造もまた持っている。

　アンシーを突き動かしたのは、友情だろうか、レズビアン的な愛情だろうか？　それは姉妹愛(sisterhood)ではないだろうか。少女小説、少女マンガの描いてきた交友は姉妹愛の色彩が濃い。これは性愛にとらわれない女性同士のこまやかな愛情の形態だ。ゆるやかな広がりを持ち、フェミニズムではセクシュアリティを超えた女性同士の連帯で用いられることも多い（アライ＝ヒロユキ「なぜ『少女』『革命』なのか」『ポップ・カルチャー・クリティーク』２号、１９９８年）。

　アンシーとウテナの姉妹愛とは、男女の規範を突き崩す革命性を持っている。しかしそれは少女カルチャーの反復構造という欲望の消費の中にあり、そこには秘めやかなエロスもまた描かれる。少女は、女性と男性双方の異なる欲望の結接点なのである。

　そして、この解放の姿は女性たちだけに止まらない。描写はやや弱いものの、対になる存在に桐生冬芽と西園寺莢一がいる。こちらは兄弟愛(brotherhood)ではないだろうか。西園寺は当初アンシーに独善的で偏執的な行動を取り、それがウテナの反感を買う。だが物語の中で彼の重要性が薄れると、彼の空転しがちな言動（「花嫁は現在、僕とラブラブの状態にある」〈第1話〉など）はギャグに転化される。

これは西園寺にキャラクターとして自由な立ち位置を与え、与えられた記号以上の存在とする。冬芽は破滅が待っているウテナに心を砕くやさしさを秘めていた。西園寺もまた、コンプレックスを抱いていたはずの冬芽の真情を理解するようになる。このふたりの関係もまた、艶っぽさがある。

異性愛という多数派ではない、この姉妹愛と兄弟愛とは、それゆえに観念性、空想性、遊戯性を持たされている。百合、やおい（ボーイズラブ）とは、その特徴ゆえに消費そのものであり、また解放でもある。『少女革命ウテナ』のサブカルチャー性とはここに根拠がある。

少女＝記号の役割を逆転させること　『魔法少女まどか☆マギカ』

『魔法少女まどか☆マギカ』（２０１１年、全12話）は、『少女革命ウテナ』の再来とも言える存在だ。14年後のサブカルチャーの表象で大きく台頭したものに、丸っぽい少女の造形、「萌え」がある。本作は、この記号の問題にも鋭くアプローチする。作中に出される「魔法少女であるべきか否か」は、これに応える問題系と言うべきだろう。

本作は見滝原という都市が舞台だが、例によってその外側の世界は（存在はほのめかされるもの）呈示されない。

この世界は魔女と使い魔が出没し、人々の精神を惑わせ死に追いやるが、それを阻む存在として魔法少女がいる。彼女たちは異種生命体キュゥべえにひとつだけ願いごと（奇跡）をかなえてもらう対価に、魔女を退治する魔法少女となる契約をしたものたちだ。

　キュゥべえ「君たち魔法少女にとって、元の身体なんていうのは、外付けのハードウェアでしかないんだ」『魔法少女まどか☆マギカ』第6話

魔法少女たちの本体である「魂」はソウルジェムという小さな器に収納されており、身体は戦闘に用いる拡張部品でしかないがために損傷の回復は容易だ。身体性のない魔法少女は言ってみれば情報でしかなく、少女が究極的には記号でしかないこととパラレルだ。これはその究極型が「概念」となることを必然とする。

見滝原中学校は特異な建築形態を持っている。各教室は透明な壁面を持ち、互いに見渡せる構造を持っている。開放形と呼べるかもしれない。これと酷似する建築に、妹島和世＋西沢立衛／SANAAが手がけた、金沢21世紀美術館がある。展示上すべてが見えてはまずい部分もあり、全室ではないが、外壁や学芸員室は透明（半透明）の壁面を持ち、圧迫感を与えず、開かれた構造を持っ

ている。そのキーワードを美術館ホームページから拾ってみよう。「透明性＝出会いと開放感の演出」「水平性＝街のような広がりを生み出す、各施設の並置」「多方向性＝開かれた円形デザイン」などがある。

見滝原中学校の各室は視認性に優れ、開放的であり、流動性を促進する構造を持つ。それはネットワークでつながれた回路、あるいは端末にも似ている。人間が純粋に個体であれば自我という隔壁を持つが、見滝原中学校は「個」であることではなく、相互が関係性で支えられる群体であることを示唆する。個の特殊性を否定する記号性につながると言っていい。これは、主人公の鹿目まどかほか、魔法少女を記号であることを側面から強調する。

では、この世界で魔法少女はどのような存在だろうか。

キュゥべえ「この国では、成長途中の女性のことを、少女って呼ぶんだろう？　だったら、やがて魔女になる君たちのことは、魔法少女と呼ぶべきだよね」　第8話

手の内をすべて明かさず、志願者を魔法少女に仕立てあげていくキュゥべえは、こう残酷に言い放つ。魔法少女は魔女との戦いで命を落とす可能性だけでなく、自らの精神の均衡を崩すと魔女に変貌する非常に危うい存在でもあることが後に明らかとなる。『ウテナ』と同じく、ここでも少女が潜在的に魔女たり得る存在であることが指摘される。キュゥべえが魔法少女を作り出していく理

由とは、魔法少女が絶望のあまり魔女に変貌する過程で放出される膨大な精神エネルギーを自身の所属する文明のために収集することにある。キュゥべえは、これを家畜に例える。記号となった魔法少女の消費という構図は実に示唆的だ。これは、現実の少女という存在と男性による表象の消費、搾取とパラレルに思える。まどかの最後に決断する選択とは、この搾取の構造への終止符にほかならない。

これは「少女革命」というかたちで決断した姫宮アンシーのそれを引き継ぐものにも思える。魔法少女が魔女（性的なメタファーも含まれているか）となって消費される過程を押しとどめ、常に魔法少女であり続けるという逆転の視点がここにある。

この戦いの決着はまどかに収斂されるが、それはほかの魔法少女の苦闘、あがきをも受け継ぐ。まどかを支えるのが、世界の時間軸をループさせる（やり直す）ことでまどかが魔女に変貌する破滅を回避しようともがく、暁美ほむらの献身と想いである。そこには、友情と性愛のはざまに立つ姉妹愛を明確に感じ取ることができる。この絆は、破滅していく美樹さやかを救おうとし、最後はともに斃れることを望む佐倉杏子にも見られる。

この姉妹愛は「百合」として消費される現象も一方では存在し、作り手のほうでもこれは意識しているだろう。しかしこれが男性と同じく女性にとっても「百合」として消費されると同時に、ある種の解放感をももたらす。『まどか』の幾つかの姉妹愛には、この消費と解放が併存する矛盾がある。

この矛盾はどちらに傾くのだろうか。魔法少女は基本的に社会から祝福される存在ではなく、それは彼女たちが「幸せ」と引き換えに得た超能力に由来する。この図式は、戦闘美少女もの、魔法少女ものの流れに置いてみると異質な存在だ。むしろ少年ヒーローものの系譜に属するだろう。聖痕を宿すヒーロー（ヒロイン）の戦いは、「萌え」の少女のかわいさとは共存しにくい。

少女は女性じゃない、と思っているんですね。あれは女性になるまえの段階の幼体です。

虚淵《うろぶち》玄《げん》コメント「虚淵 玄×田中ロミオ　この世界に希望がある理由」『ユリイカ』２０１１年11月臨時増刊号

脚本家の虚淵玄の上記の言は、物語の骨格が女性性という表象イメージに依存しないことをも示唆するだろう。

逆説的だが、女性性のエロスをあえて打ち出さなくても記号として成立し、二次創作を含めた解釈行為によって消費されるのが昨今の現象だ。監督の新房昭之は、杏子のスタンスが出崎統の作品のジョン・シルバーや力石徹に近いとしばしば発言している（筆者はゴロマキ権藤のほうが近い気もする）。男性を中心とした物語性とドラマ性を参照する形で少女の役割を組み替え、エロスの意味を消去しつつ、少女の意味を逆転させて呈示する。ここに『魔法少女まどか☆マギカ』という表現の核がある。

解放か抑圧か。ボーイズラブの両義性

サブカルチャーにおける性表現には、男性向けにはロリータポルノ、女性向けにはボーイズラブ（ＢＬ）がある。特に後者の受容者はそれほど固定的ではない。それはボーイズラブが、記号、ジェンダー・ロール、社会規範の読み替えという知的変換の作業を行うことと無縁ではないかもしれない。

ボーイズラブは１９９０年代初めに誕生し半ば以降に普及、その先駆形であるやおいという言葉は１９７０年代末に誕生し80年代半ば以降に普及と言われる。前者は商業出版によるオリジナル、一次創作を指す目的で使われ始め、後者は包括的な意味合いがあったものの二次創作のイメージが強くなった。現在はむしろボーイズラブで包括して総称されることも多い。その発祥の前史には、（昭和）24年組という少女マンガ家の少年愛（的）の表現がある。具体的には、竹宮惠子の『サンルームにて』（１９７０年）、『風と木の詩』（１９７６年）、萩尾望都の『11月のギムナジウム』（１９７１年）、『トーマの心臓』（１９７４年）だ。

同人誌文化においては、草創期の１９７０年代中頃から80年代にかけて、すでに男性同性愛表現は一定の比重を占めていた。これは同人誌文化特有のパロディとしてであり、ホモパロディとも呼ばれた。確認例では、１９７５年の『勇者ライディーン』の二次創作がある（「座談会・現象として

の富野論　永瀬唯×小谷真理×水民玉蘭」『富野由悠季　全仕事』キネマ旬報社)。１９８０年には、一世を風靡した『シャア出世物語』の総集編が出版されている。アニメなら、中編映画『夏への扉』(１９８１年)、テレビ『パタリロ!』(１９８２年)が先駆例だろう。

ＢＬが、女性による対等な性役割を求める思考実験(岩井阿礼)、観念遊戯との見方がある。しかしこの意見は頷けるものがあるものの、一般の性規範(男／女)を攻め／受けというかたちでほぼ踏襲することの説明にはならない。ボーイズラブの男性がリアルの男性ではないことはしばしば指摘される。やおい穴(アナルの位置がヴァギナの位置にあるかのように描写される)の存在を考えれば、第三の性(上野千鶴子)とする向きも説得力がある。

「私はやおいファンタジーにおける登場人物の男性は受けも攻めもどっちも女性なんだと思うんです。変装しているし扮装しているけれど、結局は読み手の女の子の投影なんだろうと」

野火ノビタ「人間未満の季節」『ユリイカ』２００７年６月臨時増刊号

ボーイズラブの男性は表象においては男性だが、言説空間における振る舞い方において女性である。これは表現の共有化という同人文化のコミュニティとともに、女性たちに親密さを醸成する。「妄想内の表象は男同士だが、妄想主体と交換の相手も女性なのがヤオイ空間であり、レズビアン的なのだ」(溝口彰子「妄想力のポテンシャル」前掲誌)。レズビアン、姉妹愛の介在が女性を解放に導くのは『魔法少女まどか☆マギカ』でも示唆されているし、『少女革命ウテナ』では冬芽と西園寺のやおいのカップリングを並置することで強調される。

これは象徴の働きとしてであり、現実の女性のセクシュアリティをレズビアンへ志向させる政治性として働くケースは多くないだろう。やおいの主な動因が消費行動に支えられているとすれば、むしろ姉妹愛をキーとなる象徴として、男性主導、ヘテロな言説空間を脱構築し、再構築する働きにこそ注目したい。

このボーイズラブ、やおいにも、男性向けポルノに似た問題がある。「リアルゲイに興味なし」という女性も多いという。ボーイズラブで描かれたゲイたちは、黒人と同じく歪められた（実態とは異なる）表象の拡散により、望まないありよう、表象を強制されたと考えられる。石田仁はこれを「表象の横奪」と呼ぶ。

この強制異性愛社会では、同性愛者は異性愛の情報、価値観に完全に包囲されている。自分より弱い立場の存在に、ステレオタイプを押しつけることが「差別」なのである。

佐藤雅樹「少女マンガとホモフォビア」『クィア・スタディーズ'96』七つ森書館

フェミニズムを経由したボーイズラブの受容とは、女性が自らの社会的な地位の劣位ゆえのゲイの理解者／共闘者としての行いだとする意見も散見されるが、この種の表現にあまり縁のない第三者的な女性ならともかく、愛好家が公言するのは欺瞞だろう。ただこれは男性の手による女性ポルノと一見似ているものの、女性のゲイに対する性的な暴力の威嚇、蹂躙、身体的搾取（買春）がない（まれ）点が異なる。これは同じ性表現であっても、女性ポルノとは構造的に異なることを意味している。ここには、ジュディス・バトラーがいう行為遂行性、行動へ駆り立てる要素はない。あくまでも表象の問題なのである。

　では、ボーイズラブはすべて否定されるべきなのか。それはポルノ表現が抱える問題と相似である。蓋然的にポルノの悪しき点を指摘しても、その表現のすべてを総覧できるわけもなく、そこには過失が生じる。表現そのものの正否は、個々の作品に沿って論じられるべきである。「ステレオタイプ」を超える、想定されたジャンル表現を裏切る思想、意図があるなら、そこには大きな可能性が生まれる。たとえば、『少女革命ウテナ』や『魔法少女まどか☆マギカ』がそうであるように。

　ボーイズラブには、男性本位社会の絆、ホモソーシャル（男性同士の排他的な親密関係）に他者の目を介在させる批評性もある。たとえば、男性ヒーローたちが主役の『少年ジャンプ』のマンガとその派生のアニメは、ホモソーシャルに満ち満ちている。『北斗の拳』『ドラゴンボールZ』『聖闘士星矢』…。男性作家によるこれらは、無自覚に男性中心主義を反復するのではなく、やおい的視点を巧みに取り入れ、ドラマに緩急を与える。女装に近い出で立ちで、レイへの想いを秘める南斗紅鶴拳のユダ。悟空に執拗にこだわるベジータ。兄・一輝や氷河との親密な距離があやしい美少年、アンドロメダ瞬。これらのキャラクターには、男性中心主義へのある種の照れ（批評性？）、無自覚的な同性への憧れ、そして腐女子（ボーイズラブを愛好する女性）へのウケ狙いが含まれている。この錯綜する含意の中、私たちは表現の意図を読み取らなければいけない。そうした結節点に、ボーイズラブはある。

記号を歴史性の存在と捉え直すこと

『Free!』『けいおん！』

ボーイズラブは、既存のさまざまな表現にあって、伏流、隠喩としてあり、徴しとして読み取るべきことが多い。だが、ここにより明示的な、だが断定的ではない、アニメーションがある。『Free!』だ。

これは岩鳶高校（場所は鳥取県の海辺の町、岩美町がモデル）に新設された水泳部が舞台で、幼なじみで水泳に秀でた七瀬遙、橘真琴、葉月渚、さらにやや強引な形で入部となった竜ヶ崎怜がその部員。さらに3人の幼なじみでありながらさまざまな因縁で水泳強豪校の鮫柄学園の水泳部に属する松岡凛の5人を中心に話が進んでいく。２０１３年に1期（全12話）、14年に2期（全13話）が放映されているが、ここでは1期に絞って論じる。

『Free!』は萌えアニメで有名な京都アニメーションによる、企画、制作だ。同じ京アニの代表作、

『けいおん!』(『けいおん!!』)は、キャラクターの極端な類型化とシチュエーションドラマの積み重ねのふたつの要素が見事に絡み合った作品だ。キャラクターの類型化は、ブルデューのいう客体化された文化資本、ソーントンのいうサブカルチャー資本としてのヒップネスに相当する。『けいおん!』で言えば「萌え」があたる。「萌え」という類型化を推し進めること、つまり純度を高めることで象徴として流通する。純度の高さはリアリズム、つまり現実性、普遍性が低い特殊性にほかならない。

ポニーテールやメガネッ子、ドジッ子など属性で類型化されたキャラクターによるシチュエーションドラマ。この属性とは、サブカルチャー資本が持つ象徴機能につながり、流通や解釈、共感などの人と人とのコミュニケーションを促進する。しかしこれは商品の「人気」と直結するが、人間味を掘り下げるものではないし、作品の完成度とも直接は関係ない。

『けいおん!』の第1話では、入学式から新しいクラス編成、これが日常としてなじんでいく学園生活風景は可能な限り省略され、その代わりに女子の食事とお茶会が3回挿入され、少女へのフェティシズム的趣味性が強く呈示される。物語の中では、確かに平沢結の成長は描かれていく。だが趣味性の強調は、むしろ作り手と受け手、受け手同士のあいだで交わされるコミュニケーションを支える記号としての社会的性格(社会的領域)のほうがより強い。これは言いかえれば、消費性が強いことでもある。

『Free!』もまた元気印でショタ的な渚やメガネネタキャラの玲を見ると、腐女子方面の類型化が強いように見える。だが本作が異なるのは、かれらが因果という縦軸（時間軸）の流れの中で絡み合う存在であることだ。遙、凛、真琴、渚は小学生のころの幼なじみであり、水泳のリレーを通じてある達成感を分かち合った仲間である。凛の言葉でいうなら「見たこともない景色」である。凛はその後オーストラリアに水泳留学をしたが、良い成績が残せず、挫折感を抱いて日本に帰る。かつての思い出はすがる対象であり、否定する対象でもあるというアンビヴァレンツに凛は終始苛まれ、遙との消耗のような競争の末にスランプに陥る。玲を含む岩鳶高校水泳部の面々にとっては、凛は強豪校の水泳部の花形選手というライバルであるが、それ以上にその心を解放してあげたい仲間であり、その決着がクライマックスとなる。

本作は、シリアスなドラマとは別に腐女子へのサービスは徹底している。第1話ではサバを焼く遙の水着エプロン姿が登場する。玲がブーメランパンツ（丈の短いブリーフ型）を履いたときは、ローアングル・ショットでのカット。女性の下半身に適用されることの多いこの見上げるアングルは、はっきり玲の股間のもっこりを写し出す。さらに玲の水泳特訓のシーンでは、泳ぎのぎこちなさを表現するため、見下ろしたアングルで尻がぷりぷりと動くさままで出す過剰さぶり。そして水泳が題材なだけに、全編にわたって男性の身体／裸身への眼差の欲望がにじみ出る。筋肉描写のディテール、さらに露出限界（ヘアライン）ギリギリの水着着用。これらは実際の水泳選手に参考にしたものだという。

実際の男子からすれば粘着の度合いが強い彼らの関係は、腐女子的なバイアスのかかった「第三の性」に感じられないでもない。しかしかれらは小学校から高校へと橋渡しされた時の流れ、いわば歴史を生きる存在である。その歴史とは、4人によって共有された個人を超えた記憶でもある。それゆえに高校二年の夏は代替可能なドラマのためのシチュエーションではなく、かれらだけの唯一性を持つ時となる。つまり、かれらは記号を超えた存在だ。キャラクターはしばしばその属性が注目されるが、これは情報における機能である。しかしボーイズラブは規範の解体性を内在するため、『Free!』のように属性ではない役割を具えることがある。それは歴史的存在としての活動である。

意外性が記号へと吹き込む、いのち　『Free!』

このドラマがめざしたものは何だろうか。

「タイムも勝ち負けもどうでもいい。大事なのは水を感じること。肌で目で心で、そして感じたものを疑わないこと。自分を信じること。水に抗うのではなく受け入れる。互いの存在を認め合う」『Free!』第1話こう語る遙は、迷うとしばしば水の中に身を沈め、瞑想のように考えに耽る。彼と似た存在にソウルサーファーと呼ばれる存在がいる。

サーフィンは娯楽や運動以上のなにものかなのです。サーフィンは自然と対話し、大波の中で「調和」を探す機会なのです。サーフィンの要素はピュアな思考の中で見つけられるのです。

ジェリー・ロペス「想像の波に乗る」『coyote』4号

ハワイ在住のジェリー・ロペスは、伝説的なソウルサーファーとして知られている。ソウルサーファーは、競争やコマーシャリズムと一線を画した存在で、波との対話から生まれる自身の充足のみをひたすらに、そして虚心に探究する人たちだ。確認できる用例は1963年のサーフロック、ジョニー・フォーチュンの「ソウルサーファー」が最初だという。ソウルサーファー、ソウルサーフィンの命名は当時隆盛のソウルミュージックにあやかった、関連があるとも言われ、サーフィンの中の強い精神性を求める志向はカウンターカルチャーにも結びついた。東洋思想への傾倒も特長で、ロペス（日系の血をひく）はヨガの名手だ。かれらの価値観は、平和／反戦と環境思想とも関わりがある。

スイマーでありながら競技での勝利以外に価値を見出す遙はソウルサーファーに近い。『Free!』の監督である内海紘子がこの概念を知っていたかどうかは定かではないが、高校の時に水泳部だったという自身の経験と水へのこだわりが映像からは確かに感じられる。水泡の動き方や水面下の暗さの描写にはリアリティがあるのだ。

水の中で泳ぐことは自身の卑小さの自覚と水との調和を保つことにつながるが、それはソウルサーファーがそうであるように、人との絆の重視に結びつく。

第1話の冒頭、岩鳶高校に渚が入学し、遙、真琴と併せ、小学校のメドレーチーム3人が集まったところで、水泳部設立に向けて物語は動き出す。そこに凛がかつて遙に言い、その心を動かした言葉「もし一緒に泳いでくれたら…、見たことのない景色、見せてやる」がフラッシュバックで回想される。この意味を丹念に考えるなら、結末は遙たちが逆に凛に「見たことのない景色」をもう一度見せて返す以外、ありえない。

凛がリレーで泳ぐことも当初から決まっていましたし、明らかにルール違反なのはわかってはいましたが、描きたいのはリアルな話ではなく彼らの絆です（シリーズ構成・横谷昌宏）。

『TVアニメ「Free!」パーフェクトファイル』主婦と生活社

岩鳶高校水泳部が選択した答えとは、県大会の決勝戦のメドレーで、スランプに陥った凛を加えた4人で競技に臨むこと。玲は退くことで彼らとの連帯感を強める。決勝戦には勝ったが、もちろん反則のため無効となり、こっぴどく怒られることになる。

水は人と人をつなぐ媒質（メディウム）であり、性的なメタファーでもある。そこでは、男たちは交歓し、心を分かち合ち、意外な行動を誘発する。それは、与えられたアスリートとしての記号の役割の逸脱である。ボーイズラブとは規範を突き崩すゆえに、そうした自由を体現する可能性を秘めている。

リメイク作に見る、消費と読み替えかた

『宇宙戦艦ヤマト』『宇宙戦艦ヤマト2199』

設定補完というリメイク姿勢の是非

サブカルチャーはいまや、自然環境、都市環境と並ぶメディア環境の重要な構成要素である。サブカルチャーは、ほかの二者と異なって時の経過で消失することはなく、膨大なデータベースとして蓄積されている。これはまさにリソースとして再利用も可能だ。近年における、往年の名作アニメのリメイク、続編ラッシュはこのリソースのリサイクル的活用の側面がある。そのひとつに、多くの人に注目された「宇宙戦艦ヤマトシリーズ」のここ数年の新しい展開がある。第一作、通称『パート1』（1974年）のリメイク、『宇宙戦艦ヤマト2199』（2013年、全26話）はそのなかでも特異な性質を持つ。

第1作目は好きだし、素晴らしいと思っていますが、反面、今の目から見れば「もっとこうすれば整合性が取れたのに」とか思う部分も結構あるわけです。科学的な考証部分、ストーリー部分にも。そういう所はちゃんと補完していきたいと思ったし、それが作品のプラスアルファになるなら、積極的に進めていこうと思ったんです。

今回の『2199』で僕がやろうとしていることは再構築なんですね。だからストーリーの基本的な流れをいじる気はありません。

『宇宙戦艦ヤマト』という作品を曲に例えるなら、今回の僕の役割は編曲者なんです。

出渕裕インタビュー、映画パンフレット『宇宙戦艦ヤマト2199　第一章 遙かなる旅立ち』

本作のフォーマットは30分26話のテレビ番組だが、当初放映のめどが立たず、2012年4月より数度にわたって映画館で上映。話題を集める戦略を取った。結果的に、2013年4月より地上波で日曜の夕方に放映という成果を勝ち取った。初回の視聴率は関東5・7%、関西が5・9%。DVD（ブルーレイ）の売れ行きも堅調だったようだ。ビジネスとしては、まず手堅い成績を残したと言える。

では、出渕裕のいう「補完」とはどのようなものだったのか。まず、メカニックデザイナーらしい自身の能力を生かした、メカニックやSF的描写と設定の精緻化である。波動エンジンは次元波動超弦跳躍機関の通称であり、M理論という超弦理論とブレーンワールド（膜宇宙）論が統合されたような最新理論が反映された。主砲のショックカノンは旧作はフェーザー砲だったが、本作は陽電子衝撃砲と波動カートリッジ弾のような実体弾、三式融合弾の併用タイプとなった。敵ガミラスの設定の情報量も格段に増えた。

整合性を持たせることも、本作では特に重視された。旧作第1話では古代守の乗艦ゆきかぜのみガミラスの戦闘艦を撃沈していた印象だが、これはイスカンダルの技術を転用した試製空間魚雷搭載のためと補完された。イスカンダルの使者も、一回の使節来訪で技術供与が達成できるのは不自然とされて数回にわたるものとなった。これと併せ、旧作では勝算が皆無のまま臨んだと思われた冥王星会戦は、イスカンダルからの使者来訪をカムフラージュするためのガミラスに対する陽動作戦に変更された。冥王星基地の司令シュルツと部下は初期の色指定ミスから肌色だったのは有名な話だが、これは植民星出身の二等市民と再設定され、整合性が取られた。

こうした「補完」が作品にもたらしたものは何だろうか。旧作における地球艦隊（残存の日本艦隊）の勝算皆無の攻勢は、冒頭から息苦しい切迫感、絶望感を醸成した。それは単艦生き残った沖田艦長の「たとえ最後のひとりになっても、わしは絶望しない」という不屈の決意を印象づけるための前振りでもある。そして、それは後半の幻想的で清涼感にあふれたイスカンダルのスターシアのメッセージとの好対照をエピソード中に生んだ。だが本作では沖田の地球艦隊は壊滅したものの陽動作戦じたいは成功し、司令部には喜色すら浮かぶ。確かに沖田のセリフはほぼそのまま活かされているが、不屈の覚悟の迫力は目減りする。地球人に救済の手を差し伸べる異星人の初登場ではなく、その進行中のプロジェクトの経過から始まるドラマはキャラクターたちの驚きがないぶん、見るほうにも伝わる重みは強くない。

これはほんの一例だ。ガミラス本星での決戦も、可能な限り戦闘は減らされ、むしろ敵の内部分裂に乗じる形で勝利を得る。星間文明の本拠の防衛隊とヤマト単艦が戦って勝利を得るのは放映当時でさえあり得ないと思われたが、この整合性を持たせたのである。そのぶん、惑星規模の殲滅戦の凄惨な描写から浮き上がってくる平和の尊さも軽いものとなった。物語の要でさえこのありさまで、地球救済のためのヤマトの航海の重みとしんどさ、尊さ、達成感もまた失われてしまった。

ナラティヴの否定で失われたものとは

『宇宙戦艦ヤマト』『宇宙戦艦ヤマト２１９９』

そもそも、『宇宙戦艦ヤマト』とはどのような作品だったのだろう。筆者には『宇宙戦艦ヤマトと70年代ニッポン』（社会評論社）という著作があるが、ここではかいつまんで説明する。

企画者の西崎義展プロデューサーにとっては、『ヤマト』制作の動機のひとつに、時代に対する危機感があった。１９７０年代前半は高度成長期を脱し、情報社会に移行していくさなかにあった。そこで日本社会は生活行動の管理化、価値観の均質化（いまふうに言うとフラット）という事態に直面していた。そのアンチテーゼとして、暴力的なまでにごつごつとした物質感のあるもの、古き価値観に根ざすものの再評価が必要と考えた。これを例証するものに、当時の民俗学のブームがある。西崎は企画書でSLブームにも言及しつつ、いま人々が潜在的に求めている渇望感に訴えるものとして、旧日本海軍の巨大戦艦をモチーフとした、宇宙戦艦ヤマトをぶちあげる。

これはナショナリズムのようにも見えるが、閉塞状況からの脱出願望を直撃する意図を持つ。そのため設定に加わったSF作家の豊田有恒はかの有名な『西遊記』を作品の骨子に置き、救済を求める冒険譚という物語構造を設計した。異星人の攻撃によって放射能汚染された地球から、放射能除去装置を求める遠大な宇宙の旅の物語である。後に加わった松本零士は軍国主義色を可能な限り払拭し、それは現代的なテイストを与えることにもなった。主人公たち宇宙戦士は国連宇宙局直属であり、軍隊組織とは距離を置き、敬礼や組織系統も軍隊のそれとは異なっている。放射能に汚染された地球は公害問題の反映と核戦争への怖れとともに、日本帝国の敗戦もイメージとしてかぶされている。時代再生のための、歴史的存在としての人間の視点である。

「この宇宙戦艦ヤマトは戦うために改造されたのではない。本当は放射能で生物が全滅するのを避けるために、選ばれた人間や動物を乗せて地球を脱出するのが目的だった」『宇宙戦艦ヤマト』第2話

戦艦大和を改造して宇宙戦艦ヤマトとして蘇生させることは、作品の根幹に関わる問題だったことがわかる。

だが、『２１９９』はこの作品の根幹を整合性の観点から改変する。干上がった坊ノ岬沖の鉄くずのような外観のヤマトは戦艦大和を装って敵の目を欺く偽装であり、改造工事という非科学性はない。これは理屈としては正しい。

地球の放射能汚染という設定も改変された。この変更は放射能汚染は地中深く侵蝕していかないという科学考証の判断に基づき、かなり前から企画が進められていた本作は３・11後の福島に配慮したわけではない。

地球の危機は環境改造型兵器によるもので、敵性植物が拡散する有毒胞子の侵蝕がその脅威だ。しかし胞子が地下深くまで侵すという設定も科学的とは言い難いし、事実そのプロセスは曖昧にぼかされている。これはドラマ中の切迫感の醸成の失敗の原因になっている。

さらに古代進は戦術科の戦術長という士官であり、れっきとした軍人と設定された。そして20歳（『パート１』は18歳）で他のベテラン乗組員を差し置いて艦長代理に就任するのは不自然と、昇進のエピソードは削られた。それは、つまるところ彼の成長物語が見送られたことでもある。

こうした数々の改変は、戦争の悲惨さと重苦しさ、そこからの解放、主人公の成長という爽やかさをドラマから奪った。それはドラマツルギーの否定である。本作に喝采を送ったものは、より詳細で秀逸なメカニック描写、設定の説得力、キャラクターのディテール描写という「部分」に注目し、満足したことになる。これはナラティヴ、物語性の軽視である。

演劇やライヴ演奏と異なり、映画などの映像作品はカット（映像情報）という断片の積み重ねで構成される。そのカットの繋がりから、私たちはイリュージョンとして「意味」のある物語を脳内に創造する。メディア学者のレフ・マノヴィッチは、この特性を指し、ナラティヴとデータベースのふたつの要素を映画は持っていると指摘する。カットやシークエンス、プロットのうちで完結し、全体の有機性（ナラティヴ）を持たない映画を、彼は特にデータベース映画と呼ぶ（『ニューメディアの言語』みすず書房）。ピーター・グリーナウェイの『英国式庭園殺人事件』、さらに20世紀前半に活躍したジガ・ヴェルトフの『カメラを持った男』はこの構造を持つという。私たちのメディア環境や情報環境は、各種媒体のアーカイヴとのハイパーリンクで成り立つ参照体系によって構成されている。マノヴィッチの論からは、私たちの情報環境でデータベースがいかに大きな役割を果たしているかが窺える。

『2199』は『ヤマト』が本来持っていたナラティヴを弱め、シーンごと、プロットごと、キャラクターに収斂される作品構造を持つ。これはデータベース志向と言える。だが、第二次世界大戦という現実の歴史に接続する構造の柱とも言うべきナラティヴを、この『ヤマト』から失わせることについて妥当とは思えない。近年に制作された、旧作の正統続編である映画『宇宙戦艦ヤマト復活篇』（2009年）、木村拓哉主演の実写映画『SPACE BATTLESHIP ヤマト』（2010年）が、完成度に問題はあったとしても（主に前者のほう）、かつての戦争とつながるナラティヴを尊重していたのは示唆的だ。

再創造《リ・イマジニング》というリメイク・アプローチ

『新造人間キャシャーン』『キャシャーン Sins』

補完ではなく、再創造（リ・イマジニング）。このアプローチを採用したのが、『新造人間キャシャーン』（１９７３年、全35話）のリメイク、『キャシャーン Sins』（２００８年、全24話）だ。

「ああ、鉄也。人間でなくなるのだぞ」
「はい。でも心は僕のはずです」『新造人間キャシャーン』第１話

『新造人間キャシャーン』のもともとのストーリーはこうだ。東光太郎博士が開発した公害処理用ロボットが暴走を起こし、アンドロ軍団として人類に叛旗を翻す。強力なアンドロ軍団になすすべもない人類を見るにつけ、博士の息子の鉄也は自らのからだを改造を願い出、新造人間キャシャーンとして立ち向かう。このように、キャシャーンは一種のサイボーグだ。しかし制作会社のタツノコプロが得意中の得意とした、ダイナミズムが強調されたキャシャーンの躍動する身体はロボット

やアンドロイドのそれとは異質であり、むしろ人間の側面を強調して止まない。

キャシャーンの初登場のシーンを振り返ってみよう。爪ロボットが繰り出す爪をまともに受け止めるとはね返し、軽やかに跳躍すると錐もみ状の流星キック、上段からのチョップ、腕の握りつぶし、正拳突き、膝での腕砕き、上段のパンチをそれぞれくらわす。ロボットの爆発を避けるべく腰のパルサーの噴射で飛び上がると教会の屋根に着地。朝日を浴びてすっくと立つ。ブライキング・ボスの「なにやつ?」との誰何の声。これに答え、「俺はキャシャーンだ!」と見栄を切る。このケレンミの効きすぎたシーンは時代劇そのものだ。

奇をてらわないものの、体のしなりがそのまま技につながっていく動きは作品世界そのものを代表するビジュアルだ。たしかに設定上は体は機械である。しかし悲壮感と決意を抱いたキャシャーンの強い意志(心)は、身体を通して人のドラマそのものを伝える。

『Sins』はタツノコアクションを踏襲しないものの、キービジュアルとなる身体アクションを作り出している。作画監督の馬越嘉彦はこう語る。

「というか、デッサンひとつとっても凄くリアルじゃないですか。立体の取り方とか、顔の造作とか、骨格の忠実さとか……今、あんなのを描ける人は俺も含めてホントにいないと思ったので、今回はどちらかと言えばマンガ的なケレンの方を強くしています。身体もアクションに応じてムチみたいにしなったり、縮んだり伸びたりするぐらいの方向で、そこはもう最初から決め込んでいました」

「『キャシャーンＳｉｎｓ』を戦い終えて……　山内重保・馬越嘉彦インタビュー（２）荒木伸吾リスペクトと肉体アクションの重視」『ＷＥＢアニメスタイル』

先の発言は自己韜晦も入っているだろう。しなりというには極端なほどのデフォルメで勢いを出し、動きそのものはカットバック、つまり場面転換の巧妙さでスピードと迫力を出す。やや人物がやや前屈みで上にゆがんで広がったデフォルメで迫ってくるアングルも定番的に使われたが、これは『聖闘士星矢』の作画を担当した荒木伸吾の得意技であり、実際作画にあたって意識したという（監督の山内重保と主役声優の古谷徹は同作に参加）。

『キャシャーン』が身体アクションで表現した人間という核は、『Sins』でもまた中心となる。この核を時代性をもって活かすため、あえて物語設定はほぼ原形を留めないものとなった。『Sins』の舞台はいつかわからない時代で、（おそらく）地球は建物の廃墟と荒涼とした大地が続く場所となっている。かつてブライキング・ボスとロボット軍団が人類を席捲し支配したが、ロボットの体が腐蝕する「滅び」がいつしか始まり、社会そのものは崩壊した。

本作ではキャシャーンの側に正義はない。彼はブライキング・ボスの命じるまま、人々が崇めるルナを殺害した。彼女はこの世界の生命を司る存在であり、その消失は「死」が世界にあふれ出ることであった。世界の滅亡そのものにキャシャーンは責がある。そして生の象徴であるルナを殺すことにより、彼は傷ついても再生する不死身の体を持つことになる。（なぜか）長い眠りについていた彼は目覚めると記憶を失っており、彼の体を喰らうと不死になるとの流言に踊らされたロボットたちを倒しながらも、長い贖罪の旅を辿ることになる。

オリジナル以上に陰鬱なトーンが支配する『Sins』に壮快さは皆無だ。だがキャシャーンが罪人であり、その贖罪が明確に打ち出されることで「悲劇」に抗うヒロイズムという視点が得られる。残酷なまでのロボットとの戦いを経て、懊悩し、嘆き、慟哭しながらも強靭な身体で意志を貫こうとするその姿は、現代的な意味でのヒーローたり得ている。その暗さを払拭するためであろう、ヒーロー声優で名高い古谷徹のキャシャーンへの配役は秀逸だ。

地球の終末状況を描いた作品。その代表例に、『宇宙戦艦ヤマト』『風の谷のナウシカ』『AKIRA』『北斗の拳』がある。そこには往々にしてその後の解放感を前提とするユートピア願望が貫かれていた。だが冷戦終結後、低強度紛争、限定戦争の時代の終末とは、じりじりとした消耗という形をとる。

ここに登場するロボットもまた、消耗と焦燥と倦怠を抱き、暴力でそれを払拭しようとする。キャシャーンへの執拗な襲撃、子ども型のロボットや傷ついたロボットへの暴行や殺戮は、このロボットたちの心の荒涼から来ているように思える。これは貧困が進行しながらも、その根幹の原因の直視ではなく、「ナマポ」という形で貧困者を蔑視、ニートをバッシング、といった転化を行う社会の現状とも精神のトーンで重なり合う。さらに、環境破壊（3・11後にも）による生活の劣化も想起させる。

サブカルチャーは英雄の原存在を示す　　『キャシャーン Sins』

キャシャーンもまた暴力衝動と無縁ではない。暗殺者であるキャシャーンにルナはこう問いかける。

ルナ「そこにあなたの意思はないのですか」
キャシャーン「ない」『キャシャーン Sins』第5話

キャシャーンは、ただ殺人衝動に身を任せる最強の戦士だった。だが彼はルナの殺害で、心に呵責の念が生まれる。題名の『Sins』とは罪の意味だ。

「私は自分が滅びると知って、はじめて生きていると感じました。死があってこそ生がある。永遠だったロボットは、死を手に入れて、ようやく人間と同じになったんです」第2話

この男性ロボット「先生」（黒人少年の外見）の言葉は作品全体を貫くテーマだ。作中、ルナの生存が明らかになる。彼女はこの世界の再生プロセスを統括するナノマシンの母体であり、「滅び」

は崩壊プロセスを進行させる狂ったナノマシンが彼女から放出されたことが原因だった。それはキャシャーンによる暗殺、つまり彼と彼女の双方の血（ナノマシン）が融合したことを契機としている。キャシャーンが不死身なのも、自らの身体をナノマシンで修復しているためだ。

ルナは自らの血を与えるという手段「癒し」によって再び生を授けるが、それは戯れにも思える。不老不死による自分の美しさの永遠を望むレダは、彼女の血を受けた代謝異常で醜く変化する。「癒し」によって「滅び」が止まったロボットは再び奢り、他者（同じロボット）への無差別な殺戮に明け暮れるようになる。

ここでは「人間」であるかどうかは、命の形態や性質ではなく、その生きる姿勢、行動で証明される。ディオは「癒し」を拒否し、純粋なまでに強さを追い求め、気高い存在となる。粗暴で残忍なロボットだったボルトンはキャシャーンとの戦いで傷つくが、心（回路）が壊れながらも彼に献身を示した少女ロボット、ニコの死に接して「生」の尊さを知る。

この滅びの世界を救うものは、生命の延長、蘇生ではない。「建設」であり、「制作」である。塔の鐘の制作にいそしむ、女性ロボット、リズベル。彼女が作り、守る音は決して美しいものではない。しかし、キャシャーンはこう語りかける。

「君が作った鐘の音は僕の心に響いた。…響いたのはこの世界で新しい何かを作ろうとする、君の心かもしれない。あの鐘が鳴ったとき、はじめてこの世界を美しいと思った」　第7話あるいは、歌うことに意味を見出した女性ロボット、ジャニス。これは旧作へのオマージュでもある。また、自分の住む町を自分の望む色に塗り上げることに存在価値を見出す男性ロボット、マルゴー。

芸術作品はそのすぐれた永続性のゆえに、すべての触知できる物の中で最も際立って世界的である。…この物世界《シング・ワールド》が、死すべき存在である人間の不死の住家として、これほど見事にその姿を現わしているところもほかにない。あたかも、世界の安定性は芸術の永続性の中で透明になったかのようである。そしてその結果、不死性——魂や生命の不死性ではなく、死すべき人間の手によって達成されたある不死なるものの不死性——が触知的に現われ、光り輝いては見え、音を発しては聞かれ、語っては読まれるようになったかのようである。

ハンナ・アレント『人間の条件』筑摩書房

ハンナ・アーレントは、こうした「永続性」を持つものをつくる存在を工作人と呼んでいる。彼女は現代社会における資本主義の進化、近代主義の徹底、管理社会の進行が等価による均質化を生み、人間に疎外を与えると考えた。疎外とは世界の中で意味のない存在となること。ハイデガー経由で彼女が呈示する世界性（世界的）とは、生々流転する生物とは違う、唯一の一過性の存在である人間を人間あらしめる条件である。それは生命維持とは何ら関係のない行為そのものの尊さであって、結果はむしろ二義的である。『Sins』では、これは滅びの中にあっても何かをつくろうとする姿勢に等しい。

このアプローチは旧作でも、第5話『戦いの灯を消すな』、第9話「戦火に響け協奏曲」のように、芸術家を通して人間の尊厳が描かれる。『Sins』はこの意味で、原作のアプローチをさらに推し進めた。

旧作では、この人間の尊厳は身体アクションのダイナミズムと直結する。つまりある種の暴力性、好戦性は、その勇気という気高さにより人間讃歌のメッセージを浮かび上がらせる。この両義性は、多くのサブカルチャーが宿命的に持つ。

そしてこの両義性を作中、もっとも体現するのがキャシャーンだ。旧作がそうであったように、『Sins』のキャシャーンもまた人間ではない。だが人間とロボットが混在し、外見がさして変わらないこの世界では、人間であることはその行為によってのみ証明される。

『Sins』はロードムービーの趣がある。「罪」の呵責で人間として目覚め始めたキャシャーンがロボットや人の痛みに触れ、命の価値と自分の役割に気づいていく。彼はルナにこう語りかける。

「ここにはただの命しかない。…命はあっても誰も生きていない。…君は湧き水みたいに命をあふれさせているけど、みんなはそれをただ飲んでいるだけだ。でも、ディオや、僕が会ったロボットや人間はそうじゃない。もっと、もっと、そう燃えるようだった。…命を、命を燃やしていた」

「燃やせばいつかは消えるわ」

「だから、強くて美しいんだと思う。でも死ぬない僕がこんなことを言ってもなんの説得力もない。それに、僕は死ねない代わりに、生きることもできない」 第25話

キャシャーンが最後に選択した道は、生をもてあそぶルナとは対極の存在、自らが死の存在を教える鬼になり、生の意味を呈示することだった。『キャシャーン Sins』は、『宇宙戦艦ヤマト2199』と真逆のアプローチを持ち、原典が持っていた表現の核を再創造(リ・イマジニング)する。それはかつてのヒーローを消費ではなく、語り継ぐ(ナラティヴ)ことでもある。

破壊者であるキャシャーンは、工作人にはなれない。だが逆説を運命として受け容れ、これに抗って自身の尊厳を示すこと。こうした存在を、私たちは「英雄」と呼んできた。サブカルチャーとは、この英雄というものの原存在を数多くあらわしてきた表現でもある。

自由と抗い

風俗から反逆へ。ルパンの足跡

ルパン三世企画書

反逆に仮託されたものは何だったのか

社会の奥底にあってうごめくもの。それは普段見えず、隠されたものだからこそ、危険であるかもしれない。ときに文化表現はそれを映す鏡の役割を果たすことがあるが、それが特に顕著だったのが、日本では70年前後だったかもしれない。かの名高い『ルパン三世』はそうした時代に生まれた。

「アニメーションはフィーリング・メディアだ」

アニメ『ルパン三世』（1971年、全23話）の企画書はそう記す。1967年、『ルパン三世』が『漫画アクション』に連載された同年にスタートしたアニメ企画案は紆余曲折の末、テレビ放映された。企画経緯から、杉井ギサブローと勝井千賀雄、おおすみ正秋（当時・大隅正秋）、芝山努、大塚康生らがその企画書作成に関わったと考えられる。

企画書は、作品が鏡となって映し出す時代の輪郭を見定める。ヒッピーの聖書的映画『イージーライダー』（１９６９年）を称揚するとともに、コーラやスナックが物神性という新しい価値観を持つと指摘する。ヒッピーのサイケデリックによる意識覚醒運動は、上部構造や観念論の不在のためむしろ物神性に重きを置く。物質文明の読み替え、ものの関係性の変革によってこそ、革命に至るのである。

企画書に戻れば、この時代にあっては「新しい主観性への渇仰」が基底にあり、そこを経て得られるのが新しい「フィーリング」であり、「第3の目」であり、「イリュージョン革命」であるとする。それがアニメーションのこれからの役割であり、『ルパン三世』の企画意図だという。そしてこれを総括し、「反逆はすでに始まっている！」と記す。

あげていけばきりがないほど、思想、風俗生活慣習のあらゆる場面で、思ってても見なかった新現象が続出しています。
しかし、これは〈反逆〉であっても、深い理論に支えられた一貫性のある〈革命運動〉〈レボリューション〉ではありません。若者たちは理屈ではなく、直観的衝動的にこれらの方法を選び取っていったのです。

『一〇〇てんランド・アニメコレクション⑥　ルパン三世 PART-2』双葉社

では、この反逆のフィーリングとはどのようなものか。まずアニメに最新のファッションとアイテム、ヒップな感覚を盛り込み、時代の風俗と向き合うメディアとすることだった。『ルパン三世』ではそれまでのアニメのような車らしきものは登場しない。すべて現実に存在する車、それもブランド性とスペックの高いものばかりだ。これを企画書は「アニメーション・リアリズム」と形容する。物神性の強調は作品の中にアウラを香り立たせるであろう。

ファッションについては、例としてルパンのジャケットはＪＵＮとのタイアップが企画書に掲げられている。その最新性は、パイロットフィルムの峰不二子ルックに顕著だ。音楽も破格だ。頭脳警察、フラワー・トラベリン・バンド、ブルース・クリエイション、岡林信康らの起用、監修には中村とうようを配置するという、はったりのような構想案だ。

人物設定も企画当初はだいぶ異なる。ルパン三世は確かにアルセーヌ・ルパンの孫だが、彼自身はそれを知らず、新宿のヒッピーとしての日常を送っている。彼はある日、ルパン帝国という巨大シンジケートの後継者に選ばれ、泥棒としての英才教育の末、ルパン三世が誕生する。次元大介は初代からの凄腕の相棒であり、峰不二子は恋人ではあるもののお目付役の役割も持つ。ルパン三世は「盗みそれ自体」の快感を楽しみ、世界中から狙われることで退屈を払拭した充実を楽しんでいる、と設定されていた。さらに石川五ェ門（作品により五ェ門、五右ェ門と表記が異なり、本論はその都度準拠）は「ニューライト」（新右翼）と表記され、当時話題をさらった三島由紀夫を念頭に置く、思想のファッション的な取り入れも見られる。

このころ商品文化、サブカルチャーの動向に時代の徴候を見出し、鋭く提言した人物に金坂健二がいる。彼もまた、物神性を経由した意識変革に言及している。

「イージー・ライダー」の新しさは、それが〝作品〟であるよりも、ある共同体の意志のスポンテニアスな実現と見えるところにある。

金坂健二『幻覚の共和国』晶文社

そして、それは芸術や表現が社会的な認知と制度化を突破したところで初めて実現する。その意味で彼は「風俗」に大きな展望を見出す。風月堂、アートシアター新宿文化劇場、花園神社（状況劇場）、新宿駅西口地下広場、ゴールデン街、伝説のバー・ナジャのあった二丁目…。ルパン三世の原型がたむろしていた新宿は、1960年代の若者文化の中心地だった。金坂と精神的価値を共有した表現者の映像作品、大島渚の『新宿泥棒日記』、松本俊夫の『薔薇の葬列』、宮井陸郎の『時代精神の現象学』（以上3作、1969年）、中島貞夫の『にっぽん'69 セックス猟奇地帯』、若松孝二の『新宿マッド』（1970年）は、そんな新宿のヒップな精神を現象として追うことでとらえようと試みた。

いいかえると、もはやサブ・カルチュアでは足りず、徹底した意識の反文化《カウンター・カルチュア》を作らねばならない。つまり体制の構造と自分をも吸い上げるメカニズムを知った上で、たんにそのエア・ポケットに入り込むのでなく、何処を突けばよいかの認知を踏まえて、かつハレンチでなければならない、と思う。

前掲書

風俗という時代の無意識をすくい取ること

ルパン三世パイロットフィルム

時代の最新の風俗を取り込むことで、メディアそのものに既成の常識や秩序への反逆性を持たせる。そしてそこで描かれた内容、表象に多義性を持たせ、精神の自由を切り拓いていく。ルパン三世企画書には、そんな意図があった。そのイメージが凝縮されたものがパイロットフィルムだ。パイロットフィルムは最初映画用（シネマスコープ）、後にテレビ用のサイズ2種類が制作され、その長さは12分にも及ぶ。ルパンの声優は前者が野沢那智、後者が広川太一郎。峰不二子は両方とも増山江威子（PART 2以降２０１０年のテレビスペシャルまで担当）、次元大介のみ小林清志とテレビ放映版と共通の配役だ。野沢と広川はだいぶ芸風が違うが、品のある甘さは共通しており、その優雅な品格がむしろ突き放した冷酷さを秘めているようにも感じさせる。

音楽は企画書のような型破りのスタッフではなく、前田憲男が担当。黒っぽさや激しさではなく、ラウンジ系の要素もあるファッション性を感じさせるジャズポップス。配役といい、都会的な洗練を基調にしたことが窺える。

全体の構成は後に本編のオープニングや要所要所の場面で使われるシーンを積み重ね、各キャラクターの説明とともに銭形ら警察を出し抜くルパンの活躍がフィルム・ノワールのような乾いたタッチで描き出される。このあたりの雰囲気は、『PART 2』の演出にも加わった鈴木清順が監督で宍戸錠が主演の映画『殺しの烙印』（1967年）を彷彿させるところもある。

本編でも登場するベンツSSK、次元のガン捌きなどの描写もていねいだ。しかし、むしろファッション描写が特に印象に残る。ルパンの着こなしは「アクションシーンのTPOにに応じて着こなされるスペシャルオーダーの数々、言うなればルパンズファッション」と解説され、変装以外は基本着た切り雀のルパンとは別のスタイルが窺える。峰不二子もまた「ミニルックからマキシまで、華麗なるアバンチュールを彩る峰ルックのアラカルト」と形容され、当時の大人のファッションをあてこんでいる。そして彼女が踊るゴーゴーダンスのバックには、『イージー・ライダー』のポスターやモダンジャズのレコードジャケット、セミヌードの女性、春画（浮世絵）、全学連、レーシングカーなどがコラージュされる。彼女の肌の露出シーンも多めだ。

日本ヌーヴェル・バーグのムードを受け継ぎつつ、大人向けのハレンチや最新風俗を積み重ねることで時代精神、時代の無意識が宿すものを浮かびあがらせようと試みること。このアプローチで見えてくるのは、ベンヤミンが言うアレゴリー（寓意）、夢の現れとして捉えたものに等しい。

一九世紀とは、個人的意識が反省的な態度を取りつつ、そういうものとしてますます保持されるのに対して、集団的意識の方はますます深い眠りに落ちてゆくような時代（ないしは、時代が見る夢）である。…この集団はパサージュにおいておのれの内面に沈潜して行くのである。われわれは、この集団をパサージュのうちに追跡し、一九世紀のモードと広告、建築物や政治を、そうした集団の夢の形象の帰結として解釈しなければならない。

ヴァルター・ベンヤミン『パサージュ論　第3巻』岩波書店

『ルパン三世』の出発点は、そうした特異性を持っていた。

おおすみ正秋が掲げたアニメーション・リアリズム

『ルパン三世（PART 1）』

風俗を透過することで見えてくる時代精神としての「反逆」。『ルパン三世』の監督、おおすみ正秋は、これをシニシズムとアンニュイで表現した。

1970年を境とした数年間は時代の大きな変動の時期にあった。ピーター・F・ドラッカーは「重要なことは、知識がいまや先進的かつ発展した経済における中心的生産要素となった」と書き、ジョン・K・ガルブレイスは「資本から組織された知識への権力の新しい移行」と主張した（佐藤毅「〈社会論〉人間を問い直す時代」『ブレーン』1971年5月号）。高度成長に体現される産業社会から情報化社会、あるいは知識社会への移行である。そして、それは情報による管理社会の始まりも意味していた。新宿を発信源とした、状況劇場や天井桟敷のような肉体表現はそうした動向への抵抗も意味した。そして、町の風俗を多義的に読み込んでいく作業とは情報管理に収まらないブレと自由を得ることでもあった。盗賊であり犯罪者でありゴージャスな浪費家、ルパン三世のシニシズムとアンニュイはこの時代のエッヂな反逆の現れだった。

「狙うルパン。そこには追うもののみが知るエクスタシーがある」「狙われるルパン。そこにはデッドラインを超えるもののみが知るパセティックなフィーリングがある」

パイロットフィルムはそう語る。

モンキー・パンチの原作はアニメ化に適した素材ではない。ストーリーに飛躍と省略がまま見られ、人物への焦点という意味での視点は飛び飛びとなる。それは融通無碍なレイアウトと筆致の起伏のリズムとなってうねり、心地よい視覚性を生み出す。ルパンの人となりは善人とも悪人ともつかず、発散するリビドーは倫理性を消し飛ばす。全体に物語は暗黒街の抗争というダークなトーンがあるが、これは軽妙洒脱さによりスマートでしゃれた味わいに昇華される。

実際のテレビアニメにおいて、おおすみ正秋は原作のダークトーンをそのまま踏襲。パイロットフィルムのファッション性は大幅に省かれた。ただし、ルパンはイタリアン・カジュアル・ジャケット的な緑ジャケットを上着に黒シャツと黄のネクタイ（ネクタイピン付）をトレードマークとした。これは当時のヒーローとしては画期的なアダルトなテイストだ。次元も黒を基調としたスーツ姿だが、シャツがボタンダウンであるのがアクセントだ（原作準拠）。原作にはない銃火器、車や飛行機などディテールにはこだわり、後のカタログ文化のはしりの趣もあった。ここに風俗性は活かされている。

企画書には先に触れた「アニメーション・リアリズム」なる言葉が掲げられている。おおすみの発案だろうが、抜き出してみよう。

1 実写では絶対にできないことはやらない。

2 実写でやってみたいができないことをやる。

おおすみ正秋のアプローチは当時の実写映画の空気をアニメに持ち込むことであり、アニメ独特の映像手法はむしろ避けた。アニメはカメラのズームからパンまで自由自在だが、おおすみはあえてシーンをつなげず、カットバックの積み重ねで構成した。しばしばタイトフレーム（画面いっぱいに像が映ることで圧迫感を与える）であったり、緊張感を生む構図により、起伏を付けた。さらに、彼は動きではなく「絵」を好んだ。これは作品世界を端的に示唆するキービジュアルである。

モンキー・パンチは本作を「アニメーションの革命」と呼んだ。おおすみ正秋や藤岡豊らは「ガキのものばかり作っていた君たちに、大人向けの作品ができるかな?」とスタッフを煽ったという（大塚康生インタビュー『ルパン三世全記録〜増補改訂版〜』キネマ旬報社）。

アンニュイでセクシー。ルパンと次元の危うい共犯関係

『ルパン三世（PART 1）』


『ルパン三世（PART 1）』の初期は、トレードマークである盗みの奇抜さではなく、むしろアンダーグラウンドな抗争の色彩が強い。このダークなモチーフを支えるのが共犯関係であり、これはおおすみルパンの大きな特長だ。

共犯とは、ルパン三世を軸に両脇に次元大介と峰不二子がいることだ。それはなかばセクシャルなニュアンスも持つ。次元が主にメンタル、不二子がフィジカル（身体的）なルパンとのセックスの要素だ。ふたりの色気が香り立ち、裏社会という意味での反社会性を彩る。そして、それは両者ともにルパンと肉体関係にないこと（不二子とも描写としてはない）が緊張感を高めるのだ。

特にルパンと次元のセクシャルな共犯関係は、原作にはないおおすみ正秋の独自解釈だ。ニュー

シネマの『イージー・ライダー』『明日に向って撃て！』（1969年）のはみ出しもの、アウトローのコンビの作品群が彼の念頭にあったかもしれない。三者の「犯罪者」たちの織り成す心理のあやは一種の閉じた関係性を志向し、そこにおおすみルパンの反社会性がある。この閉じた反社会性から、ルパンと次元の共犯関係は編み出されたように思える。没案では、ルパンが救おうとした少年ゲリラが警察の手にかかって殺されるエピソードもあったという。制作者の捉える反社会性の幅の広さが窺える。これは政治性だろうか、あるいはエロスの範疇だろうか。

第4話「脱獄のチャンスは一度」は、このルパンと次元の共犯関係が特に際立つ。原作は投獄されたルパンと看守、銭形のみで構成された密室劇だ。アニメの方ではこれに加え、ルパンを見守る人物として不二子と次元が配置される。ルパンは彼らしくもなく、投獄されてから1年間、何の動きも見せない。銭形は危険人物であるルパンに対し殺害ではなく、捕縛という形で勝利を収めた。銭形がそれだけ優位に立ち、また「情け」をかけたからでもあるが、それはルパンの誇り高い心を傷つけた。彼は銭形に逆襲し、屈辱を味わわせるのにもっとも効果的な時期を1年ものあいだ狙っていた。それは処刑寸前である。死の前の唯一のチャンスに彼の全てを賭けたのだ。囚われ、管理された状況の中、わずかな自由の可能性を求めて刹那の冒険に出る。それは本企画が管理社会という時代に対して掲げたものであり、本エピソードに凝縮されて描かれる。

「エロティシズムとは、死における生を称えることだ」とはバタイユの言葉である。投獄と脱獄という生と死をめぐる供儀を、ルパンと銭形は共有する。確かに、このふたりは生と死の絆で結びつけられている。かれらを見つめるふたりの人物がいる。不二子と次元だ。不二子はなかばルパンが隠した財宝狙いの打算、そして（おそらくは）愛情から脱獄させようとさまざまな手を試みる。しかし、それはことごとく次元の手によって阻まれる。

「よしなって言ってるだろ。やつはお前の手なんか借りずにひとりで出てくるさ」

不二子は「女」という感情ゆえにルパンのゲームに参加することはできない。それはルパンが男ゆえに不二子に肘鉄を食らわされ、裏切られることと対になっている。ルパンと不二子はフィジカルなセックスというアンビヴァレンツで不確かなものでつながり合う関係だ。

一方、次元は精神という、より深層でルパンとつながった関係だ。次元は僧侶に扮し、処刑寸前の死刑囚に慈悲を施しに来る。ルパンに最後の喫煙を勧めると同時にその真意を問う。

ルパン「すばらしいゲームを楽しんでるんだ。処刑か脱獄か、万にひとつの失敗も許されないきわどいゲームをな。…次元、やれるかやれないか。俺の勝手にさせてくれ」

次元「よーし、わかったよ。お前は生まれつきぜいたくなんだよな。好きにするさ」

このセリフがすごくいかしている。そのまま次元は去る。そして、ルパンは見事に脱獄に成功する。

不二子のほうはルパンを信じきれず、彼が処刑されたものと思い、去っていく。ルパンは次元と合流するや隠した宝物のもとへ向かう。しかしそこは造成工事の真っ最中であり、宝物は発破で木っ端微塵に飛散する。ルパンは黙って懐中からタバコを取り出すと次元の口に差し、火を付けてやる。

「御仏の慈悲だ」

次元はうれしそうに口をゆるめ、やがてふたりは笑い合う。次元は見届けるという役割を受け容れることで、ルパンのゲームに参加する資格を得たと言える。生と死の拮抗する中でルパンは自己の存在を主張する。それは企画書が呈示したシニシズムに彩られたスリルよりも生の本質に根ざしている。

よく知られているように、『ルパン三世』におけるおおすみ正秋の仕事は長くはない。番組は深刻な低視聴率に悩まされた。日曜の夜7時半から8時の放映枠で、第1回6・5%、第2話7・5%、第3話6・1%、第4話8・1%、第5話8・6%だった。第1回目の放映直後、スポンサーとテレビ局、プロダクション社長とおおすみの間で会議が持たれた。責め立てられるおおすみは一歩も譲らず、その場で降りることを宣言。以降、現場にタッチすることはなかった（できなかった）。彼の実質作業は3話のアフレコの立ち会いまでとなる。それ以降のエピソードも並行して進んでいたので、4～10話と12話までが修正が間に合わず、ほぼおおすみ演出に則った形で放映された。

おおすみ正秋は低視聴率の理由を次のように責められたという。「少し上の観客層を狙ったこと。新しいことをやったこと。視聴者に媚びなかったこと」である。後に、彼は『ルパン三世』が人気作となった理由として、とある人物から同じ項目を推測であげられ、ショックを受けたという（高橋実「『ルパン三世』という名のはてしない物語」『THEルパン三世FILES～増補改訂版～』キネマ旬報社）。その後を引き継いだのが宮崎駿と高畑勲だったのはよく知られた事実だ。

宮崎ルパンで変わったこと

『ルパン三世（PART 1）』

ベンツSSKに乗るルパンと、イタリアの貧乏人の車・フィアット500に乗るふたりのルパンが、あのシリーズのなかで対立し、せめぎあい、影響しあって、結果として活力を作品にもたらすことになった。あの時代のふたつの顔を同時に持つことで、ルパンはより時代の子どもらしくなったのだと思う。

宮崎駿『出発点〔1979～1996〕』徳間書店

あのシリーズとは、もちろん『ルパン三世』の最初のテレビシリーズことをさす。発言はけだし至言で、当事者の総括ながら的確だ。アヴァンギャルドなおおすみルパンが発端で、宮崎ルパンがこれを改変して大衆性を持たせ、後に人気作となったと言えるだろうか。

宮崎アニメとなった『ルパン三世（PART 1）』後半は大きく様相を変える。宮崎アニメの特長のカメラワークや動きが顕著となる。各シーンをカットバックで重ねるのではなく、パンやズームでつなぐことで見た目のなめらかさを出す。全体にポーズと表情はややオーバーアクションとなった。第23話を例に取ると、次元と不二子が車から半身を乗り出してあたりを窺う。テレビの中では埋蔵金の権利をめぐって人物が入り乱れて格闘する。以上は、ワンシーンで状況を端的に説明するカットだが、初期の映画的で抑制的な演出では見られない。きわめて宮崎駿的なビジュアルだ。

人物の関係性は淡泊となった。次元も五ェ門もルパンファミリーの一員としてむしろ個性は抑えられた感がある。不二子も色気はほぼ封印され、14話から快活なショートヘアになる。宮崎は不二子の「ふしだらさ」がきらいだったという。逆にリーサや牧田リエのような純情美少女が登場してくるのも宮崎ルパンの特長だ。暗黒街に生きる男たちの抗争といったエピソードは払拭され、知恵と技で難題を切り抜けるアクション活劇の要素が強くなる。

ただし、特筆すべき点もある。次元や不二子が背景に引いたぶん、ルパンの存在感がより増したことだ。それはしばしばおおすみ正秋が提起した「反逆」を別の形で表現する。第13話「タイムマシンに気をつけろ！」や第22話「先手必勝コンピューター作戦！」に見られる、予定された運命に抗う逸脱者、コンピューターの思惑を超えた人間の予測不可能性、といったヒーロー像だ。企画書にうたわれた「コンピュータ文化ならぬ反ピュータ文化」はここに活かされている。しかしこれは風俗の視点を欠くため、反管理という時代性ではない、より普遍的な問題への置き換えとなった。
後に数多く作られたシリーズは、おおすみルパンと宮崎ルパンのふたつのルパン像の間を振幅して追い求めたとするのはやや事情と異なる。レギュラー5人の役割と立ち位置はおおすみと宮崎ともに違いがあるが、両者ともバランスが取れたものではない。特に、石川五ェ門（五右ェ門）の扱いにそれが出ている。『PART 1』では彼にしっかりとした立ち位置を与え、キャラの面白みを十全に引き出せなかった。むしろ人物構成の完成度なら、『新ルパン』と言われた『PART 2』が完成形だ。次元―ルパン―不二子を軸に、距離を置いて、空気を読めない半ボケ正義漢ハンサムの五右ェ門、横恋慕で執着して追い回す人情味のある銭形警部という絶妙の組み合わせである。

反逆で示される、ルパンであることの証明

『LUPIN the Third　峰不二子という女』
『ルパン三世　ルパンVS複製人間』

『ルパン三世（PART 1）』以降の続編は、確定したイメージをどう踏襲し、どうアレンジし、どうずらすかに終始すると言っていい。続編を列記すると、テレビ作品は『PART 2』（題名は単に『ル

パン三世』、1977年、全155話)、『ルパン三世 PARTⅢ』(1984年、全50話)、『LUPIN the Third 峰不二子という女』(2012年、全13話)、映画は9本、テレビスペシャルは24本、OVAは2本制作されている(実写は除く)。

テレビスペシャルでマンネリ化のふうもあったルパンシリーズに新風を吹き込んだのが『LUPIN the Third 峰不二子という女』(2012年)で、題名通り彼女を主人公とする。ビジュアルはあえて手描き風の抑揚の強い線描を強調し、奥行きのないイラスト的な空間構成、サイケデリックあるいは世紀末芸術ぽいビジュアル設定、鋭角的でトゲのあるキャラクター造形、BGMにフリー・ジャズ的なエッヂの立った菊地成孔の起用などの新機軸の試みが見られる。不二子らの行動に犯罪の暗さもしっかりと描写され、制作者の言からも、総体的に先祖返りによる『PART 1』へのリスペクトが窺える。物語も『PART 1』以前の設定で、ファミリー集結以前の不二子と彼女の目を通したルパンらの行動が描かれる。

本作は深夜放映にふさわしく、不二子の露出度もあざといまでに高く、美的、刹那的な雰囲気を漂わせる。しかし、それは妖艶とも言いがたい。本作における肌の露出とは、つまるところ裸の自我の露呈であり、鋭角とざらついた線描で構成された彼女の裸体同様、その精神もまた痛々しい。

そういう不二子がミステリアスに見えるのは、つまり「空洞」があるからな気がするんです。心のどこかに、空っぽの部分を抱えている。その「空洞」が描けたら、一般的な不二子のイメージとはあまりぶれずに、本作ならではの不二子になるのかなと。

岡田磨理（シリーズ構成）インタビュー（「峰不二子という名のミステリアスな空洞」）『アニメージュ』２０１２年７月号

本作には見所もあるが、それはルパンと次元のやり取りだったり、五ェ門の活躍（本作の彼は群を抜いてキャラが立っている）が中心のエピソードで、つまるところ旧作の余慶かもしれない。それは不二子の虚の自我を描こうとしたアプローチにあるのではないか。ルパンに自我はない。彼は行動でのみ語られる存在＝キャラクターであり、それは原作より踏襲された。そのサブカルチャー的な表層は、出発点ではシニカル、アンニュイと言い表された。それは決して自我の空洞ではない。第１作から絵コンテや監督として関わってきた出崎統は、不二子に対し狂気と形容している（「座談会：相原寛司／出崎統／加藤敏」『THEルパン三世FILES～増補版』キネマ旬報社）。

数ある続編群でもっとも特筆すべきなのが、吉川惣司監督による、映画『ルパン三世　ルパンvs複製人間』（１９７８年）だ。これはおおすみルパンとも宮崎ルパンとも新ルパンとも異なる、「戯画」というアプローチを持つ。キャラクターのプロポーションと顔の作りなどはデフォルメが強く、動きもまたリアル感を意図的に外している。それはフリンチのような悪漢の描写、さらにかの有名な不二子のベッドへのルパンダイブ（裸の飛び込み）などに顕著である。誇張されたコミカルな動きの描写が基調だ。

この物語は、クローニングで寿命を延ばし、世界経済を牛耳るマモーとルパンの対決を描く。その裏で暗躍する米ソの首脳部は一片の良識もない悪辣ぶりだが、カメオ的に赤塚不二夫と梶原一騎が演じ、それが馬鹿馬鹿しいまでの空々しさを強調する。しかしルパンもまた正義漢などではなく、いつも以上に不二子の肢体に目を血走らせる。彼に苦言を呈する次元や五右ェ門を放り出してでも、彼女に執着する本能を丸出しにする、実にアナーキーな人物として描かれている。三枚目的なズレたキャラは『PART 2』を踏襲するが、たしかに『PART 1』とは違った意味でのワイルドさがある。

本作は米ソの首脳を登場させることでリアルな世界との接点があるが、あえてシリーズ中もっとも馬鹿馬鹿しいテイストを持たせ、寓話の意味合いを与えている。それはルパンという偶像を用いた、より普遍的な物語への射程のためでもある。

本作の冒頭はルパンの絞首刑から始まる。しかし、本編の主人公は実は生きている。マモーはルパンに彼が真性の存在ではない、複製である可能性を示唆する。自身の証明のため、ルパンはマモーを倒す。物語はこの大きな柱で構成されている。終盤、マモーは処刑されたのがコピー人間であったことを伝える。しかし、事実関係や来歴には意味がない。マモーを倒すこと、つまり行動によってこそ、ルパンが本物のルパンであることが証明できるのだ。

強大な神のような存在の前に、自らの存在の意味を証明してみせること。「反逆」を掲げた企画書、そして『PART 1』でおおすみ正秋と宮崎駿が抗いとして描いたルパン三世がヒーローである根拠への、吉川惣司の回答だ。ここに『峰不二子』が語り得なかった『ルパン三世』の物語の核がある。

『ルパン三世』がもし現代において意味があるとしたら、この原点である「反逆」の捉え方にかかっているとと言えるだろう。

東北が表象する、ハーロックの孤高

「ハーロック・サーガシリーズ」

永遠の時の中で抗うこと

抗うことでたりうる、英雄、ヒーローの条件。ルパン三世と同じく、その「反社会性」がヒーローであることに直結するキャラクターに、マンガ家・松本零士が創作した宇宙海賊、ハーロックがいる。彼の抗いは、表面的なキャラクターの性格ではなく、松本の表現世界の根幹に関わる。

松本零士のある種の作品群には、主人公たちを突き放し、時間と空間のマクロなスケールにおける俯瞰のまなざしがある。それは、初期作では冷淡な無常さが特に強い。たとえば連作短編『帰らざる時の物語』（1975年）では、数多くの文明、星、時代において人類は模索し、苦闘するが、滅びという必然性から逃れられず、大半の結末は死滅という結果を迎える。

「時間にははじめも終わりもない……　はじまっては終わり終わってははじまる　くり返しくり返しあなたはここからここまでを生きる　無限に同じ人生をくり返してゆくわ　もがいてもさけんでも無限に変わることはない　あなたの生命の時　これが生命の無限存在点つまり運命…」

松本零士「サレルヤの森」『四次元世界』小学館

松本ワールドは、存在が無の消失点に向かう滅びではない。生長と滅びをくり返す無限螺旋の循環構造という特長を持つ。彼のトレードマーク「遠く時の輪の接するところ」も同じことの言い換えだ。この中で点景のように浮かぶハーロックの物語は、とりわけ彼の作品世界の中で重要な役割を担っている。ハーロックの前身は、松本零士が中学3年のころ描いた『冒険記』に登場する海賊キャプテン・キングストンだという。それ以降、「冬眠惑星」(1968年)、「パイロット262」(1969年)、「大海賊ハーロック」(1970年)、『ガンフロンティア』(1972年)、「宇宙戦艦デスシャドー」(1975年)、「エメラルダス」(1975年)、『ダイバー0』(1975年)、「わが青春のアルカディア」(1976年)、『宇宙海賊キャプテンハーロック』(1977年)、『クイーンエメラルダス』(1978年)、「ザ・トチローⅡ」(1980年)、『ニーベルングの指環』(1990年)、など主要作品ほか数多くの長編短編に登場する。これらの時系列、因果的な整合性は往々にしてない。

ハーロックの孤高が前面に出てくる初期のもののひとつは「宇宙戦艦デスシャドー」で、連作短編『帰らざる時の物語』の一挿話に当たる。この時代、地球はほぼ死滅している。文明を喪った地球人が復興する明日を信じ、ハーロックが乗艦デスシャドーで付近を通りかかる異星生命体を潜在的な脅威として排除する姿が描かれる。だが、ここに彼が信ずべき共同体はない。

「俺は俺の世界だけに生きている。どこの生命帯《ママ》とも関わりあいはない」

松本零士「宇宙戦艦デスシャドー」『帰らざる時の物語』秋田書店

地球人という種族は確かに眼前にあるが、おそらく彼が信を置くべき共同体は遠い未来における架空の存在だ。無慈悲な殺戮をその孤影に背負う彼の姿は、後の作に踏襲される。そして、このデスシャドーには彼の伴侶である女性の唯一残された頭部がコンピューターと結合されている。これは後に中枢大コンピューターに発展する。地球復活の希望の光を見届けたハーロックは星の海の戦いへと船出し、やがて彼もからだを喪い、機械化されることが示唆される。彼は命の連鎖という永遠性の傍観者、注視者、せいぜい助産婦であり、彼もまた主役となれず、滅んでいく存在でしかない。だが自身は滅んでも、「永遠」に抗うことが彼にとっての戦いだ。

「宇宙戦艦デスシャドー」がハーロックという人格の原型なら、『ダイバー0』は後の『宇宙海賊キャプテンハーロック』（以下『ハーロック』）の物語の原型だ。両作の成立時期は隣接している。本作は母親であるロボットWG一八七二三三号を人間に殺されたダイバー0の復讐譚だが、彼の孤独な殺戮と逃亡に深く関わる形でハーロックが登場する。ハーロックは彼の境遇になかば共感し、助けもするが、より大きな視野と目的を持つべきと諭す。この年配者と怒れる若者の組み合わせは、後の『ハーロック』に踏襲される。本作でハーロックを突き動かしているのは、遙か昔から宿命のように人類に突きつけられている滅びの危機だ。それは太陽系の十番惑星が「侵略者」の攻撃で滅んだ、戦いの痕跡で明らかにされる。滅ぼしたのは「外宇宙のかなたからきた…人間でも機械でもない生命体」であるという。ここでも彼の孤高の信念は強調される。

「おれはこの旗のためにだけ戦う‼　自由の海にはためく自由の旗のためにだけ戦う‼　だれにも命令されない　自分の信ずるもののためにだけおれは戦う‼」

松本零士『ダイバー0』朝日ソノラマ

このとき、ハーロックは時の政府と手を結ぶ存在ではない。彼の信念の強さは、いま目の前にある共同体の絆に対する峻拒としてしばしばあらわされる。その信念は、幾つかの思想、感情が複雑に絡み合っている。

「俺の青春をすいとってしまった世界など滅びてしまえ‼」

松本零士「新世界はむらさきの空」『四次元世界』小学館

松本零士の作品では、こうした少年／青年による世界のすべてを断罪する性急な叫び、怒り、嘆きにしばしば出会う。これはより具体的な対象を持つこともある。それは戦後日本の否定だ。『ハーロック』では、事なかれ主義と先例踏襲、官僚的な些末な折衝と対処にのみ明け暮れる政治家と公僕が活写される。かれらの弛緩した振る舞いは、現代（当時）の日本政府を思わせないでもない。ここから、平和と物質的な繁栄におぼれる人々の愚かさ、醜さといった状況観察が導き出されてくる。

これは本作に限らず松本零士の作品に数多く反復されるが、社会批判とともに僻みを契機とした自己肯定という心理動機も透けて見える。そこにあるのは、際限のない自己肯定と他者否定だ。この強い想いは彼の作品の強度を支える柱であり、作品の底流に流れるミソジニー（女性嫌悪）とも関連する。彼は「日本人は戦後、精神的には依然として地獄のトンネルを歩いている」（「大日本国落城記」『ビッグコミック』２００５年8月25日号）と後年記しているように、日本という共同体へ回帰するナショナリズム的な心性もあるだろう。

植民地主義批判《ポストコロニアル》、そしてアメリカ流アナーキズム

「大海賊ハーロック」『ガンフロンティア』

ハーロックの信念には、ある種の社会的公正さ、あるいは虐げられたものを代弁する怒りも根底

にある。「大海賊ハーロック」のハーロックは地球人ではない。彼はもとは地球の植民国だったモスランド星系連邦の軍士官だ。同連邦は地球連合との第7次星間大戦で廃滅。この星系の女性は全て強奪され、男性は命を奪われるか去勢された。彼は後者だった。彼は誤って地球人の女学生の乗った船を破壊してしまったが、虐殺の罪の呵責に襲われることはない。

「私は地球人にはこれっぽちの哀れみももたん！　地球人類はすべて許すべからざる私の敵なのだ！　奴らは私からすべてを奪った！」

松本零士「大海賊ハーロック」『セクサロイド』（4）朝日ソノラマ

このハーロックは、最後は地球連合の軍を道連れに死んでいく。そして、行きがかりから行動をともにした地球社会の落ちこぼれ、佐渡はハーロックの自由の意志をその名とともに受け継ぐ。本作では、地球人ではないハーロックは虐げられた植民地の民意を代表し、地球と戦う。つまり、ここには作者の所属する共同体=日本を相対化する、ポストコロニアル的な視点も含まれている。

松本零士にはナショナリズム的な心性とともに、アメリカへの強い志向もかいま見える。それはアナーキズムやリバータリアニズムの含みを持ち、アメリカ西部という「新天地」への憧れを通して表現される。

「いいじゃんいいじゃん　ここはやりたいようにやる町だよ　自由　まったくの自由！」
「なぐられたらなぐり返す　やられたらやり返す　これ弱肉強食の西部の掟」

松本零士『ガンフロンティア』秋田書店

広大な西部に新天地を求めてさすらう、トチローとハーロック。この姿は数々の「ハーロック・サーガシリーズ」の前史であり、短編で断片的に描かれるふたりの宇宙の放浪の物語とそのまま重なる。その旅はアメリカのどこかにある日本人移民の見えざるコミュニティの探索譚でもある。それは政府、国家という背景を持たないネイション（民族）としての日本人の姿の探求であるかもしれない。あくまで「自主・自律」を唱えるふたりは、日本的な心情とは一線を画する部分がある。

ごく少数の者たち、たとえば英雄、愛国者、殉教者、偉大な改革者、それに人間の名に価する人間などが、肉体や頭脳ばかりでなく、良心をもって国家に仕えており、だからこそ彼らの大部分は国家に抵抗せざるを得ないのだ。

ヘンリー・デイヴィッド・ソロー「市民の反抗」『市民の反抗　他五篇』岩波書店

ヘンリー・デイヴィッド・ソローは自然随筆家とともに、思想家の顔も持つ。引用文は、奴隷制に対し曖昧な態度を取っていたアメリカ連邦政府への批判だ。そして、日本にはほぼ根づいていない抵抗権、革命権が念頭に置かれている。日本では「反社会的な行為」と見なされるが、アメリカでは愛国心の発露として了解される。

ここにあるのは政体そのものではなく、ルソーのいう社会契約の母体としての国家あるいはネイションへの忠誠だ。同論で、ソローは「統治することのもっとも少ない政府こそ最良の政府」という格言への同意も掲げる。アナーキズムとは融通無碍の究極の自由ではなく、最小限の自治を指す。彼のアナーキズム的な市民による自治は、アメリカ市民の分散的な民主主義の根幹であり、それは大陸各所への植民、開拓を思想として後押しした。

ハーロックの地球政府への反逆と地球という〈くに〉（共同体）への忠誠。あるいは日本政府と隔たった距離と日本人へのシンパシー。作品を根底から支える松本の自由の捉え方は、このアメリカの民主主義のメンタリティをあてはめることですっきり説明できる。その意味では、松本もまたアメリカによる戦後の、最良の申し子と言えるかもしれない。

こうした思想が凝縮されたハーロックが活躍する物語とはどのようなものだろうか。

生命の時の終わりは　生命の時のはじまり　未来の過去のために　今を力のかぎり生きよう……

「サレルヤの森」『四次元世界』小学館

松本零士の宇宙とは、「無限に同じ人生をくり返す」時間が循環する輪の構造である。これは不可避の宿命論に思えるが、そこには自由意志も存在する。無限螺旋に思える時の輪は、その都度まったく同じ現象を生起するのではなく、模倣（シミュラクル）のさいわずかにズレを生じ、その輪が並列して重なり合っていくと考えられないだろうか。この無限の輪の重なり合いは、分断されておらず、有機的に絡み合い、つまり交叉する。これをひとつの「重層体」と見ることができる。この重層体は無限遠を含むため、俯瞰で見る過去は廃墟のような趣きすらある。松本の有名な、遠未来から振り返った宇宙絵巻的なナレーションである。

歴史という構造物の場を形成するのは、均質で空虚な時間ではなくて、〈いま〉によってみたされた時間である。だからロベスピエールにとっては、古代ローマは、いまをはらんでいる過去であって、それをかれは、歴史の連続から叩きだして見せたのだ。

ヴァルター・ベンヤミン「歴史の概念について」『ボードレール　他五篇』岩波書店

ベンヤミンのこの言葉は、歴史というものが一義的な方式の対象ではなく、多義的な意味の重なり――アレゴリー（寓意）――と考えていたことに基づく。歴史、これを世界に置き換えるなら、世界は単線的な因果による一義的な現象ではなく、読み込みによってさまざまな表情を見せる、解釈によって可変の重層体となる。

ハーロックもまた、ひとつの原型的な存在があり、それはプリズムのようにさまざまな行動という「表情」を見せてくれる。その振る舞いのありようは、その都度さまざまな役割を演じる「役者」と考えられないだろうか。ハーロックと呼ばれるさまざまな役を演じる、ハーロックという名の役者。彼の生には、そのとき限りの演技という解釈が介在し、さまざまなドラマが演じられていく。それは、すべて強大な運命、時の流れに抗うためのものだ。スターシステムによって用いられるキャラクターである記号、ハーロックを、役者として捉えることはキャラクターのありように大きな広がりをもたらす。このアプローチは後に述べる、完全にフィクションに没入するのではなく、イリュージョン（虚構）であることに自覚的な演劇の批評性とそのアニメ演出への援用とも深く関わっている。

自己幻想で時代に抗う　りんたろうのハーロック

『宇宙海賊キャプテンハーロック』

台羽正「教えてくれないか。キャプテンハーロックの胸の中にあるもの。それがなんなのか」
有紀螢「私にもわからない。それを知る人はキャプテン以外いないわ。それに誰だって胸に秘めていることはあるはずよ。それを無理に知る必要はないと思うわ」『宇宙海賊キャプテン

ハーロック』第4話

過ぎ去ろうとする70年代という時代への、惜別を込めた応答。りんたろう（当時りん・たろう名義）が監督したテレビアニメ『宇宙海賊キャプテンハーロック』（1978年、全42話）とは、そうした作品に思われる。この意図は、物語の話法を大きく規定した。本作は、地球をかつて太古に支配し、さらに移住先として狙う異星人マゾーンの大艦隊に、腑抜けでなすすべもない地球人に代わって、ハーロックと41人の海賊がまさに多勢に無勢で挑む物語である。

ハーロックは本作の主人公だが、彼は直接話法より間接話法で描写される。彼という男は、自身を語らず寡黙であり、取り巻く女たち、男たちの当惑とざわめき、感嘆によって輪郭が際立ち、その人柄が理解されるのだ。

第1話「宇宙にはためく海賊旗」は、この演出意図が強く打ち出されたエピソードだ。冒頭、宇宙貨物船の略奪から始まるが、威嚇によって早々と白旗を掲げた相手に対し、ヤッタランと有紀螢はいつものように気楽に事を進めようとする。そのかれらにハーロックは一言だけ発する。「待て」カメラはクラシックな艦長椅子に深く座りながらも、眼光鋭くとぎすまされた精神状態にある彼を写し出す。

これに対し、有紀螢は疑問を発する。ハーロックは立ちあがるも何も答えない。彼の表情を伺い見たヤッタランは罠への危惧と推測し、螢も了解する。そんなかれらに一呼吸置き、ハーロックは「偵察させろ」とだけ指示する。偵察行動で恭順が擬態であったことが露見すると、ハーロックは単に親指で指示のジェスチャーをする。ハーロックがふたりとともに並んでも、その意思表示のときは常にフレーム（画面）に彼ひとりだ。彼の意志を推し量るようなふたりの仕草は、ハーロックとの心理的距離であり（艦橋内はゆったりと間隔が空いている）、それは視聴者にも共有される。

ハーロックは貨物船の占拠に成功するも、食料品のみ移し替え、積み荷の大半の宝石と酒の投棄を命じる。そして、彼は理由を語らない。

自身を語らないハーロックとはどのような人物だろうか。このころ、地球では天文学者の謎の殺害が多発するが、ナレーションは「この事件もキャプテンハーロックの仕業とされた」と語り、非道、ダーティな印象が彼の世評だと告げる。台羽正もこれになかば賛意を示すが、彼の父は「世間では無法者と呼ばれているが、ハーロックは地球を愛する立派な若者だ。無闇に人を殺したりはしない」とこれを否定する。

後半は、地球で生活するまゆの誕生日を祝うため、単身訪問するハーロックが描かれる。危険だからと反対する仲間にも彼は黙して何も語らない。「ハーロックは行きます。誰が何と言っても、ハーロックは約束を守る男です。それがどんな小さな約束でも、命をかけて守る男です」彼の伴侶のようなミーメがそう説明する。

地上に降り立ったハーロックはまゆに再会するも、易々と軍の手中に墜ちる。ほどなく公開処刑のため引き出された彼を人々はこう評する。「捕まりに来たようなもんだ」「ふん、バカなやつだ。

七歳の子との約束を守ったんだと」

その間、彼は悠然として動じることがない。射殺寸前にアルカディア号からの救援が来る。そのさい彼は難なく手錠を自らはずす（壊す）と微かに笑い、「さらば」とだけ言い残して去る。

暗転からの海賊戦艦のシルエット、まゆのボールからマゾーンの巨大球体ペナントへのかたちの相似性でつないだジャンプ・ショット。こうした演出は各シーンごとを有機的につなぎ、寡黙なハーロックの孤影をキーに移り変わっていくシーンの数々は抒情性を強くたたえる。セリフでなるべく語らず、絵と音楽（横山菁児のシンフォニー）で語らしむ本エピソードは全編屈指の印象を残す。

この抒情性は日常性を排すため、ハーロックに対し見るものとの心理的隔たりを感じさせる。だが、それは原作の無限遠の時の輪の旅人という非日常性とは異なる。それは一言でいえば、「時代遅れ」「レトロ」「古風」というイメージだ。そもそも海賊という設定がそうであり、損得省みず約束を守る古風な男という描写がその最たるものだ。本話で流れた、「むかしむかし　人間は　やさしい笑顔をしていました」という歌詞の挿入歌「むかしむかし」はこれを強調する。

自身が語る直接話法ではなく、周囲が語る間接話法で特に印象的なのは女性の視線だ。「憧れ」「尊敬」「恋心」だろうか。第1話の有紀螢がそうだが、まゆにおいてこれは顕著だ。最終回では、まゆのまなざしに続き、マゾーンの女王ラフレシアが彼の乗るアルカディア号が遠くへ消え去っていくところを見つめ、終わる。ハーロックは登場せず、ふたりの女性の思慕を通して彼が描かれる。

この演出はりんたろう流のロマンチシズムだろう。松本零士は当初まゆの存在に強く反発したという。松本の作品の要は男同士の血をわけた友情と絆であり、この演出意図は異質なのだ。

先に見たように、原作のハーロックは目の前の共同体を峻拒、否定している。それは人との絆についても同じだ。直近の共同体との絆を断った孤絶性が、無限遠の時の輪の宿命に生きる証なのである。アニメは結果的にこの構造を壊した。

ハーロックの共同体とのずれは、「死に後れ」というかたちで表現される。ハーロックは親友の死に、心の痛みとともに「死に後れ」の感を抱く。原作のハーロックはトチローの意志――中枢大コンピューター――とともに無限の時を戦い抜く覚悟を持った男であり、この「後ろ向き」の感覚もまた異なる。

この死に損ないの男のドラマは、本作では70年代の日本という管理社会まで運悪く生き延びてしまったという現実感覚に支えられている。


『宇宙海賊キャプテンハーロック』

源実朝に仮託された、時代への反語

地球の海が死滅した時、人々は言った。「人類の終わりの時が来た」と。頭上に広がる無限の海になぜか目をつぶり、人類の行く末をひたすら嘆いた。新しい人類の輝かしい未来を信じて、新しい無限の海、宇宙へ歯を食いしばって乗り出して行ったわずかばかりの男たちのことを、この人々は指さしあざ笑った。「はかない夢を追う無法者」と。これはそういう時代の物語である。時に西暦２９７７年。　第１話

このナレーションの背景に、麗々しくもうそ寒い未来都市を経て最後は夕陽の海と朽ちた帆船が写し出される。これはラストシーンの夕陽と船（幽霊船だという）を見つめる虚無僧につながっている。最初から最終回・第42話のラストシーンを想定していたのかも知れない。そして、そこには太宰治の『右大臣実朝』の「アカルサハ、ホロビノ姿デアロウカ。人モ家モ、暗イウチハマダ滅亡セヌ」が引用される。

源実朝は鎌倉幕府の三代将軍で、不世出の歌人としても知られたが、親戚の北条家の策謀で暗殺された不運を持つ。太宰は実朝の生涯をこの中編で描いたが、後半は微妙に位相を変えた諦念と絶望を同じく持つ、後の彼の殺害実行犯、公暁との奇妙な交歓を描く。本作は１９４３年に書かれ、日本の敗戦を予感した終末観が反映されているとしばしば指摘される。先の引用句も、現状を直視せず精神論を空転させつつ、裏では特権者が自身の安泰に狂奔した戦中の日本を思えば、十分に納得できる。実際に実朝は唐へ渡るという実現不可能な夢を抱き、船を建造している。これは北条家の桎梏の中でのはかない脱出願望に受け取れるが、『ハーロック』の最初と最後のシーンで登場する船はこれを引用したもので、ハーロックのみならずりんたろうの心情をあらわしたという

(『PLUS MADHOUSE 04 りんたろう』キネマ旬報)。彼の時代に対する否定である。
この演出にあたってりんたろうは、実朝を論じた吉本隆明をも念頭に置いたという。吉本は実朝を「かれはある共同体の宗教的な象徴であるとともに、なにかあるときの犠牲の生け贄でもあった」(吉本隆明『源実朝』筑摩書房)と指摘している。
吉本隆明の『共同幻想論』(1968年)は、まず表層的な解釈によるマルクス主義の唯物論を否定する。経済という物質的な基盤である下部構造ではなく、人間の意識である上部構造こそ社会や共同体を語る上で重要と考えた。その共同体を桎梏するのが、個人の意識を縒りあわせ転化した共同幻想だ(アルチュセールのイデオロギーの概念と親近性がある)。彼は物質的な基盤の充実＝産業社会の発展は、人間の意識にある幻想領域に重圧を強い、逆行という反作用を生むとも述べている。高度経済成長の終焉期、失われゆく共同体へのノスタルジーからか民俗学がブームとなった。彼吉本の『共同幻想論』は日本古来の共同体信仰＝幻想領域を探り、個人の解放の契機を求めた。彼がポストマルクス主義的な志向も持つ全共闘に強く支持された理由だ。

わたしたちは制度の世界を〈共同なる幻想〉の世界とかんがえるが、人間の幻想の世界は、それが共同体として存在するかぎりは、個々の人間の〈心理的世界〉と逆立してしまうのである。

吉本隆明『共同幻想論』河出書房新社

個人の幻想である自己幻想が集まり、共同幻想に変貌した段階で個人に重圧をかける構造を本質的に持つようになる。これを逆立という。実朝は北条氏を中心とする武家制度という政治性とともに、共同体の生け贄としても殺害された多重性を持つと吉本隆明はいう。これを現代に置き換えて言えば、古く封建的な共同体は自己幻想を圧殺し、さらに幻想そのものを現代社会が扼殺する、となる。

ここまで見ていくと、りんたろうがハーロックに託そうとしたものが見えてくる。当時の進展しつつある管理社会において、自由、この場合は宇宙への雄飛という自己幻想を対峙させること。そして、その幻想は親友トチローの喪失という悲劇性もまた帯びている。間違った時代に送り出された「時代錯誤」を全うしようとし、自らを幻想領域へと投企する死に場所を求めている男を描くこと。りんたろうの『宇宙海賊キャプテンハーロック』とはそうした物語だ。

この自己幻想は、太宰治の故郷、東北のイメージによっても紡ぎ出される。第41話、ラフレシアとの最終決戦の場（一騎打ち）には幻影が投影されているが、それは積石の林立で、賽の河原と呼ばれる場所に作られる供養のための石塔がモチーフだろう。戦いで死んだ部下へのラフレシアによる慰霊だが（実際彼女自ら石を積むシーンがある）、この石塔のよく知られている例は青森県の恐山である。

第16話における、昔自分を欺いた恋人への有紀螢の復讐譚には、津軽三味線が効果的に使われる。殺害（返り討ち）により復讐を果たした彼女は和装をまとい、ともに夕陽を見るハーロックに津軽じょんがら節を聞かせる。第33話では、コック長の綱島ますのかつての恋人で地球政府の反逆者となった、もと警備隊長官の大田原剛三は死ぬ間際に宮城県の大漁節「大漁唄い込み」を聞かせる。東北出身の寺山修司は自作の映画で頻繁に東北の伝統風俗を取り上げた。その因襲性とアングラ演劇の肉体の融合は時代への反歌でもあった。りんたろうもまた、日本近代において開発で不遇を強いられた東北のイメージを用いることで、時代への否定を描いた。

松本ワールドのアレゴリカルな重層体の「ハーロック・サーガシリーズ」から英雄性を取りだし、70年代という同時代性において悲劇のドラマとして組み替え直すこと。これもまた演出家りんたろうによる、役者ハーロックによるハーロック劇だ。最終回でナレーションはこう語る。

ハーロックもまた考える。なぜマゾーンに勝てたのか。だが、女王ラフレシア同様、明確な答えは出すことができなかった。だが、作者はこう考える。キャプテンハーロックとその仲間が大マゾーンを打ち破ったのは、自由を求める41名という人間の強い意志と団結が、女王の権力で引きずられてきた何万もの兵士に優ったのだと。

普段は隠れていた話者（作者）の存在を前に出すこと。これにより、これがイリュージョンへの心的没入を強いる仮想性の映画ではなく、仮想性に自覚的な表現劇だと強く強調される。大山まゆや有紀螢、台羽正、ラフレシアがハーロックを見つめ、彼について語ったように、私たちもまた彼を見つめ、語る存在だ。「反時代」を語ることの意識的喚起こそ、議論の場でもある劇場を用いる演劇と共通点を持つ理由だろう。そしてハーロックが常に寡黙であり、行動でしか語らない存在であるのは「英雄」の基本条件だからでもある。

反抗は失語の経験の内に成長していく反面、沈黙は反抗によってますます強化されるのである。…英雄が自分の本分を守ることができるのは、言葉のおかげだけでなく、自分の身体のおかげであって、だからこそそれを死のうちに成就するのである。

ヴァルター・ベンヤミン『ドイツ悲劇の根源』法政大学出版局

ハーロックの類型　革命家&テロリスト

『銀河鉄道999（映画）』
『キャプテンハーロック（3D映画）』

「ハーロックって革命家のイメージがありませんか?」

井上真樹夫コメント『ロマンアルバム・デラックス㉚　宇宙海賊キャプテン・ハーロック』徳間書店

ハーロックの初代声優、井上真樹夫の言だ。『宇宙海賊キャプテンハーロック』の反時代的なメッセージはりんたろう個人の解釈であり、以降の多くには踏襲されなかった。松本零士が創造した人格と海賊という普遍性をもつ記号の両者を加味しつつ、独自の解釈を加えたと言うべきだろうか。全体に大別すると、「革命家／活動家」「テロリスト」「アウトロー」の3つにわけられる（西部劇の『ガンフロンティア』は分析では除外）。筆者は『ハーロック』について言えば、むしろアウトローに近いように思う。

ハーロックが登場するアニメは、おおざっぱに以下の通りだ。『宇宙海賊キャプテンハーロック』（1978年、テレビ）、『銀河鉄道999』（1979年、映画）、『さよなら銀河鉄道999』（1981年、映画）、『わが青春のアルカディア』（1982年、映画）、『わが青春のアルカディア　無限軌道SSX』（1982年、テレビ、全22話）、『銀河鉄道999　エターナル・ファンタジー』（1998年、映画）、『ハーロック・サーガ　ニーベルングの指環』（1999年、OVA全6話）、『コスモウォーリアー零』（2001年、テレビ全13話＋OVA全1話）、『ガンフロンティア』（2002年、テレビ全13話）、『SPACE PIRATE CAPTAIN HERLOCK OUTSIDE LEGEND』（2003年、テレビ全13話）、『宇宙交響詩メーテル　銀河鉄道999外伝』（2004年、テレビ全13話）、『キャプテンハーロック　SPACE PIRATE CAPTAIN HARLOCK』（2013年、映画）、となる。ほかに、わずかばかりのゲスト作品も幾つかある。

先の革命家については、「999シリーズ」『無限軌道SSX』『指環』『零』『メーテル』が該当し、もっとも多い。『999』と『さよなら999』はりんたろうの監督による映画だが、両作は『ハーロック』と時系列、因果性において同じ「世界線」にはない。彼はハーロックを登場させるにおいて、松本作品のひとつの核は的確に捉えている。それは「遠さ」だ。『999』でハーロックは酒場の乱闘で星野鉄郎の手助けをし、機械化母星メーテルでの決戦ではアルカディア号をもって彼の加勢に駆けつける。そのときのセリフはことによく知られている。

「男なら危険を顧みず、死ぬとわかっていても行動しなければならない時がある。負けるとわかっていても戦わなければならない時が。鉄郎はそれを知っていた」

本作は、終始鉄郎の目線で語られる少年の成長のドラマだが、車掌や山賊アンタレスに比べると鉄郎とのハーロックの演技や身振り、関わりかたは身近さを感じさせないよう周到に演出される。これは、鉄郎（本作では16歳）と近い年代の観客にとって、尊敬すべき頼れる指標（師表あるいは兄貴分）と強く印象づける。この遠さゆえに、鉄郎と私たちにとってハーロックとは凝視し、語る存在となっていく。ここにも役者＝演技体としてのハーロックがある。

「テロリスト」に分類されるのが、『キャプテンハーロック』（２０１３年）という題の、これまでの設定を一新した３Ｄ映画だ。ハーロックは閉塞に陥っている人類社会に変革をもたらすため戦っているよう当初描かれるが、後にそれが時の流れをリセットするためで、その根底には自身が犯した罪（地球の汚染）の取り消しであることが暴かれていく。これは脚本の福井晴敏が自家薬籠中とする『機動戦士ガンダム　逆襲のシャア』の骨子を移し替えたものだろう。だがあえて本作を評価したい点に、ハーロックが体現するまがまがしさがある。最終的にアルカディア号のキャプテンをハーロックからヤマが引き継ぐ結末は「大海賊ハーロック」を彷彿させるが、ここには松本零士の初期作が持っていたまがまがしさ、悪の部分が表れている。これは革命家／活動家が正義の味方に近似して描かれていった、りんたろう以降の作品に見られない点だ。

ハーロックの類型　アウトロー

『SPACE PIRATE CAPTAIN HERLOCK OUTSIDE LEGEND』
『わが青春のアルカディア』『海賊旗艦アルカディア（パイロットフィルム）』

最後の「アウトロー」の分類には、まず映画『わが青春のアルカディア』（1982年）があげられる。ハーロックのイルミダスとの抗争の端緒となるエピソードだが、宇宙の平和も地球という国家の独立も直接は関係ない。彼個人の尊厳のため抗って戦うのであり、その自立の意味の発見がテーマとなる。本作の評価が芳しくないのは、冒頭が地球の敗戦から始まるように、ハーロックが常に負け続け、その抗いの無効さの雪辱感を背負う男だからだ。最後の艦隊への殴り込みのような戦いも、好敵手の助太刀による勝利であり、自由に生きることのかなわかったその好敵手の無念を晴らす意味でも爽快感は多くはない。映画の終盤において、彼は自身の信念の貫徹を誓う。それは、自身が後に宇宙海賊として知られる「ハーロック」として振る舞うことの前口上でもある。

「我々は決して何にも祈りはしない。人の助けを求めもしない。二度と他人の旗のもとに戦うことはしない。我々は己が信じるもののためにだけ、我々の旗のもとにだけ、生涯をかけて戦い続ける。俺の旗のもとに」

ある意味、ハーロックが真の英雄であるかはこの後の行動にかかっているが、その無限遠の地点を臨む淵に立ったところで物語は終わる。それは原作のマゾーンとの戦い（未完）にも似ている。

「全地球の市民の皆さん、無法者は去った。我々はイルミダスと力を合わせ、再びこの地球に楽園を築こう」

テレビでこう演説する傀儡政権のトライター首相を、ハーロックは嘲る。

「愚か者よ。その小さな世界で満足して、せいぜい踊るがいい。俺たちの世界はこの全宇宙だ」

この無根拠性による自信と尊厳こそ松本零士の真骨頂だが、それはやはりモラトリアムを伴っているのである。

りんたろうの『SPACE PIRATE CAPTAIN HERLOCK OUTSIDE LEGEND』（以下ＯＬ）もまた、彼自身が手がけた『ハーロック』のアウトロー（無法者）の姿を踏襲している。ここでりんたろうは、再び「時代遅れ」の男としてハーロックを描きだす。

第1話のラストシーンは死んだと思われていた彼が酒場、バーあるかでぃあに現れるところで終わる。そこにはロトチェンコの《キノグラース（映画眼）》、ステンベルク兄弟の《愛のまなざし》といったロシア構成主義（アヴァンギャルド）のポスターが貼られ、音楽はスライドギターによるブルーズが流れる。「やっと現れたな」とバーのマスターは言い、酒を注いだグラスをカウンター上で滑らしてよこす。ハーロックは「友が、また宇宙を駆けたがっている」と呟き、手に取ったグラスを掲げる。中央線界隈か新宿二丁目かというアングラ感だ。中央の高台に歌い手がおり、スポットライトが当たるさまはあたかも演劇の舞台の印象を与える。『ＯＬ』はノスタルジーを漂わせ、後ろ向きの感がないでもない。

最終回・第13話では、宇宙そのものの滅亡を企図する巨大な存在ヌーの住まう異次元で、ハーロックはトチローと再会する。この幻想の領域において、ハーロックはかつてはラフレシアと紡ぎ出された対幻想を、今度はトチローとの間でわずかの間紡ぎ出す。それこそ、『ハーロック』で存分に語り得なかった友情という物語の再話だろう。ここでも賽の河原の石塔という東北のモチーフは反復される。本話が常に二者の対話劇で進行するのもまた、演劇的である。

テレビアニメ『無限軌道SSX』の当初の企画案は放映時のものと異なり、映画『わが青春』の不人気がなければ、より入念に細部まで世界観が練られた、アダルト（高年齢）向けで幻想的な物語になったという。名前は『海賊旗艦アルカディア』とされ、パイロットフィルムはりんたろうが手がけたとも言われている。その映像を見ると、イルミダスとの戦いだけでなく、『ガンフロンティア』『四次元世界』「戦場まんがシリーズ」のモチーフが投影されていることがわかる（松本零士が挿画を手がけたC・L・ムーアのSF小説「ノースウェスト・スミスシリーズ」の匂いも感じられる）。

宇宙という幻想世界をさ迷い、そこでハーロックとトチローが出会う、宇宙の怪異と無常さ、そして時の輪の接するところすべては再びめぐり、滅びはないという宇宙の摂理。あるいは、シリーズの締めくくりはこの無限のさすらいの中にふたりを還してやるべきではなかったかとも思う。

命名と命令から逸脱するもの、キリコ

『装甲騎兵ボトムズ』

肉体に裏づけられたキリコの行動

寡黙にして、その存在は反抗的。『装甲騎兵ボトムズ』（1983年・全52話）の主人公、キリコ・キュービィーは、彼を支配し、従わせようとするすべてのものに抗う。口数の少ない彼もまた、その存在のありようを示すのは行動だが、これは特にその強靭な肉体によって印象づけられる。フラットな記号のアニメーションでは、珍しく肉体的な存在だ。

たとえば、第1話を見てみよう。物語は、ギルガメス星域連合とバララント星域連合による永い星間戦争が行われているアストラギウス銀河が舞台となる。ギルガメス星域連合の兵士、キリコは自身の知らないまま配属された反逆部隊による軍事機密奪取の作戦に従事する。ことの重大さに気づいたとき、彼は裏切りによって攻撃を受け、失神。軍の情報部に捕獲される。キリコは機密奪取の件で情報部将校、ロッチナから執拗で苛烈な拷問を受ける。脳に直接刺激、衝撃を与える拷問法だ。その痛撃はキリコの心臓を遂には停止させる。間髪を入れずに行われた蘇生で彼は意識を取り戻すが、そのさい目の前に転がっているビスに気づくと、これを手のひらに忍ばせる。彼は独房に放り込まれるも、扉が落ちる瞬間、ビスを放り投げてその動きを止める。不審に思った看守をすかさず襲い、銃を奪い脱走する。目的は、地下独房より遥か上の地上基地にある戦闘機だ。彼は非常用タラップを使い、登り切る。ついさっき、心臓が止まったとは思えないタフネスぶりだ。

脱走したキリコは、暴走族と自警団が支配する鉄くずの町、ウド、さらに内乱の戦火に包まれた熱帯雨林の国、クメンへと流れていく。ならず者との抗争、傭兵としての戦闘。まさに底辺の地獄を彼にくぐり抜けさせるのは、歴戦の兵士としての経験値、そして強靭な精神と肉体だ。彼の遥か頭上にはイデオロギーと政治的利害の衝突があるが、目の前には正義、道徳など無用の非情の消耗戦しかない。『ボトムズ』という作品は、まずその圧倒的で息詰まるリアリズムが人々に支持された。

キリコは、何を主張するわけでもないけれど、支配されることも支配することも拒否する人間です。

人を支配したいという体質、権力に身をまかせるという体質があるかぎり戦争というのはなくならないんですよね。だからそういうところから離れた人間を作りたかった。

高橋良輔インタビュー『ロマンアルバム・エクストラ63 装甲騎兵ボトムズ』徳間書店

このキリコという存在には、時代の刻印がかいま見える。

冗談で八〇年代は根が明るいか暗いかその差になってくると言ってるんですけど

タモリ・松岡正剛『愛の傾向と対策』工作舎、1980年

80年代の流行語のひとつにネアカがある。流行のきっかけはタモリの発言とも言われる。発言者の意図はさておき、世間はネアカをポジティブ＝善であり、ネクラをネガティブ＝悪、変人と捉え、同調的な圧力で広めていった。経済は上げ底。「一億総広告時代」、「個性化社会」（『ACROSS』）と呼ばれた時代である。そんなとき、時流に抗するような「ネクラ」なヒーローとして登場したのがキリコだと言える。彼を演じた郷田ほづみはアニメ史上もっとも暗いヒーローと呼んだ。初期にこの傾向は強く、呼吸音だけでまともに言葉を発したのが数えるほどしかないエピソードすらある。だが言葉の欠落を補ってあまりあるのが、彼の強靭な肉体が可能とした行動力だ。

1984～5年、日本のカルチャーシーンを代表したものがパフォーマンスである。これはヨーゼフ・ボイスやローリー・アンダーソンらの来日公演（行為）が火付け役となったが、もちろんそれまで築き上げた下地がなければあり得ない現象である。このブームの中で、かつてならアングラと呼ばれたような舞踏も大きく注目された。具体的には山海塾や白虎社などだ。60年代や70年代は肉体とは管理されざるものであり、ギラギラとした危うい魅力を放っていた。しかしこのころはおしゃれなアートというカテゴリーのもと、肉体も回収されやすい存在に変質していた。1983年にアングラ芸術の代表格である寺山修司が亡くなったのは象徴的だ。

60年代、自分の肉体より深くコミットしていた人々は、目の前に繰り広げられる肉体の醜さをさらけ出すような踊りに、思わず眼を背けた。…しかし、現代の身体感覚はもう少し切れている。…E．T．やエリマキトカゲを〝カワイイ〟と感じる現代人にとって、人間の肉体のグロテスクさはむしろ魅力ですらあった。

尾崎純子「いま、なぜパフォーマンス?」『ACROSS』1985年5月号

アニメはもっともリアルな肉体から遠い存在だ。そこにあえて強靱な肉体を持つ兵士、キリコがヒーローとして登場したのは、当時の身体に対する意識の変容が背景にあるように思えてならない。

土木機械＝AT（ロボット）が創出する、ポストモダン社会のリアリティ『装甲騎兵ボトムズ』

キリコの存在を側面から支えるのが、物質感という重みを持つ世界設定だ。鉄人28号からマジンガーZ、さらにガンダムに至ってもロボットはヒーロー性を当然の属性のように持っている。それはスポンサーが玩具会社であり、ロボットを子ども向けのマーチャンダイジングとするためだが、これは顔を持った人型であることからもわかる。だが『装甲騎兵ボトムズ』ではロボットにキャラクター性はなく、ほぼ純粋な兵器の役割であるのが大きな特長だ。

ボトムズとも呼ばれるが、話中のロボットはATという名称でほぼ統一して呼ばれ、その全高は4メートル。全体的に擬人化の印象は抑られている。例えば主要機のスコープドックは、頭部といっても胴体部との連続性も感じさせるドーム型で、回転式ターレットによる古風な三連ズームレンズが中央部にある。最新型も登場するが、町工場で組み立て、解体が容易である。これをキリコたち、AT乗り（パイロットとは呼ばない）は、消耗品扱いで頻繁に乗り換える。そのためATじたいは高価ではなく、そのへんのジャンクから拾ってきたパーツをもとに、キリコはしばしば自分で組み立て、目的（戦闘行動）に応じた仕様を持たせる。この個人仕様のカスタムが個性のあらわし方にもなっている。そのコンセプトは、「機銃を積んでいるジープ」「土木機械」（高橋良輔監督）からきている。

キリコの戦闘を彩るのは、新兵器ではない。宇宙戦闘で弾丸が切れた際は、銃をアームパンチで射出し、投擲で仕留める。アームパンチとは、腕に内蔵されたカートリッジ式の火薬の爆発力で殴打（突出）するシステムで、要は火薬式の土木の杭打ちだ。窮地に陥った際は、ATの武装ではなく、ハッチを開いて虚を突き、大口径のアーマー・マグナムで相手のATの（モニター用）レンズを撃ち抜いて起死回生を狙う。道具にはそれぞれ長所と短所がある。その性格を熟知した上で、ローテクの道具をも機転で使いこなす。そして日常的な道具＝兵器に満ちた世界は、より日常的な、つまり等身大で平凡な人々が生き、活躍する物語を用意した。

ボトムズ＝VOTOMSは、BOTTOMS＝底の言い換えでもあり、底辺の兵士の意味が込められている。この「最低野郎」とは、『ボトムズ』のファンたちの自称でもある。この特長がよく現れているのが、クメン王国での傭兵たちのエピソードだ。たとえば純粋に金目当てで傭兵を務めるブリ・キデーラは粗暴な性格だが、その性根は残虐ではない。最初は仲の悪かったキリコの援護のさい、返り討ちにあった彼は「ついに借りは返せなかったな、キリコ」とうそぶいて死んでいく好漢だ。正規軍の実行力のなさを忌避して親衛隊から傭兵に転じ、クメン王国の近代化のため戦うポル・ポタリアのような存在もいる。上官としてキリコに執拗に嫌がらせをする小悪党カン・ユーにして広瀬正志の名演も奏し、憎みきれない精彩を放つ。

傭兵を取り巻く、人間模様もまた陰影に富む。「損馬鹿トリオ」を自称し、キリコと深い因果と友情で結ばれた3人もまたクメンに流れ着く。ブールーズ・ゴウトは闇ルートを活用し、傭兵基地、アッセンブルEX-10に兵器を大量に納入、この地でも一目置かれる富を築く。バニラ・バートラーはファンタム・クラブという飲食店をゴウトと共同経営し、羽振りがいい。特に傭兵を上顧客とするこの店は、戦争景気を当てにする商売なのである。ココナはここのウェイター兼歌姫だ。彼女が歌う「たのまれグッバイ」はまさに往時のインドシナ半島をしのばせるジャズバラードだ。そのたゆたうようなムードの中、戦争に群がりながらも人情味を湛え、洒脱なやり取りを交わす傭兵とバニラたち。ありあわせのメディアイメージによって作られた仮想現実だが、そこにはクメンという場の確かな空気を感じさせるのだ。

戦争から利を得ようとする多くの人々。その背後にある大きな権力と社会制度は、かれらを無慈悲に踏みつぶしていく。その容赦ない描写こそ、『ボトムズ』に描かれた権力観だ。

このジャングルで覆われたクメン王国は、一目でわかるように、映画『地獄の黙示録』のイメージの借用、アプロプリエーション（応用）で構成されている。廃墟の町、ウドは『ブレードランナー』からであり、終盤近く登場するクエント星はアーサー・C・クラークの『銀河帝国の崩壊』がイメージ源だとされ、またフランク・ハーバートの「デューンシリーズ」の惑星アラキスにも近似している。さらに宇宙〜クエント編のシチュエーションは、C・J・チェリイの「色褪せた太陽シリーズ」にも似ている。

こうした世界設定は、借り物の薄っぺらなものになりがちだ。しかし先に見たようにメカニックの描写、人間ドラマの構築はそれを感じさせない。このアプロプリエーション（応用）もまた、時代への応答でもある。

俺は戦った。はじめは生まれ故郷のメルキアのためと信じて戦った。だが、戦いは長引くばかりで終わりがなかった。俺は疲れた。誰も彼もが疲れていた。　キリコのモノローグ『装甲

騎兵ボトムズ』第1話

キリコの物事に倦んだような人物造形。そして、アプロプリエーション（応用）による世界設定。それは過剰なメディア情報にあふれた消費文化、そしてそれゆえ政治や道徳、社会思想に一種の不感症で接し始めた時代感覚に根ざすように思われる。

われわれは、ますます情報が増し、意味が次第に減少する世界にいる。
ジャン・ボードリヤール『シミュラークルとシミュレーション』法政大学出版局

ジャン・ボードリヤールはこの帰結としてオリジナルという存在が消失すると述べている。近代資本主義の発展は、物資の豊かさとともに情報メディアの浸透により社会意識の変容をもたらした時代でもある。

物資は差異という価格変動で左右され、差別化という記号性で消費される。メディアを彩る広告は、記号に価値を与える象徴体系であり、商品はその似姿（シミュラクル）でしかない。私たちが商品を享受することは象徴交換というコミュニケーションでもある。彼はベトナム戦争は『地獄の黙示録』というフィクションでもって完結するとまで言い切っている。

それはリアルよりも、象徴体系を背景とする記号が力が持つ時代だ。だからこそキリコというキャラクター＝記号の行動力が存在感を放つ。

「暗転」する舞台。その演劇的アプローチ

『装甲騎兵ボトムズ』

はじめから感じていた、心の何処かで。強い憎しみの裏にある渇きを。激しい闘志の底に潜む悲しみを。似た者同士。自分が自分であるために、捨てて来たものの数を数える。声にならない声が聞こえてくる。

次回、『仲間』。一足先に自由になった兵士のために。　第39話

『装甲騎兵ボトムズ』がユニークであるのは、予告が次回の粗筋に止まらず、各エピソードを暗喩でつなぎつつ、物語そのものの行く末を示唆することだ。高橋良輔監督自ら手がけ、それだけ作品にとって重要な意味を持つ。

総集編である第40話のサブタイトル「仲間」からすると友人のゴウトらのことをあらわしているように見え、実際予告映像も仲間との語らいが中心だ。しかし、ナレーションからむしろ第39話でキリコが倒したPS（人造人間の兵士）であり宿敵のイプシロンを指すとわかる。このあたりはき

つい皮肉も込められている。

第39話でキリコはPSと同等以上の戦闘力を持つことが明らかになる。そしてイプシロンを仲間と形容することは、その戦闘力だけではなく、キリコもまた何者かに操られ、翻弄されていることを暗に示す。「兵士」とは主体的な戦う目的を持たない存在である。

ここで、予告のナレーションが声優の銀河万丈によることに注目したい。彼は情報将校ロッチナの役も担当するが、それは単なる偶然やダブルキャスティングではない。ロッチナは第1話から最終話に至るまでキリコの行動を監視、その行動を見定める役割を持つ。つまり、ロッチナ／予告ナレーションは、この物語の語り手の役割を担っている。彼の語りと視線によって、私たちはキリコの行動を理解し、その軌跡を追う。

だが、本作にはもうひとりの語り手がいる。それはキリコだ。

キリコ自身は、物語のなかでは寡黙で自らを語らない。だがモノローグの形で自身の行動を説明し、補足し、さらには心情に近いものを吐露する。心情と書いたが、これは彼の真情を必ずしも伝えるものではない。

物語終盤、キリコの異常な戦闘力は、機械システムに適応するべく進化した異能者であるゆえと明かされる。それを語るのは、アストラギウス銀河の戦争の歴史を影で操ってきたワイズマンという支配者だ。ワイズマンはキリコの能力に目を付け、彼を自身の後継者として指名する。キリコの遍歴のような旅は、最後はクエント星にいるワイズマンの元に収斂される。

「俺は来た。来たぞ、ワイズマン。万能の力を。その力を俺は存分に試したい。全宇宙のすべての奴らに復讐するんだ。果てしのない戦争と混乱、地獄を与えてやるんだ。この銀河の絶対支配、それが俺の望みだ。生きたまま、神となってやる」　第51話

ワイズマンを倒すため恭順したと見せかけ、その本拠へ向かう途上のキリコのモノローグだ。これは、心の声と思わせてワイズマンを欺く辻褄があるかも知れないが、むしろ視聴者を欺くトリックだろう。

僕自身の映像のクセでいうと、映像が比較的あっちこっちに飛んだり、ちゃかちゃかしたりはしないんですよ。カメラの位置も動かさない。それは演劇から来ていて、『009』をやったときに、それで理論を構築しようと思ったんです。舞台があって観客がいて、それが演劇の完成形なら、映像というのはそれを記録するところから始まっているだろうと。…アニメーションの場合は観客席からどうカメラを向けるかが、僕の演出の基本なんです。

「高橋良輔ロングインタビュー」『ドキュメント・ボトムズ』三一書房

高橋良輔は大学では戯曲を専攻し、東京キッドブラザースの長期海外公演に同行（手伝ったりはしたが正規のスタッフではない）など、演劇の造詣が深い。『ボトムズ』は彼の資質がもっとも生

かされた作品と言える。

キリコ／モノローグと、ロッチナ／予告ナレーションのふたりの語り手で進行する『ボトムズ』。その両者の視点は異なり、また常に正確な感想、観察を伝えるとは限らない。しかし、その語りは物語を牽引する強い意味を持つ。

サブタイトルに「暗転」（第27話）という演劇用語が使われ、文字通り舞台はクメンから宇宙空間へと移る。『ボトムズ』とは四幕から構成される、演劇アニメと考えると作品の意図も明瞭に見えてくる。

高橋良輔の思い切りのよい場面転換により、移行する過程を大胆に省略した、役者のいる舞台として演じられるドラマだ。

当初『ボトムズ』は「兵士のリハビリ」の物語と言われ、冒頭のモノローグを見る限り、キリコには一種の欠落感が伺える。だが「また、地獄に来てしまったらしい」と呟く主人公は、自我の欠損を埋める歴程ではなく、むしろ過酷な社会をハードに生きぬくハードボイルドのほうが似つかわしい。それは強靭な精神力が証明する。

ハードボイルドは一人称話法が多いことも特長のひとつで、これはレイモンド・チャンドラーが特に用いた。ハードボイルドは非情さと裏腹のセンチメンタリズムが特長で、一人称の話法は下手をすれば私小説的な自意識に陥る。

私小説と一線を引くためには社会行動の要素が必要だが、それは利己主義と一線を画した個人主義にもとづくアナーキズムや自由主義（リバータリアニズム）を持つアメリカがもっともふさわしい。この点から、日本ではハードボイルドが困難な理由がある。

キリコとロッチナ。ふたりの語り手が紡ぐ舞台

『装甲騎兵ボトムズ』


もし、『装甲騎兵ボトムズ』が一人称のモノローグのみだったら、感傷的で自閉的な自意識に塗り込められたかもしれない。この隘路を回避できた理由に、『ボトムズ』がキリコのモノローグだけでなく、ロッチナとのふたりの語り手によることが大きい。

より開いた形で描かれ、語られる人々のドラマ。ふたりの語り手がいてこそ、ゴウトたち損馬鹿トリオや傭兵たちの生も際立つのである。

『ボトムズ』では、戦争に利用されるのを防ぐため、最後にキリコと（女性ＰＳの）フィアナは冷凍カプセルに眠りにつくが、これを高橋良輔は「おとぎ話」と形容する。

現実の物語に還すことは、キリコの人格への現代性の付与でもある。それを回避し、一幕のお話であることの強調だろう。

そして、つまるところ演劇性を高めた作劇の最大の理由は何だろうか。次回予告では、「いよい

よキャスティング完了」「第二幕が開く」「黒子は姿を見せない」「舞台が回れば吹く風も変わる」など、銀河万丈の名調子でこれが演劇だと示唆される。同時に、物語の真のテーマとその赴く先もまた視聴者にあらかじめ呈示されていた。

第5話予告編（最後に流れるもの）「人の運命を司るのは、神か、偶然か」、第6話「人の運命は、神が遊ぶ双六だとしても」、第11話「縺れた糸を縫って、神の手になる運命のシャトルが飛び交う」、第18話「神も、ピリオドを打たない」、第32話「キリコは、神を挑発する」…。おそらく視聴者のほとんどは、ここで呈示される神を方便と受け取っただろうが、これが戦争を引き起こすことでアストラギウス銀河の文明を裏面より支配するワイズマンを（おそらく）さすという、物語の核心だったことを後に知る。そして、ここに演劇性が高い理由もある。

同時性をその場で共有する演劇は、パブリックな意味合いが強い。そのルーツのひとつにギリシア悲劇があるが、有名なオイディプスがそうであるように神々が課す過酷で避けがたい運命に抗う人間の姿を描いた。

古代ギリシアでは神々は強大な力を持ち、不死の存在だが、それゆえに栄光とは無縁である。栄光とは持たざる者である人間が死を賭してでも何かを貫くところから生じると、人々は考えた。それが演劇で上演されたのは栄光とは人々に記憶されることと同義だからであり、その行為は人々と評価を分かち合うがゆえに政治性を強くまとうものとなった。

有名な戯曲はたいてい当時の為政者の批判を兼ねていた。これはなかば伝統として受け継がれ、シェイクスピア、ブレヒトらもこれを踏襲した。

そして、人間の栄光とは言葉ではなく、劇中の行為が体現するところとなる。英雄的行為とはそういう意味を持っている。

ゲーニウス（筆者注　精霊）の頭部が罪の靄のなかからはじめて浮かびあがってきたのは、法ならぬ悲劇においてだったが、それというのも、悲劇のなかではデモーニッシュ（筆者注　悪魔的、超自然的）な運命が打破されるからだ。…あの苦しみにみちた世界の動揺のなかから立ちあがろうとするのは、まだ沈黙した、まだ口をきかない倫理的人間であり、そういう者としてかれはヒーローと呼ばれる。倫理的な言語喪失、倫理的な幼児性のなかでゲーニウスが誕生する、というパラドクス――これが、悲劇のもつ高さである。

ヴァルター・ベンヤミン「運命と性格」『暴力批判論　他十篇』岩波書店

同じ論でこうもベンヤミンは書く。

実行にいたらねば無意味であり、倫理的に重要でありうるのは行為のみであって、けっして性質ではない。

前掲書

この行為を行為たらしめるのは弁論ではない実践であり、その英雄的な行為は古代ギリシアでは政治性と結びついていた。そしてそれはハーロックで見たように、沈黙によって特徴づけられている。

ワイズマンがキリコを自分の後継者として指名した時、キリコはさながら神の法廷に立つ被告人の様相を呈す。しかし神は機械音を発するだけで、そのメッセージは視聴者にはわからない。キリコの返答と反応によってのみ、神の要求がおぼろげに伝わってくる。まさに言葉ではなく、行為をめぐる物語だからである。

そしてキリコはワイズマン＝神を欺いては近づき、その存在にとどめを刺す。そこにもキリコの正義を主張する言葉はない。

そんなキリコという語り手に対し、もうひとりの語り手、ロッチナは我を忘れて、主役のように舞台の正面に出て、狂気のごとく叫ぶ。

「せっかくの権利を捨てて、卑しい道を選んだのは恐怖からだ。支配することのあまりに大きな重さに、お前は怯えたのだ。私があれほど望んだ力を、お前は殺したのだ。私が、私が異能者であったなら。私が、異能者であったなら」　第52話

キリコが人間の光の部分の代弁者なら、ロッチナは闇の部分の代弁者だった。一方の語り手は悠

久の時の彼方へと冷凍睡眠という眠りにつき、もう一方の語り手は惑星クエントもろとも自爆して消え去る。「おとぎ話」の形を借りた悲劇であり、叙事詩である。

ルパンとキリコの共通点とは？　支配＝命名を拒絶するもの

『装甲騎兵ボトムズ　ザ・ラストレッドショルダー』『同　野望のルーツ』『同　赫奕たる異端』『同　幻影篇』

ペールゼン「何の用で来た」
キリコ「わかっているはずだ」
（略）
ペールゼン「本気で私を殺せると思ってるのか」
キリコ「でないと、一生悔いを残すからな」『ザ・ラストレッドショルダー』

物語の一方の柱であったPSのフィアナとのプラトニックラブではなく、反逆／逸脱者の物語として語り継いでいくこと。人気シリーズの常として続編が多く制作されている『装甲騎兵ボトムズ』

は、キリコを反逆／逸脱者と捉えるトーンがより濃くなっていく。そして冒頭にあげたように、彼は常に（理由を）語ることを避け、行動でのみその意味を示そうとする。

その一覧は、世界観を借りたスピンオフを除くと、『同　ザ・ラストレッドショルダー』（OVA中編、1985年）、『同　ビッグバトル』（OVA中編、1986年）、『同　レッドショルダードキュメント 野望のルーツ』（OVA中編、1988年）、『同　赫奕たる異端』（OVA全5話、1994年）、『同　ペールゼン・ファイルズ』（OVA全12話・2007年、映画・2009年）、『同　幻影篇』（OVA全6話、2010年）、『同　孤影再び』（OVA中編、2011年）、となる。

高橋良輔は、ワンマン的に自身の表現意図を細部まで徹底させるのでなく、スタッフ各自の創造性を刺激するよう、大まかな方向性のみ指示する演出法を取る。『ボトムズ』の世界観に大きく寄与した人物のひとりに脚本家の吉川惣司がいる。

「僕の考えてたルパンは…他人の幸せのためになんか絶対戦わない。現実主義者で、すべてに懐疑的で、不二子を愛してもいないという人物像なんですよ。支配者にとってそういう自立した管理不能な男は目障りでしょ。で、マモーもそういうルパンが気になるから、世の中には奇跡や神秘的なことがあるんだとルパンに見せようとするんだけど、ルパンはそれをリアリズムで否定していく。…ルパンとキリコは似たもの同士の対極です。…笑ってごまかすルパンとあくまで真面目なキリコという差はあるけれども。僕のヒーローイメージはそういうまったくの個人主義者だったから…」

「吉川惣司インタビュー」『ドキュメント・ボトムズ』三一書房

ここでいうルパンとは吉川惣司が監督を務めた『ルパン三世　ルパンvs複製人間』をさす。先の発言は吉川のヒーロー観が『ボトムズ』に採用されたという意味ではなく、高橋良輔と近かったことの説明である。吉川のルパン観はつまるところオリジナルへの一解釈でしかないが、宮崎駿に比べるとおおすみ正秋の創造物に近い。ルパンがそうであるように、キリコもまた幾つかの続編で変貌し、物語の核もぶれぎみにも思える。

「『ボトムズ』に公式設定なし」とのスタッフの発言がある。既存創作物の応用（アプロプリエーション）がもたらしたパッチワーク的な制作手法は、続編にも踏襲された。それがまた齟齬を生んでいく。たとえばクエント星は爆発したが、ワイズマンはバックアップで「生きて」おり、住民とロッチナは双子星のヌルゲラントに瞬間移動して無事だったことが『孤影再び』（２０１１年）で明らかにされた。

『野望のルーツ』（１９８８年）では、キリコが２５０億分の１の確率で誕生する「異能生存体」であると、レッドショルダーの創設者であり最高責任者、ヨラン・ペールゼンが断定する。レッドショルダーとはギルガメス星域連合（メルキア連邦）きっての残酷かつ優秀な特殊部隊で、民間人への数々の残虐行為を行ったことで広く知れ渡っている。テレビシリーズ以前にキリコが所属したとされ、その過去への贖罪感が戦争の支配者ワイズマンを殺す動機となった。キリコのレッドショルダーへの配属は、ペールゼンが最強の兵士の集団をつくることを至上の目的とし、キリコの優秀な資質に着目したためだ（本作により、彼の配属期間は短かい印象が強くなる）。

異能生存体とは、自らの死を必ず回避するよう運を招来する特異体質の持ち主のこと。テレビシリーズと設定が微妙に違うのは、後付けによるズレだ。ペールゼンの断定は、あのタフで熟練した兵士、キリコのイメージを根底から塗り替える。異能生存体は数々の死線を必ず切り抜けるが、それゆえに身体は無事でも精神は欠損、傷を負っていくという。この特異性と精神の疲弊は、心象風景を背景とした自我の物語に傾斜もする。これが度を過ぎれば、私小説的な病んだナルシシズムに陥るだろう。

レッドショルダーの惑星サンサの殲滅戦のさなか、キリコがトラウマで封印していた記憶を取り戻し、ゴーグル越しにモニターの戦場を懐かしそうに眺めやるシーン。ハイパーリアルな戦場の表象、あるいは情報社会の心象風景としても秀逸だが、テレビシリーズに比べて自閉的でもある。

『野望のルーツ』は高橋良輔らしい大胆な省略と場面転換で、作品が抱える危うさ、問題点を前景化させない。彼の切れ味の良さだ。殺人部隊レッドショルダーを物語の舞台にしながらも、終始キリコを逸脱者、反逆者の立ち位置に置き、彼の持ち味をうまく生かす。しかし本作の状況設定は、テレビシリーズで焦点となったレッドショルダー所属に由来する兵士としての道徳的な戦争犯罪（加害責任）の根拠もやや希薄なものとしてしまう。

キリコは本作では終始受け身だが、毅然とペールゼンの支配をはねのける。その印象は鮮烈だ。キリコとグレゴルーら僚友は平然としかも不謹慎な態度でパレードに参加し、サンサ戦でかれらが死んだと思い込んでいたペールゼンともども観衆を驚かせる。

そのとき、キリコらにセリフはない。それは軍高官が口もなめらかに犠牲に比して戦果の多大さを称揚する姿との対比だ。権力を持たない底辺の兵士はただ無言で嘲弄し、抵抗する。最後の場面でキリコがペールゼンに放って驚かせた言葉も音声は省かれる。言葉ではなく行為こそが意味を持つ。それがキリコなのである。高橋良輔が最後のセリフを思いつかなかったとの述懐や「たとえ神にだって…俺はしたがわない」だったとの種明かしも、本編の印象深さから言えば蛇足だろう。

『赫奕たる異端』（１９９４年）は『野望のルーツ』の設定を踏襲する。ワイズマンが裏で糸を引いていた秘密結社に代わって、アストラギウス銀河の社会を大きく左右する存在、宗教結社マーティアルが登場する。これは時系列ではテレビシリーズの続編にあたり、武を尊ぶマーティアルは、最強でありかつ教義を根底から否定するキリコを「触れ得ざるもの」として忌む。双方の争闘においてフィアナが死ぬ結末は作品の根幹を否定するものと強い批判を招いたが、今後の展開は彼女の復活を前提としているとの高橋良輔の言には当惑するものも多かった。

「やつを語る言葉は少なくない。生まれながらのＰＳ、異能生存体、触れ得ざるもの。そのどれもがやつであり、やつでないとも言える」

『幻影篇』（２０１１年）には、この言葉（ロッチナ＝ナレーション）が添えられる。ワイズマン、ヨラン・ペールゼン、そしてマーティアルがそうであったように、キリコに対し畏怖を抱く者はそれぞれの命名＝記号を与える。だが、それは彼の本質ではない。キリコはただ行動でのみ自身を語り、アイデンティティというものは存在しない。他者は彼を読み込み、憶測し、解釈し、定義づける。そしてその命名＝記号に対してもまた、常に逸脱するのがキリコだ。これは変わることはない。

軍隊と警察への嗜好、民主主義の忌避

アイドルとF―14トムキャット。その趣味性の意味

『超時空要塞マクロス』
『同　愛おぼえていますか』

趣味性の前景化。それがテレビアニメ『超時空要塞マクロス』（１９８２年、全36話）という表現、現象の核心だ。

本作はチーフ・ディレクターに『宇宙戦艦ヤマト』で同職の石黒昇があたったが、実際は彼の下の若い世代の創造性に多くを任せた。具体的にはＳＦ設定とビジュアルデザインの集団スタジオぬえの松崎健一（シリーズ構成、脚本）や河森正治（脚本、メカニックデザイン）だ。かれらは、ＳＦ、特撮、アニメに知悉する「おたく第一世代」（上限か）にあたる、いわばサブカルチャーを当然のメディア環境として育った世代だ。物語は、地球人と巨人族ゼントラーディ軍とのファーストコンタクト

から戦争へ発展というありふれた形態。しかしその発端が、ゼントラーディ軍と交戦状態にある監察軍という別の知的生命体が残したオーバーテクノロジーの宇宙戦闘艦マクロスがブービートラップ（退却時などに設置する無害を装った罠）として発動した攻撃だったという設定のひねりが効いている。

しかし趣味性たるゆえんは、SF設定よりもむしろメカニックと人物造形だろう。ロボット＝バトロイドへの可変型バルキリー、VF—1のシルエットは、一目でわかるように、米軍の戦闘機F—14トムキャットをほぼ踏襲している。これはまさにミリタリーおたくの趣味性の発露だ。史実を踏まえた応用（アプロプリエーション）例である宇宙戦艦ヤマトと異なり、バルキリーは社会的な文脈を断絶させ、趣味性のみ純化する。これは地球人が接収して転用する超時空要塞マクロスの型式番号が、SDF—1と自衛隊の略称と同じであることからも明らかだ。

人物造形では、まずパイロットの一条輝の二人称（あなた）の呼びかけが「おたく」なのは象徴的かも知れない。もうひとりの主人公、リン・ミンメイはアイドル歌手だ。彼女はチャイナドレスのかわいさのみでミス・マクロス・コンテストに選ばれたように見え、歌手の道を歩み始める。だが、それは宇宙を漂流するマクロスというそれなりに巨大だが（物語の中では実寸全長1200メートルの数倍はあるように感じられる）、ひとつの都市のアイドルでしかなく、そこに切磋琢磨など、他者と競い合う試練もない。ミンメイのドラマは歌手という技術を持った表現者のそれではなく、アイドルという属性をいかに魅力的に描かれるかに傾注される。それは性格描写としては（現実のガールフレンドなら失点の）移り気でわがままなアイドル気質であり、ビジュアル描写としては巧みな振り付けや水着着用のさいの裾や肩紐の直しという窃視的なこだわりだったりする。

　このラブコメと宇宙戦闘の巧みなブレンドが人気の出た理由だ。第27話では、地球の統合軍というよりマクロスとゼントラーディ軍の間に生じた抗争は、遂には地球上の人類のほとんどを一瞬のうちに死滅させる。しかしそれは一条輝とガールフレンドのミンメイの間の男女の亀裂、「お友達だとしか思ってなかったから」「この小さなマクロスの中で僕らの住む世界がこんなに違うなんてさ」との映像の並列で示されるように、作品の中で等価の存在だ。ふたりは別れのキスをするが、その背景は閃光が瞬く地球が背景だ。湾岸か高層ビルの展望室の夜景でのラブシーンのようだが、その閃光は地球上の人類が死滅していく爆光であり、ここでは何十億の死もラブコメの感傷を彩るイルミネーションほどの重さしか持たない。「見たいもの」だけを切り取る、その思い切りの良さが魅力になっている。その魅力にはSF的なカタストロフ（破滅、絶滅）シーンも含む。本作はドラマ構成の巧みさではなく、趣味性の凝縮力で引きつける。

『マクロス』で呈示されるミリタリー＆SFとアイドルの趣味性は、輝とミンメイのドラマの中で完結する。そこに社会、公的に開いていく回路は皆無で、私としての生の要求である〈生社会・趣味〉志向が縦貫する。世界から他者＝異質な価値観を排除して、〈生社会・趣味〉で横溢させること。その発展したかたちとして、後にセカイ系を見るだろう。

『マクロス』の映像的破壊力は、いわゆるミンメイ・アタックで頂点に達する。遠い昔に「プロトカルチャー」を発祥の源とする改良された人類、地球人とゼントラーディ人だが、後者は戦闘用に特化したため「文化」を失ってしまった。ミンメイの歌唱という文化の力はゼントラーディ人の精神の根幹を揺さぶるがゆえに、兵器にも転用できた。そして、現れたゼントラーディ軍の強大な基幹艦隊は、自軍の先遣部隊を含め、文化に汚染された存在すべてを抹殺しようとする。これに対してマクロスを中心に構成された同盟軍はミンメイのアイドル歌唱を前面に押し立てて戦いに挑む。おそらくこれこそが、本編でもっとも描きたかったシーンであり、その破壊力は伝説にまでになった。映画『超時空要塞マクロス　愛・おぼえていますか』では、名曲「愛・おぼえていますか」とのシンクロ率は高く、破壊力は破格だった。

このミンメイ・アタックと並ぶ名シーンが第27話にある。一条輝が地球大気圏に突入し、早瀬未沙を救出するくだりだ。

輝のバルキリーは至近弾を浴び、その反動で戦場から飛ばされ、地球への落下軌道に入る。コクピットには、ミンメイ・アタックの要である彼女の歌唱中継が流れている。「シルバームーン・レッドムーン」だ。

タンゴのリズムが物憂げに　一人寂しくステップ踏めば　わたしの心に風が吹く　このまま
あなたが来ないなら　今夜は誰かと踊ろかな

歌詞は、遠のいてしまったふたりの男と女を歌う。そして、輝はこう呟く。

「大気圏か、もう戻れないいな」

ミンメイの歌も電離層に入ると途絶する。そして、彼は未沙のもとへと向かう。例えて言うなら、湘南のミスＤＪとの恋が終わり、片瀬県道（現・国道４６７号線）から国道１号線に乗り入れて世田谷・桜新町の元カノのマンションに車を走らせるなか、彼女のＦＭ放送が受信できなくなるような。輝は未沙を救出し、いつしか地球の上空を覆う閃光（戦火）も途絶える。

「もしかしたら、地球で生き残ったのは私たちふたりだけかもしれないわね」

こう呟く未沙に、輝は応える。

「それでもいいんじゃない。ひとりぼっちじゃないいんだから」

戦争を表象としつつも、男女の心象風景のように徹底して軽さを描く。ここにある感性、世界観を、モラルやリアリティの欠如ではなく、戦争をめぐる新しい表象としてまずは位置づけたい。

ミンメイ・アタックで注目すべきは、戦闘中の輝がそうであったように、ミンメイの歌唱を受信し、発信することが、敵味方の識別、戦うべき目的の共有であり（ミンメイを支持するか否かでゼントラーディ人同士でも相撃つ）、意思昂揚となっている点である。そして、それはラジオ（コンピューター回線）が介在する。マクロス同盟軍は、ネットワークのアイドルによって文化というアイデンティティを獲得し、連帯し、戦うのである。このネットワークで共有される（つまり仮想性を媒介項とする）アイドルは、後のヴァーチャル性に特化したアイドル（現実や作品中で非実在）の前触れのようでいて先進性がある。ただしこれは作品の表象であって、リン・ミンメイは声優を務めた歌手、飯島真理のリアルな人気によって補強されたというアナログ性の要素は強調したい。飯島は技量を持つシンガーソングライターで、声優のキャラソンとは表現性のレベルで比較できない。

『超時空要塞マクロス』
『バトルスター・ギャラクティカ』

平和主義者、リン・カイフンが忌避されたわけ

『超時空要塞マクロス』はラブコメの要素が高いが、その三角関係（四角関係）の描写の機微はあまり洗練されていない。それは、恋のライバル役、リン・ミンメイのマネージャー的な立場（本

来のマネージャーは別にいる）の役者、リン・カイフンに別の過剰な意味が仮託されているからでもある。

カイフンはハンサムで頭脳も切れるカンフーの達人だが、平和運動家という人物。スペックの高さは嫌みを強調するように造形されており、その描写にも深みはなく、恋と物語に対するさや当てのみ設定された人物のようだ。三角関係の三番目の人物に、嫌みはともかく精彩や迫力がなければ面白みはない。これは単純な理屈だが、ドラマは彼をうまく活かし切れない。それは彼の平和運動家という性格にかかっているように思われる。ここで彼の発言を幾つか拾ってみよう。

「軍はすぐに戦いをやめるよう、なんらかの処置を講じられないものなんでしょうか。……戦いはなにももたらしません。戦いのもたらすもの、それは破壊だけです。一刻も早く、この無意味な戦いから身を引くべきです」『超時空要塞マクロス』第19話

「彼女は、これからもみなさんのために歌いつづけます。地球をメチャメチャにした許すべからざる軍人どものためにではありません」第28話

物語を追ってみれば、彼の主張じたいは作中で否定されてはいない。つまり、彼に体現される何かを批判したかったことになる。そして作品中、戦争の悲惨さは丹念に描かれる。たとえば、一条輝の先輩パイロット、ロイ・フォッカーや後輩、柿崎速雄の死への悼みだ。ミンメイ・アタックの

クライマックスにおいて、ミンメイが歌うのは「愛は流れる」。そこには反戦歌的なメッセージが窺える。身近な人の死は重いが、より遠い他者、社会の意味は限りなく軽いのかもしれない。

ピエール・ブルデューはハビトゥス（文化社会的な行動、慣習）が社会階級に根ざすものと指摘する。

ポピュリスム的傾向をもつ人々は、政治の支配者的定義に含まれている諸特性を自然に、当然にそなえている「政治観」（他の分野でいえば「美学」）を庶民階級のものとしたがるが、これは日常生活におけるさまざまな選択（政治の支配者的定義に照らして政治的なものとしてとらえられる選択であろうとなかろうと）のうちに表現される実践的な統御力が、絶えず注意をおこたらずどんな分野においても能力をそなえているような意識の明白な原理の上に成り立っているのではなく、じつは階級のハビトゥスの暗黙の思考・行動図式の上に成り立っているのだという事実を知らない者の考えであろう。つまり政治的議論につきものの、あの物事を単純化してしまう言葉をあえて用いるならば、この統御力は階級の意識の上に成り立っているというよりも、むしろ階級の無意識の上に成り立っているのである。

ピエール・ブルデュー『ディスタンクシオンII』藤原書店

ブルデューは階級への帰属を決定する資本を、経済的資本のみに限定せず、文化資本、学歴資本、社会関係資本などに細分化し、社会行動と思想のありようを統計的に明らかにした。彼の政治空間のチャートによると、知識人は経済資本が劣っている場合でも学歴／文化資本（情報と教養を指標とする生活環境）は高いことがわかる。文化資本の高さは、階級の高さという属性に結びつく。これは日本でも当てはまるだろう。

リン・カイフンに議論を戻せば、彼の卑小な人物設定は平和主義者＝リベラル／革新層（左翼）への階級性に基づく反感／妬みと考えるとすんなり理解できる。若年層にとって、まず最初に反感を持つ知識人とは教師であり、それは当時しばしば喧伝されたように日教組と同一視された。それが、年長者との学歴／文化資本の落差からくる反感（根拠の有無でなく現象として）が理由のひとつと考えるのはそう的外れではないように思う。

『マクロス』の軍事とアイドルの趣味性とは、デイヴィッド・マッグルトンのいう、パンクロックにおける単なる反抗の風俗的アイテムであり、これはサラ・ソーントンのいうサブカルチャー資本に該当する。「大人(教師)はわかってくれない」。この若者独自のサブカルチャー資本の凝縮が『マクロス』の世界観だ。だが、こうした価値観は戦後日本が常に政治と経済の決定権が寡占に傾きがちだった歴史への理解が浅い。そしてしばしばその寡占は、東アジアの軍事的な脅威を口実とされることが多かった。つまり、ここにあるのは政治的な視野の欠如だ。

ここで、アメリカのSFテレビドラマ『バトルスター・ギャラクティカ』(2003年)の第49話「サボタージュ」を参照したい。唯一残った人類の逃避行という絶対的正義がウィリアム・アダマ提督とローラ・ロズリン大統領の側にありながらも、過酷な環境の中で失われがちな労働者の権利を果敢に主張するガレン・チロルらにも理があることを等価に訴え、骨太のドラマを描出する。このバランスの取れた社会観の表現は、日本で望み得ないものなのか。

『超時空要塞マクロス』の矛盾とは、戦後日本が醸成してきた閉塞と重なる。

戦後の平和に抱いた違和感　押井守

『機動警察パトレイバー2 the Movie』

軍隊ではなく、警察を私としての生の要求である〈生社会・趣味〉志向で捉えること。押井守監督の諸作品群には、そうした意味合いがある。彼は（新）左翼セクトの組織のドラマも扱っているが、これは彼の中では表裏の存在と言える。『機動警察パトレイバー』の警視庁警備部特科車両二課（第二小隊）、「ケルベロス・サーガシリーズ」の首都圏治安警察機構（首都圏対凶悪犯罪特殊武装機動特捜班）、『攻殻機動隊』の公安9課。こうした権力機構は、彼が紡ぎ出す風景の語り部としての役割を果たす。『パトレイバー』は、湾岸開発で必要とされる特殊ロボット、レイバーによって引き起こされる犯罪とそれを防ごうとする警察のレイバー部隊、第二小隊の活躍を描く物語だ。その『機動警察パトレイバー2 the Movie』（1993年、映画）では、陸幕調査部別室の荒川茂樹はこう語る。

「後藤さん。警察官として、自衛官として、俺達が守ろうとしているものってのは何なんだろうな」

荒川は第二小隊隊長の後藤喜一にこう語りかけるが、それは戦後日本の虚偽についての疑問だった。

「今も世界の大半で繰り返されている内戦、民族衝突、武力紛争。そういった無数の戦争によって合成され支えられてきた、血塗れの経済的繁栄。それが俺達の平和の中身だ。戦争への恐怖に基づくなりふり構わぬ平和。正当な代価をよその国の戦争で支払い、そのことから目を逸らし続ける不正義の平和…」

押井守は荒川がそうであるように、世界に遍在する戦争と紛争に戦後日本が見えにくい形で関与し続けているいびつな構造を作品の中で明らかにしたのだという。これは正しい。この問いかけは、本質と意味の不可視を描いてきた、彼の表現の系譜の延長でもある。

僕が作ってきたものって、〈不在〉の話なんですよ。基本的にその辺だと、言われてきました。対象が不在だったりね。確かめようもない何かだけがある。

押井守『すべての映画はアニメになる』徳間書店

押井守の政治性への執拗なこだわりからは、警察と新左翼を登場させるように、彼が経験した政治の熱い季節、「1968年」を思い起こさせる。三島由紀夫はこの「1968年」に対し、根底にニヒリズムがあると喝破した。


「彼らはきれいにいえば、行動的にニヒリズムというか、ニヒリズムからの出発というか。これをやったって失敗なんだと思いながら、そこから行動を起こすことは、ぼくにはわかるつもりだよ」

「角材は単なるゲバ棒であって、意味がないんだ。…ただ彼らは、ムダだと信じていれば、どこかで無力感があると思う。その無力感と永久革命はいつも折れ合うものだ。人間はどうせダメだと思うと、非常に理想が観念的になるわな」

三島由紀夫（×いいだ・もも）「政治行為の象徴性について」『文化防衛論』筑摩書房

この観測は一方的な断罪ではない。三島由紀夫が「フォルム（筆者註　形式や作法のこと）と自分を同一化することにしか、つまり自我を持つことができない」という、自身が抱え持つニヒリズム、虚無感と照らし合わせてのものだ。つまり、ひとつの時代認識だ。絓《すが》秀実は三島の根底にある

「空疎」を指摘し、ブントのような新左翼もまた「『全世界を獲得する』というナルシシズム」を抱えていたと指摘する（『1968年』筑摩書房）。

1960年代は労働運動よりも学生運動に、政治をめぐる言説、行動がシフトした感がある。労働運動は企業と家族を背景に持つがゆえにその行動は公的、パブリックなものとならざるを得ない宿命を持つ。これに対し学生は基本的に個であり、セクトと呼ばれる組織に属しても、そこに生計を条件づける利害（下部構造）は存在しない。ここには、三島由紀夫が指摘したニヒリズムという自我、ルカーチのいう内面が政治性を変質させていく怖れがある。

公民権運動から始まったアメリカのスチューデント・パワーは多くの挫折や失敗を経て、後に人権状況を改善する立法という歴史的遺産を残した。しかし日本の学生運動が遠大な革命運動を目的としたがために、現実的つまり社会的な遺産を残さなかった。それは三島由紀夫のような外部から見れば、ニヒリズムを抱えているように見えたし、それゆえ後に演劇的な自死を演出する彼は、逆説的だが共感を示したと言える。先の発言は、左翼思想家、いいだ・ももとの対談のときのものだ。一方のいいだはこう言っている。

「だいたい学生運動は、コミュニケーションが通ずるという現実の上に立っているんじゃなくて、コミュニケーションというものは成り立たないし意味がないんだという原理の上に立っているんじゃないですか」

すべての学生運動がそうであったはずはないが、ヘゲモニー（主導権）という言葉が代表するように、議論を交わし、対話で得た結果を積み上げていく姿勢は多くなかった。これは詰まるところ、私に根ざした行動の軋轢であり、パブリック、公（論）へとつながっていく回路の希薄さだ。

自己の根拠の不確かさへの問いかけが、政治をめぐる言説と行動に忍び込んでいく。それがある世代には、セカイとロボットの最終戦争のかたちを取るだろう。その意味で、押井守の根底には「1968年」なるものが濃厚に存在する。

押井守は警官だけでなくセクト活動家をもモチーフとするが、そこには政治とは議論ではなく力の応酬という共通項がある。抵抗権という正当性を欠いた暴力（ゲバルト）を当然視する新左翼のメンタリティは後の世代に理解しがたい部分もある。「私」の発動を革命に直結させる欲望や意思のあり方は、見方を変えれば極めて資本主義的な規範と運動則に沿っている。この私の拠り所として、欲望の発動／執行機関が浮上してくる。それが彼にとっての新左翼セクトであり、また警察機構と考えると符号が合う。

「平和という言葉が嘘つきたちの正義になってから、俺たちは俺たちの平和を信じることができずにいるんだ」

『パトレイバー2』の、この荒川の言葉とは、押井という私から発した言葉でもあるだろう。彼の共犯者であり、クーデターの首謀者、柘植行人は終盤にこう呟く。

「ここからだと、あの街が蜃気楼のように見える。そう思わないか」

これもまた、押井守の心の一方の声のように思える。ここには市民社会を傍観する視点がある。

市民社会でなく、警官たちにこそ宿るリアル

『機動警察パトレイバー2 the Movie』
『攻殻機動隊』

押井守の『機動警察パトレイバー』映画版は1作目、2作目ともに、テロリズムやクーデターによる戦後の日本社会の転覆企図の物語だ。登場する「悪役」たちは、その幸福な外観が虚偽に満ちていることを指弾して止まない。1作目は高度成長による繁栄の虚ろさだ。それは湾岸開発のバビロンプロジェクトを背景とするこの物語が宿命的にはらんでいる矛盾を突く。2作目は、ＰＫＯに派兵され、専守防衛のため部下を死なせた柘植行人の報復が発端となる。この戦後日本の影を見つ

めようとする視点は社会の中にあっての告発ではなく、社会の外部の存在による攻撃という共通点がある。
　そしてそれに対峙する警視庁警備部特科車両二課第二小隊もまた、社会とはなかば乖離した存在だ。両作とも、登場する人々はテロリスト、各種公務員、二課のメンバーと開発メーカーの篠原重工ら、利害関係者（ステークホルダー）に限定されている。かれらにとっての外の視点、社会は単に遠景として存在するだけだ。柘植が風景として人々を眺めているように、「例え幻であろうと、あの街ではそれを現実として生きる人々がいる。それともあなたにはその人たちも幻に見えるの」と反駁する南雲しのぶにとっても、それはまったく風景としてしか映ってはいない。
　この種の物語の定石としては（アメリカ映画などでは）、ジャーナリストなど、市民社会の代表を登場させ、これを警察官や軍人と行動をともにさせ、視点を複眼化させる手法が取られる。だが二課とテロリストの物語を相対化する、もうひとりの語り手とは松井刑事である。これは市民社会を信じられない、押井守の姿勢からくるだろう。

「そんなきな臭い平和でも、それを守るのが俺たちの仕事さ。不正義の平和だろうと、正義の戦争より余程ましだ」

そう言い、柘植のテロリズムに抗う警視庁警備部特科車両二課は、政治的イデオロギーと法的権限と警備装備を私有する独立愚連隊だ。この権力と緊張あるいはアンビヴァレンツな関係を保つことで下部構造をのぞき見る立場にある組織にのみ、押井守はリアリティを感じているように見える。

そして、押井守が描く警察集団はとても魅力的に描かれ、事実そう感じられる。それは物質的なディテール描写の積み上げ、そして『うる星やつら』より踏襲された声優のかけ合いがかもし出すアウラで支えられている。


「馬鹿野郎！　こんなとこで何じたばたやってやがる　ピクニックに行くんじゃねえんだ。ちっとは保存ってことを考えんか。倉庫だ。倉庫行ってラーメンを箱で買え。箱で！　おい、姉ちゃん。この店の食い物はたった今特車二課整備班が買い切った！」（ぶち山）、「特車二課整備班はこれより24時間の臨戦体制に突入する！　長期戦に備えよ　今日からはトイレットペーパーも一人一回15センチまでだ！」（シバ・シゲオ）

意図的にドラマツルギーを欠落させ、都市風景をめぐって交わされるイデオロギー談話の中、シバシゲオら、スペシャリストの精彩に満ちた躍動が挿入される。この千葉繁の演技だけでなく、篠原遊馬（古川登志夫）と太田功（池水通洋）、果ては後藤喜一（大林隆介）と松井刑事（西村知道）らのやり取りは、作品の核を外装として覆う肉として不可欠の存在だ。

そこには声優と警備装備とイデオロギーが、〈生社会・趣味〉を構成する不可分のものとして存在する。『超時空要塞マクロス』の軍事とアイドルとSFの併存と似たような関係だ。そして、ここに公的領域はない。

「政府も防衛庁もバッジにハッキングされたなんてことは公にしたくないしな。またしても泥をかぶるのは現場だ」（荒川茂樹）

「戦線から遠退くと楽観主義が現実に取って代る。そして最高意志決定の段階では、現実なるものはしばしば存在しない。戦争に負けている時は特にそうだ」（後藤喜一）

こうした現場感覚の強調は、『機動戦士ガンダム』においても見られたし、実写ドラマ『踊る大捜査線』、福井晴敏の小説群からも感じられる。それは戦後日本へのアンチテーゼであり、抗いでもあるが、趣味性に根ざした私としての生の要素も持つ。

だが、押井守はこの〈生社会・趣味〉なるものをかりそめのものとする客観的な視点は確保している。「警官というより、正義の味方ってとこだな」と特車二課は松井刑事に評されながらも、そこには作家の韜晦が感じられる。特車二課に警察上部の命令に逆らったことによる制裁が待っているのは、権力機構の腐敗と非情さ、そして特車二課への判断保留をも示唆する。彼の良識ゆえだろう。彼の作品は不自然なまでのイデオロギーの強調によって作家の自意識を前景化させ、趣味の要素を減退させる。全共闘的感性に根ざす〈生社会・自我〉である。

『攻殻機動隊』（1995年、映画）もまた、警察機構の話であり、一方的なテロリストの殲滅が語られもするが、主人公の草薙素子は終幕にこれを離脱し、そこに一定の距離は確保されている。

「もしかしたら、自分はとっくの昔に死んじゃってて、今の自分は電脳と義体で構成された模擬人格なんじゃないか。いや、そもそも、初めから私なんてものは存在しなかったんじゃないかって」

この草薙の疑問は、同じく警備装備とイデオロギーによって〈生社会・趣味〉に傾斜した公安二課という警察機構からの卒業を経て、回答を得るであろう。だが、押井守が投げかけた問題をその後継者は継承しただろうか。

拡大テレビバージョンである『攻殻機動隊S.A.C.』（2002年、全26話）では、政治の相克が公的な活動ではなく、ヘゲモニーの争奪戦という私的な暴力と権力の発動として描かれる。そのリアリティのありかとして、ポリティカル・フィクションのディテールの海がある。そこでは、押井守が「1968年」を想起し、提起した問題系は一面的にしか捉えられていない。

世界と物語

演劇性が提起する視座とは

『新世紀エヴァンゲリオン』

自我という内面の物語

キャラクターの振る舞いによって現れてくる世界であり、物語。それは閉じたものであることを回避するとき、より普遍的、公的な表現を志向する。これに対し、〈生社会・趣味〉の回避として作者の自我、自意識を前景化するアプローチもまたある。押井守の表現は〈生社会・趣味〉を横溢させながらも、彼の政治／歴史思想の導入で説得力のある表現たり得た。庵野秀明監督の「エヴァンゲリオンシリーズ」も似た構造があるかもしれない。

ノンフィクションですよね。自分がやっているのは。…まあ、『エヴァ』は実はドラマというより、ドキュメンタリーに近いですね。

コアの部分には僕がいるんですが、平たく言えば僕個人があのフィルムに投影されているってことですね。

庵野秀明コメント『庵野秀明　パラノ・エヴァンゲリオン』竹熊健太郎編、太田出版

『エヴァ』のキャラクターは全員、僕という人格を中心にできている合成人間なんですけれど、

庵野秀明コメント『庵野秀明　スキゾ・エヴァンゲリオン』大泉実成編、太田出版

まず全26話のテレビシリーズ『新世紀エヴァンゲリオン』（1995年）を見ると、庵野秀明が「快感原則」に添ったというように、さまざまなプロット、アイディアを盛り込んだものだとわかる。少年・碇シンジの自立、少女との淡い関係と美少年との妖しげな友情、そして父親との確執。コンピューターサスペンス、シンジの同級生の悲劇、同窓会のような結婚式にまつわる大人の恋模様、海軍との連携アクション、特務機関ネルフに対する日本政府や秘密機関ゼーレの陰謀劇、人類の発生にまつわる謎、破滅後の世界。

本作は始まりこそ牧歌的なところもあったが、物語が進行するにつれ、キャラクターの悩み、懊悩の開示が多くなっていき、全体のトーンは陰鬱になっていく。「気づいたのよ。加持君が私の父に似てるって。自分が男に父親の姿を求めてたって。それに気づいたとき、怖かった」（葛城ミサト、第15話）。「あの人のことを考えるだけで、どんな、どんな凌辱にだって耐えられたわ！　私の体な

んてどうでもいいのよ!」(赤木リツコ、第23話)

ここにあるのは、「ゆがんだ心理」つまり病理の開示による露出狂的な自己満足。さらに、自己の存在を丸ごと受け容れてくれることへの欲求が根底にある。社会行動において動機や願望は問われない。つまるところ、これは行動に裏打ちされたドラマではなく、心理をなぞることを目的とした内面の物語だ。そしてよく知られているように、テレビシリーズは物語としては「破綻」を迎える。先に引用したように『エヴァ』が庵野秀明の自我を投影したものだからだ。では、なぜこのようなかたちになったのか。その理由のひとつに、小説なるものを作品の核としていることがあげられる。

叙事的個人、すなわち小説の主人公は外界にたいするかかるよそよそしさから生まれるのである。

小説は内面性という固有価値をもつ冒険の形式である。

心理が表現手段として支配する必然的な結果は、絶対的に確実なものとしての、人間の価値いっさいの崩壊であり、その価値の究極の空しさの発見なのだ。

ジェルジ・ルカーチ「小説の理論」『ルカーチ著作集 2』白水社

ジェルジ・ルカーチは共同体との断絶が近代的小説の自我を生んだとし、小説は構造的に疎外を抱え込んでいると指摘する。これを踏まえるなら、庵野秀明は近代の小説が探究した内面性の追求で、当時のアニメが抱え、『エヴァ』においても過剰に盛り込まれていた趣味性を回避した、と言える。〈生社会・趣味〉ではなく、〈生社会・自我〉である。
〈生社会・趣味〉が充溢する領域、ハンナ・アーレントのいう社会的領域にありながらも自我を強固に保てるのは、ATフィールド（サイコバリヤー＝心の壁）の存在ゆえだ。秘密結社ゼーレは争いが絶えないという人類の欠陥を除去するため、人と人の障壁を取り払い、ひとつの精神生命体として進化させることを目論む。これが人類補完計画である。そして、ATフィールドという心の壁はそれを阻害する。だが、自我の壁を持つことは商品情報にあふれる社会からその心を守ることである。この意図が『エヴァ』を趣味性に溺れさせず、表現に強度を与えた。

対立の不在がもたらす物語性の弱さ

『新世紀エヴァンゲリオン　Air／まごころを、君に』

センセーショナルな未完作のテレビシリーズに対し、映画『新世紀エヴァンゲリオン　Air／まごころを、君に』（１９９７年）はひとつの結末を与える。人類補完計画の発動後、シンジはATフィールド（サイコバリヤー＝心の壁）を弱められ、自我境界を消失する。それは、彼のトラウマや心の弱さをえぐることによるものだった。それはアスカの「本当に他人を好きになったことないのよ。自分しかここにいないのよ。それで自分も好きに感じたことないのよ」のような詰問であった。
だがシンジは他者への違和感を契機に自我の形をより強く意識し、補完を拒否する気持ちを抱く。

レイ「他人の存在を今一度望めば、再び心の壁が全ての人々を引き離すわ。また他人の恐怖が始まるのよ」
シンジ「いいんだ。ありがとう。あそこ（筆者注　現実のこと）では嫌なことしかなかった気がする。だからきっと逃げ出しても良かったんだ。でも逃げたところ（筆者注　補完されて人類が一体となっていたこと）にもいいことはなかった。だって僕がいないもの。誰もいないのと、同じだもの」
カヲル「再びATフィールドが君や他人を傷つけてもいいのかい？」
シンジ「構わない」

「逃げちゃダメだ。逃げちゃダメだ」というシンジの言葉で始まった物語は、他者の不在という逃避を拒否する結末を迎える。これは主人公の成長と呼んでもいいかもしれない。この成長とは、庵野秀明がおたく（自身も含むだろう）へ向けられた提言でもある。
シンジの補完と自我確保のせめぎ合いの終局、画面は高層ビルが林立し、環状線が走る第三東京市によく似た東京の新宿、そして映画館の席を埋める観客を写し出す。「気持ち、いいの？」これは現実の人々（おたく＝『エヴァ』の観客）への問いかけだろう。雑踏の中にいるコスプレイヤー（綾波レイもいる）の挿入も明示される。消費文化の虚構から実在へ。このあたりの流れは出色だ。ここでメタの視点が用いられ、物語世界の中で完結しない、作り手や受け手という現実との接続を意図する問題提起となる。

本作に関して、筆者はかつてこう書いた。

> 数々の欠点があったとしても、よくある映像作品あるいは現代文学のように「自分」に安住せず、そこから一歩踏み出そうと試みたこの作品に、エールを送りたい。そして、多くの人がこの作品を忘却せず、問い直し、覚えていてほしいと思う。
>
> **「『新世紀エヴァンゲリオン』のバランスシート」『ポップ・カルチャー・クリック』0号、1997年**

だが、そこでは問題点も指摘した。

> 問題は、メタの視点を導入したことなのではない。メタの視点を導入しながらも、現実と非現実の境界をはっきりと示せなかったことが問題なのだ。
>
> 安易なメタの視点は、脆弱な精神しか生まない。
>
> **前掲書**

本作に対立はない。弁証法の不在である。浮遊感に満ちたL・C・Lの海にあって、つがいとなったレイにシンジは自身の選択を語る。「構わない」という言葉に代表されるように、人類の運命を左右する彼の選択は呟きのようであまりにも軽い。自我の悩みに比べて、物語そのものの軽さは拭えない。

ここで『エヴァ』と密接な関係にあるとされるセカイ系について触れよう。『エヴァ』はセカイ系の作品とも、生み出した震源地とも言われる。その概念とはこう説明される。

この言葉は、「きみとぼくの関係性が社会を抜きにして世界の運命と直結する」――たとえば少年と少女の恋愛が成就するか否かで世界が滅亡するかどうか決まる――ような作品と定義されています。

[前島 賢氏インタビュー]「セカイ系」を通して見えてくる世界とは何か?」『ビジネス+IT』2010年4月16日

その具体例として、「ニコニコ大百科」では「セカイ系と分類されることがある作品」として、『イリヤの空、UFOの夏』『最終兵器彼女』『新世紀エヴァンゲリオン』『涼宮ハルヒの憂鬱』『ほしのこえ』『ブギーポップは笑わない』があげられている。ここには一定の留保があり、議論が分かれることがわかる。

セカイ系でいう恋愛は、成熟した個人同士のものではなく、幼生体型の女性と主人公のあいだに交わされるものであり、その満足感とは商品に対する購買消費の充実感、あるいは衝動や感傷などの情緒の充足感に近しいことが窺える。

ぼく（少年）＝自我、きみ（少女）＝消費の対象ではない。双方が自意識の延長であり、消費の対象なのである。

私という生の欲求が自意識として発動し、社会的領域へ接合して相互に浸蝕する。他者が存在しないゆえに強固な自我もなく、虚構のキャラクターと「私」が「補完」し合うのである。

『エヴァ』は近代的自我という小説の文脈の援用により欲望を可視化するも、これを自我の問題にとどめる。だがキャラクターが成長し、公的な社会的な存在（ビルドゥングスロマン）として振る舞う選択肢は『エヴァ』からは排除されている。

ＢＬ（ボーイズラブ）、やおいでは、セカイ系なるものは生まれにくい。それは『Free!』の分析で見たように、ＢＬが公的な社会と関わる構造を本質的に持っていることに由来するだろう。

演劇性という公的な物語

『少女革命ウテナ』

これに対し、『少女革命ウテナ』も閉塞的な自我を描写するようでいて『新世紀エヴァンゲリオン』の抱えた問題とは無縁だ。それは本作が周知のように、演劇的な手法を取り入れることに由来する。物語はリアリズムに則さず、さまざまな人物の語り、行動の暗喩の積み重ねでドラマが成り立つ。古代ギリシアの演劇を彩るものに、ナレーターのように解説の役割を果たすコロス（合唱団）がいる。本作では、影絵少女A・B・Cがこれにあたるだろう。その発言は謎めいていて、解説というよりはウテナたちの行動の寓意（アレゴリー）もにじませる。

彼女たち（3人）は主人公たちキャラクターと一線を画すべく、その実体はなく、シルエットのみが画面に映し出される。そして、3人の会話は物語の本筋を相対化させる「悪意」あるいは「毒」を放つ。たとえば第22話「根室記念館」では御影草時が鳳暁生の計略にはまり、「永遠」についての研究に取り憑かれ、遂には100人の少年を生け贄に供する。これを受け、影絵少女たちはロボットの寸劇を演じる。

博士C子「できた。科学の粋を集めて作った万能ロボットが！」
ロボットC子「ロボットハ歳トラナイ。ロボットハツカレナイ。オサル、ツカマエル」

これは心が未熟なまま、暁生に操られる精神的ロボットの草時を指す。これを甲高い声で「オサル」（猿）を取るマネをするところに、冷笑的な悪意による物語の相対化がある。この影絵少女もまたキャラクターにときおり突っ込まれ、その視点は相対的なものでしかないと示される。

『エヴァ』は第三東京市というごく限られた舞台で物語は展開されるが、それはATフィールド＝自我という閉域のメタファーでもある。『ウテナ』もまた物語のほとんどは鳳学園で展開される。だが自我という私の範疇ではなく、むしろ人々に注視され、語られる対象となる舞台、つまり公的領域である。そして天井桟敷の音楽を務めたJ・A・シーザーの合唱曲、非現実的な決闘場としての舞台（物語の終盤にプラネタリウムによる幻灯であると明らかになる）は、この演劇的アプローチを補強する。


演劇の主人公は冒険を知らないのである。

演劇の主人公は内面性を知らない。なぜなら内面性は魂と世界のあいだの敵対する二元性から、心理と魂のあいだの苦痛にみちた距離から、生まれるのだから。悲劇の主人公は、みずからの魂に到達してしまった人物であり、それゆえみずからに異質なものである現実を知ることがない。外界のいっさいのものが、あらかじめかれに定められ、かれに適当した運命があらわれる機会となるのだ。

ジェルジ・ルカーチ「小説の理論」『ルカーチ著作集 2』白水社

天上ウテナもまた、最初から王子様として現れ、彼女は当然のごとく姫宮アンシーを助け、デュエリストたちの決闘に身を投じる。そこに内面性に由来する懊悩は希薄だ。御影草時に操られる闇のデュエリストたちは自我の卑小さに由来するゆがみの代償のために闘う。しかし正規のデュエリストたちは自身の誇りのためであり、特にもっとも毅然として自身の運命を占うため闘った有栖川樹璃はウテナに実質上の勝利を収める。それは自身の欲求や自己顕示という内面からではなく、あえて与えられた役割に準じ、自身の存在そのものを示そうとする英雄性にもとづく。それはギリシア演劇の悲劇と根底が近しい。

影絵少女による最終回の予告はこうだ。

「号外。号外」「う、やられた。後ろからいきなり」「だって、偽王子様じゃあ、本当のお姫様になれないわ」「おお、そのとき、奇跡の力で僕は本当の王子様に」

これに対しウテナがこう突っ込む。

「どうせ、アニメでしょ。それって」

背景はすべてシルエット。鳳学園の塔に突っ込んだアダムスキー型円盤は物語の虚構性を強調する。

そして最終回、ラストシーンは虚構の舞台である鳳学園を去り、自らのために犠牲となったウテナを捜しに旅立つアンシーの後ろ姿で終わる。それは仮想現実というアニメからの卒業、つまり外部＝社会の視点を持つべきとの示唆だ。それは『エヴァ』と形は似ている。だが自我の問題ではなく、あくまでも振る舞い、行動がここでは鍵となる。それは演劇という公的領域にある表現を志向するからだ。影絵少女によるメタ視点の批評性は、これを外部による議論というかたちで補強する。『少女革命ウテナ』では、私をめぐる表現からの脱却としてキャラクターが公的な意味合いで用いられている。

歴史の喪失で問われるべきは、人格でなく振る舞い

『ＴＨＥ ビッグオー』

この町、パラダイムシティは記憶喪失の町。この町の人間は40年前のある日を境に、それ以前の記憶をすべて失っている。しかし、それでも人間というのはなんとかしていくものだ。どうすれば機械が動き、電気が得られるのかさえわかれば、過去の歴史などなくとも文化とやらは装える。過去に何があったのか、何がなかったのか。気にせずに生活だってできる。いや、そう努力してきたのだ。記憶を失って悲しんでいるのは、この町の老人だけだ。『ＴＨＥ ビッグオー』第１話

テレビアニメ『THE ビッグオー』(1999年・13話、2003年・13話)は、『新世紀エヴァンゲリオン』『少女革命ウテナ』と同じく、物語はパラダイムシティのみに限定される。その理由は、この物語世界において都市はここしか存在しないからだ。ただし本作ではパラダイムシティのさまざまな階層と年齢の男女が登場し、そこでは一般的な意味での社会ははっきり存在しているかのように見える。欠落は、外部と歴史である。その理由は、物語の終盤まで世界を覆った天変地異か最終戦争(人造兵器の巨人が闊歩する情景は『風の谷のナウシカ』に酷似)のためと視聴者に思い込ませるよう展開する。架空の町パラダイムシティは古き良きニューヨークを模すが、それは流れていくべき時間の停滞を意味する。

大きな物語は、そこに与えられた統一の様態がどのようなものであれ、つまり思弁的物語であれ、解放の物語であれ、その信憑性をすっかり喪失してしまっているのである。
ジャン=フランソワ・リオタール『ポスト・モダンの条件』水声社

これはつまるところ、人々にとって社会が有機的な存在から無機的な存在に「変質」して受け取られ始めたことによる。社会の複雑化、消費物の氾濫、生活情報の精緻化のなか、人々はサービスの受益者、消費者としてのみ自己認識する存在となる。そこでは歴史的な紐帯は消失し、歴史概念そのものが希薄となる。現在を生きる自分の尊厳/威厳から、自国の過去の過ちの否定という歴史修正主義も生まれてくる。

そしてパラダイムシティの人々もまた、パスティーシュ（模倣）なスタイルのニューヨークという現在のみを生きる人々だ。そして本作もまた、数々の特撮、アニメ、特にアメリカのコミックやアニメの数々のオマージュ、アプロプリエーション（応用）から成り立っている。『バットマン』『ディック・トレーシー』『ジャイアントロボ』『スーパーロボット レッドバロン』『フラッシュゴードン』『謎の円盤ＵＦＯ』などだ。

特にアメリカのイメージの強調は、随所に見られる。影やハイライト（明るい部分）の描きこみを減らし、エッジをシャープにするなど、日本のアニメ特有のなめらかさをなくし、アメリカのアニメ（カートゥーン）に見えるよう工夫された。主役のロジャー・スミスに宮本充が起用されたのは、洋画の吹き替えのキャリアを買ってのこと。「洋画を意識しながらも海外テレビドラマの雰囲気で行きたい」とは、この演出効果にもっとも熱心だったスーパーバイザーのさとうけいいちのコメントだ。日本での人気に比べて、アメリカでの好評が印象的だ。

現代の我々の社会は、記憶＝情報の蓄積と捉えられがちで、氾濫する過多な情報を無造作に詰め込むことを〝楽しみ〟とする人間が増えている。…無造作に氾濫する〝情報〟は、それらの取捨選択の余地を無くし、目を曇らせ、それを判断する能力すらまでも奪いつつある。

だからこそ改めて問いたいのです。記憶を失った者は、たとえ自分自身が記憶喪失であることを知ったとしても、本当にそれを不幸だと思うのでしょうか——と。
『THE ビッグオー』は、そんな混沌とした我々の社会の比喩でもある。
「STEP TO THE ビッグオー」『THE ビッグオー オフィシャルガイド』双葉社

情報氾濫とイデオロギー失墜の時代に、リアルなものは自我という内面。それが庵野秀明の帰結なら、この企画書にとっては自我すらも情報の海の中の断片でしかない。人間が情報システムのひとつのアプリでありコンポーネントでしかないとしたら、「個」とはどのようなものであるべきか。ここで、公的な社会における他者への振る舞いの視点が浮上する。自我という内面ではなく、行動こそ個を証明するものではないか。

『THE ビッグオー』のパスティーシュとしてのニューヨークは、そこに生きるキャラクターが記号そのものでしかないと突きつける。その中で、主人公のロジャー・スミスは、他者と折り合う中、あくまでもタフなネゴシエイター（交渉人）のプロフェッショナルという役割を演じる。

「（筆者注　クライアントが）生きていようと死のうと、契約は全うする。それが俺の流儀だ」「犯罪者もプロたるべきだとは思わないか、ノーマン」　いずれも第1話

セカイと交渉し、媒介すること

『THE ビッグオー』

ロジャー・スミスの外見とともに振る舞いのスタイル、そして冒頭と要所要所に挿入される彼のモノローグは、これがハードボイルドの物語だと我々に強く印象づける。

大事なのは自ら作った規範を可能な限り守り抜くことだ。いったんモラルを失ってしまえば、人生が根本的に意味を失ってしまうことを彼らは知っているからだ。

訳者（村上春樹）あとがき、レイモンド・チャンドラー『ロング・グッドバイ』早川書房

ハードボイルドの代表的なヒーロー、フィリップ・マーロウの行動原理についての説明だ。プラグマティズムと高度資本主義のふたつを柱に、多民族の民主社会という内実を具えるアメリカでは、そこでは来歴ではなく、自らがなにを考え、なにができ、何をする存在かを他者に証明することが常に要求される。ハードボイルドとは、そうした社会にふさわしい行動者の倫理のあり方のひとつだ。『THE ビッグオー』はハードボイルド＝アメリカ社会という他者性、外部を作品世界に導入する。その構造じたいが、ロジャー・スミスを公的な存在に近いものとする。

世界はフィリップ・マーロウの視線（筆者注　モノローグ叙述の物語）によって、その一片一片を切り取られていく。…マーロウという一対の目を通して世界の展開ぶりを眺める。我々がそこで理解するのは、あくまでフィリップ・マーロウという「視点」による世界の切り取られ方であり、そのメカニズムの動き方でしかない。彼が本当にどういう人間なのか。我々にはほとんど知りようがない。

プラクティカリティーと記号性。

フィリップ・マーロウという存在を確立し、自我意識というくびきに代わる有効な「仮説システム」（筆者注　マーロウという人物のこと）を雄弁に立ち上げることによって、チャンドラーは近代文学のおちいりがちな袋小路を脱するためのルートを、ミステリというサブ・ジャンルの中で個人的に発見し、その普遍的な可能性を世界に提示することに成功した

前掲書

小説がルカーチのいうように、自我を焦点とするため疎外を抱え込むなら、その自我から解き放たれることで得られる可能性を村上春樹は指摘する。マーロウを証明するのは言葉ではなく、行動だ。それが仮説システムという人物の設定の意味だ。それは言葉を変えれば、キャラクターという記号に役割を付与することでもある。

ロジャー・スミスもまた内面を吐露する場面はあるが、そこに止まって自身の病理に耽溺するこ

とはない。それは彼が記号であるからだ。

ロジャー「私はわかった。私が戦うべき相手とは。私がずっと怯えていた、私自身の中にある恐怖。私はその存在をずっと認めていなかった。戦うべき敵を見ない振りをしてきたのだ」
ドロシー「ロジャー・スミス」
ロジャー「ドロシー・ウェインライト。私をロジャー・スミスと呼んだな、ドロシー。私はロジャー・スミスを演じていていいのだな」
ドロシー「演じる？　あなたは俳優などではないわ。ロジャー・スミス」
ロジャー「その通りだ。R・ドロシー・ウェインライト。君がそう呼ぶかぎり、私はロジャー・スミスなのだ。ビッグオー、ショータイム!!」　第14話

いわば幻覚の、瀕死のさいの内面のシーンだが、あまりにも芝居がかってもいる。この場面では、ロジャーが俳優であることは否定される。だが巨大ロボット・ビッグオーを呼ぶときの彼の言葉が「ショータイム」であるように、この物語は舞台であり、彼は俳優の役割を、少なくとも一部は担っている。ロボット始動のさいモニターに表示される「CAST IN THE NAME OF GOD」（我、神の名においてこれを鋳造する）は、配役（CAST）も意味する。ショー、演劇であるなら、脚本と演出家もまた存在する。

ビッグ・イヤー「この町はね、ロジャー。40年前の記憶がない町として創造された舞台なんだ。メモリーの有無を問うのはナンセンスだよ」　第26話

物語の終盤、パラダイムシティの上空に、巨大な舞台照明があることが明らかになる。この世界は作り物であり、人々がわずかに持っているメモリーとはキャラクターに与えられた仮構の記憶であり、また役割であり人物設定（属性）だ。その行動は脚本に書かれたものでしかなかった。だがこの世界の真実をおぼろげに知ったとき、ロジャーだけでなく、ダン・ダストン、アレックス・ローズウォーター、ジェイソン・ベックもまたそれぞれの信念と思惑で「脚本」にない行動を起こしていく。その脚本は劇中に登場の書物『METROPOLIS』であり、またパラダイムシティの基幹企業の創始者、ゴードン・ローズウォーターによると、これが実は世界の創造主だったエンジェルという名の女性そのものであるという。覚醒した彼女は世界を意のままにリセット（情報消去）する力を持ち、意に添わない現況を見るやその力を発動しようとする。ゴードンはロジャーにこう語る。

ゴードン「遠い昔、私は君、いや、メモリーを有しているロジャー・スミス君に交渉を依頼した。この世界が壮大なるステージだとしたら、我々人間はそのステージで役割を演じる役者に過ぎない。メモリーを持つ必要などない。だが、その役割を変えられるものがいてもいいはずだ。この世界を演出する存在と交渉してもらいたい、とな」　第25話

ここでロジャーが役者でありまた役者でないことが明らかになる。彼のみが与えられた役を逸脱するだけでなく、演出家と交渉《ネゴシエイト》する「力」を持っていた。彼自身も記憶にないその事実が明かされる。これを可能にする彼の「力」とは何だろうか。それは、自ら進んでメモリーを失うことで役者としての役割を引き受けながらも、その役割に甘んじることなく、自らの行動規範に従って自由に行動する意志の強さである。ここでそうした存在を介在者《イン・ビトゥイン》と呼ぼう。村上春樹に倣っていえば、自我をブラックボックスとして設定することであり、自分という存在を記憶や来歴など抜きに無前提にあるものとして考えることだ。この物語で言えば、アメコミ的な、記号としてのヒーローぶりだ。その彼の人格は内面ではなく、26話のエピソードでの行動を通じて痛快なまでに証明されている。

では、演劇に必要なもうひとつの要素、観客は誰だろうか。それは私たちこそが観客なのだ。

退色か豊穣か。セカイの叙述法とは

内面に侵蝕していく貨幣価値という、現在 『TIGER & BUNNY』

思想家フレドリック・ジェイムソンはポストモダン社会の特長として、パスティーシュ（訳文の註は模作）、分裂病のふたつをあげている。情報の洪水と表現の膨大な蓄積は、既視感と模倣を生む。そして、それはパスティーシュの群れであるために「歴史感覚の喪失」を生む。「永遠の現在」こそがポストモダン社会のありようだという（フレドリック・ジェームソン「ポストモダニズムと消費社会」『反美学』勁草書房）。

『ＴＨＥ ビッグオー』はこのポストモダン社会の特長をよく体現した表現と言えた。本作のスーパバイザーを務めたさとうけいいちは、この情報社会における表現という問題に対し、まったく新しい切り口の作品を監督として手がけた。それがテレビアニメ『TIGER & BUNNY』（２０１１年、全25話）だ。

『TIGER & BUNNY』では、大都市シュテルンビルト（ニューヨークふうだ）を守る超能力ヒーロー、ネクスト（NEXT）が登場するが、かれらは報道番組「HERO TV」でその活躍をネットワーク中継される。

その経済的バックボーンとは、ヒーローたちの胸にロゴマークを提供するスポンサー企業だ。自社のヒーローの活躍を宣伝効果に見立てて出資するのだが、視聴者の喝采をあらわすヒーローポイント（ネット投票）の大小で待遇もまた変化する、というものだ。

本作の大きな特長は、スポンサーロゴが実際の企業である点だ。主人公のワイルドタイガー（鏑木・T・虎徹）はSoftBankほか、バーナビー・ブルックスJr.はBANDAIほか、ロックバイソン（アントニオ・ロペス）は牛角ほか、といった具合だ。

『THE ビッグオー』を手がけたさとうらしく、『TIGER & BUNNY』は（海外への営業戦略の意味もあるだろうが）ニューヨーク的な舞台、『X-MEN』へのオマージュ的な設定など、パスティーシュの要素は高い。

実在の企業が作中に登場することをプロダクトプレイスメントといい、『サザエさん』のスポンサーの東芝の例などがあるという。近年では映画『ヱヴァンゲリヲン新劇場版：序』（2007年）もその例だ。『TIGER & BUNNY』のペプシのCMでは、逆にブルーローズが登場し、フィクションと現実の境目が無くなったかのような幻惑感にもとらわれる。こうしたプロダクトプレイスメントは、もちろん金銭的な見返りはある（ただし莫大なものではない）。
プロダクトプレイスメントの多くは補助収入やタイアップ効果など、作品世界の根幹に関わるものではない。だが、『TIGER & BUNNY』は違う。

ヒーローものをやりたい→真っ向勝負は厳しい→仕掛けが必要。この前提で、等身大のヒーローを描く、しかも社会人に向けて作るとなると、勧善懲悪で世界征服を企む悪を倒す物語ではなく、社会人が共感できる等身大の主人公たちが紡ぎだすドラマこそが、最もターゲットに見せやすい構造だと思ったんです。そこから〝企業、組織に属するヒーローが活躍する〟というアイデアが生まれました。

尾崎雅之氏（プロデューサー）インタビュー、まつもとあつし「TIGER & BUNNYはこうして生まれた」『ASCII. jp』（ウェブ）2012年1月16日

ただし、スポンサー企業の内部事情にまで踏み込んでの描写やヒーローたちとの利害の葛藤といった社会派のドラマが生まれるわけではない。フィクションの世界（近未来？）の外国が舞台であるだけに、そこに牛角がどのようなビジネス的な立ち位置を占めているかといった考証もない。社名に背く、あるいは企業の不正を暴くといった題材を選択し得ないことはいうまでもない。虎徹が孤高を気取り、スポンサー接待のパーティをすっぽかすといったシーンは出てくる。ドラマからも、視聴者の共感醸成としてプロダクトプレイスメントが用いられていることがわかる。

情報の消費とナラティヴの衰弱　聖地巡礼　並行／分岐世界　『輪廻のラグランジェ』

プロダクトプレイスメント、ステマ（ステルスマーケティング）に隣接する現象として、アニメと地域おこしの関係がある。聖地巡礼と呼ばれる、作品にちなんだ場所を訪問する楽しみ方だ。これはドラマや映画の舞台となった町を観光で訪れることであり、現象そのものは昔からある。ただし行動の契機となった動機を掘り下げてみれば、実写ノンフィクション（大河ドラマのような創作性の強い時代劇も含む）、実写フィクション（『冬のソナタ』などのような完全な虚構の物語）に比べて、アニメーションの聖地巡礼は二次元の風景（イリュージョンの要素も強い）を三次元の風景（現実の探訪先）と接続するため質的に異なる面がある。

そこには思考の飛躍が必要とされる。聖地巡礼は2000年代から盛り上がった現象とされるが、そこには、物語の自律性にほころびが生じ、外部に参照先を求める現代の情報性が伴っているように思える。

ドラマ・バラエティのロケ地旅行の経済効果は約700億円、これに比べ、聖地巡礼は100億円規模に止まるという（「【京まふ２０１３】角川書店・井上社長による『マンガ・アニメがもたらす地域活性化」聖地巡礼成功の鍵とは』『インサイド』〔ウェブ〕２０１３年９月６日）。それでも現在各地方自治体は地域活性化の手段として、アニメとのタイアップ、聖地としてのアピールを通じて経済波及効果を得ようとするアプローチが盛んになっている。

筆者の居住する千葉市の千葉モノレールでも、ここを舞台とした『俺の妹がこんなに可愛いわけがない』のキャラクターを外観内観にあしらった車両を期間限定（２０１３～２０１４年）で運行させた。本作が近親相姦が題材であったのを市の担当者、責任者が知っていたかどうかは定かではない。

よく知られた事例に、やはり千葉県鴨川市を舞台とする『輪廻のラグランジェ』（２０１２年、全12＋12話＋ＯＶＡ全1話）がある。第1話から

「まどか、鴨川は好きか？」「鴨川にはいつ来たんだっけ？」「昨日よ」「じゃあ、鴨川のいいとこまだ全然知らないね？」

など、場所性が不自然なほど強調され、当地の名物おらが丼（その店独自の自慢メニューのことで、特定のレシピではない）もまたアピールされる。

鴨川市では東日本大震災による観光産業が落ち込みを迎えていたが、その対処として制作進行中

の『輪廻のラグランジェ』とタイアップが考案されたという。最初は産業振興課と観光課が窓口となったが、その後官民含めた協力体制へと発展、推進委員会が発足。製作委員会との定期的な会合が持たれた（山村高淑「自治体・アニメ　タイアップの先進例」『日経グローカル』２０１２年５月21日）。

主人公・京乃まどかの通う鴨川女子高等学校は文理開成高校がモデルであり、外観はそのままで周囲の風景もたんねんなロケハンが反映されている。サーフショップ兼レストランのＢＷＨは、見かけはまったく違うが、地元の人ならモデルとなっている店舗はすぐ特定できる（筆者は以前からたまに利用している）。町おこしへの活用例として、町おこしマップへのキャラクター起用、花畑のキャラクターの人型看板設置、コラボレーショングッズの販売などがある。

物語においても、鴨川という場所性を強く意識した少女の青春物語となっており、その意味で従来のＳＦロボットアニメと違ったテイストを持つ。だが、本作のタイアップは宣伝色が強く感じられたとする否定的な意見も散見された。

聖地巡礼とは、参照先を持つがゆえに作品が持つ物語性ではなく情報性に消費の比重が高くなってきた傾向を示す。これが作品における部分ごとの情報密度と強度を増し、逆に全体を縦貫するナラティヴの衰弱を招くとするなら不幸かもしれない。

フレドリック・ジェイムソンのいう「歴史感覚の喪失」「永遠の現在」は、時間の流れを喪うがゆえに物語の唯一性を希釈する。２０００年代になってアニメーションで増え始めたトピックに時間改変による分岐世界と多元的な可能性（量子力学ほか）の並行世界（宇宙）がある。本来、ＳＦ的な道具立ての性格はそれぞれ異なるが、単独の世界線（つまり存在の唯一性）への懐疑が根底にある意味で相関性がある。

こうした作品の近年作に、『雲のむこう、約束の場所』（２００４年）、『涼宮ハルヒの憂鬱（消失）』（２００６年、２００９年、２０１０年）、『STEINS;GATE』（２０１１年）、『魔法少女まどか☆マギカ』（２０１１年）、『劇場版銀魂 完結篇 万事屋よ永遠なれ』（２０１３年）などがあり、特撮の『仮面ライダー龍騎』（２００２年）、『仮面ライダーディケイド』（２００９年）もそうだ。

この題材の作品は古くからあり、Ｐ・Ｋ・ディックの『高い城の男』が有名だが、映像作品を見ても、『スター・トレック』（宇宙大作戦、TOS、１９６６年）の第27話「二つの宇宙」、第28話「危険な過去への旅」、さらに『ウルトラセブン』の第43話「第四惑星の悪夢」が該当するかもしれない。

並行世界については、生み出される背景は幾つかある。まず、産業、ビジネス上の要請である。古くはアメコミの『スーパーマン』の主人公が加齢のため物語が不自然となり、リセットの必要が出てきた。そこで、60年代に旧設定をアース２での物語とし、これと分岐した並行世界として新設定の物語をアース１の舞台のものとしてスタートさせた。最近では、Ｊ・Ｊ・エイブラムスが監督を務める映画『スター・トレック』の２００９年以降の新作は、初代の『TOS』と同じくジェイムズ・Ｔ・カークが主人公だが、オリジナルの世界の並行世界の物語として展開されている（「AOS（Alternate Original Series）」と呼ばれる）。これもスーパーマンと同じく、人気キャラクターを再生させるための苦肉の作だろう。

日本の表現で言えば、世界観は共有するもののストーリー、結末が異なるがゆえの分岐の例は多い。

『機動戦士ガンダム』と『機動戦士Zガンダム』はテレビシリーズと映画三部作とで細部が異なるが（後者は結末も）、これを異説と取るか並行世界と取るかで議論が分かれる。『機動戦士ガンダムZZ』の存在を正史とするなら、『Z』の映画は並行世界の物語となる。

『宇宙戦艦ヤマト』も、『さらば宇宙戦艦ヤマト』と『宇宙戦艦ヤマト2』（ともに1978年）では結末が異なるが、当時はこれを並行世界として設定化できなかったことが時流に遅れた表現とした一因となった。だが『ヤマト』は史実をもとにした創案であり、戦争の問題を含めて考えるなら、並行世界は足を踏み入れてはいけない領域だろう。

並行世界は物語の唯一性を損なう意味で、作品世界の重みをおおむね軽減してしまう。このパラレルな世界をアルゴリズム的感性で捉えるなら、ある時点から分かれた分岐世界と考えることができる。

現在では、我々は総じて制作者の都合で分岐した世界を並行世界として疑問を覚えることもなく了解する。それはゲームが持つ分岐進行を身体レベルで受容してしまっているからでもあるだろう。ある世界が消滅しても、それは分岐に戻ってやり直せば済むまでのことになる。「意味」の徹底的な軽さである。

それはゲームというアルゴリズムで統御されたシステムに馴致されているからであり、それは唯一性という重みを物語から奪うことにもつながる怖れがある。

この進退自由の「永遠の現在」の中で、どのような物語を紡ぎだしていけばいいのか。あるいは否定すればいいのだろうか。

ハルヒとキョン。セカイを解読し、語るふたり　『涼宮ハルヒの憂鬱』

話者、視点の複数性。それがラノベ（ライトノベル）の代表的な名作、『涼宮ハルヒの憂鬱』（谷川流・原作）を筆頭とする「涼宮ハルヒシリーズ」の特長だ。本作は、２００６年、２００９年にテレビシリーズとして（全28話）、２０１０年には映画『涼宮ハルヒの消失』として、アニメ化された（制作は京都アニメーション）。本作は学生を中心として社会が排除されたSF的な世界観からセカイ系、また少女を中心とした日常（学園生活）の物語のため空気系（日常系）とも分類される。

『ハルヒ』のアニメはキョンという少年による一人称の叙述の形式を取る。これは原作を踏襲したもので、ラノベでは多用される。『俺の妹がこんなに可愛いわけがない』もその例だが、アニメでは異なる。一人称の多用はふたつの理由がある。まず、読者に年齢等で近い存在の主人公視点が共感を醸成しやすいこと。次にセカイ系で述べたように、世界が主人公の自意識と補完し合うことと関わる。作品が成功するなら、主人公視点は読者の目線と一体化する。その視点は世界をすみずみまで覆い、その主要構成物である少女たちと混じり合う。

『ハルヒ』がこれらと異なるのは、その物語構造に由来する。

「ただの人間には、興味ありません。このなかに、宇宙人、未来人、異世界人、超能力者がいたら、私のところに来なさい」『涼宮ハルヒの憂鬱』第1話

高校1年の始業のさい、クラスでの自己紹介で涼宮ハルヒはこう宣言した。それは自他に対する平凡なものへの拒否だった。キョンもまるで相手にはされなかったが、とあるきっかけから彼女と親密になる。それは彼のなにげない発言が、彼女にとって物事を整理し、検討する論点を与えたことによる。

ハルヒは嫌がるキョンとともにSOS団（世界を大いに盛り上げるための涼宮ハルヒの団）を同好会として無理矢理立ち上げるが、退屈さを吹き飛ばす面白いことがしたいだけなので、確たる目的はない。思いつきで3人ほど強引に引き込む。その3人は、無口のメガネ女子の長門有希、ドジッ子で萌え系の朝比奈みくる、つかみ所のなさと完璧な振る舞いが印象に残る美少年・古泉一樹と、それぞれバラエティに富み、キャラクターの記号配分のバランスは完璧だ。ここまではありふれた

学園ドラマだが、3人の正体が宇宙人（対有機生命体コンタクト用ヒューマノイド・インターフェース）、未来人、超能力者であることがわかってくると、物語はSFのトーンが前面に出てくる。

SF風味の学園ドタバタコメディというと、まず思い浮かぶのは『うる星やつら』だ。しかし『うる星やつら』はスラップスティック調が基本トーンであるだけに、全体がハレ＝非日常の物語世界だ。これに対し、アニメ『ハルヒ』の第1話の冒頭はモノトーン調の暗色で始まり、キョンの生活の無味乾燥への諦念に満ちたモノローグで始まる。それは幼少時代の回想だ。

「…アニメ的、特撮的、漫画的ヒーローたちがこの世に存在しないのだということに気付いたのは相当後になってからだった。いや、本当は気付いていたのだろう。ただ、気付きたくなかっただけなのだ」

キョンの視点により語られていく本作は、ハルヒの先の爆弾宣言から彩りを持つ鮮やかで輝いたものに変貌していく。「ミステリックサイン」のような情報生命体の暴走による失踪事件のSFミステリーがある一方、「ライブアライブ」や「サムデイ イン ザ レイン」のような青春の酸味と寂寞さが加味されたドラマもある。演出は（小説が題材というせいもあるが）、顔や身体が似顔絵の崩れたタッチに変貌、画面にびっくりマークが出現、あるいは飛び上がるような、マンガ的な記号で緩急を付ける演出方法は採られない。その意味で写実性が強い。

キョンのモノローグで物語が進行するという話法を活かし、カメラはしばしば彼の視点を感じさせる広角的なパースのゆがみとアップが使用される。画面の変化と動きの多さは、キャラクターの感情を伝える心理のドラマであることも強調する。一方、被写界深度を浅く取ることによる、手前あるいは奥の事物のピンぼけも散見される。それは、キョンの視点、観察では窺い知れない何かが潜むことを示唆する。その意味で、ドラマ空間には奥行きもまた感じさせる。

ＳＯＳ団に異能の存在たちが集まった理由は何だろうか。それはなかばかれらの意志でもあり、またハルヒの「意志」でもある。「おそらく彼女には自分の都合のいいように周囲の環境情報を操作する力がある」（長門）、「過去への道を閉ざしたのは涼宮さんなのは確か」（朝比奈）、「実はこの世界はある存在が見ている夢のようなものなのではないか」（古泉）（いずれも第3話）。3人は、ハルヒが環境と因果律に干渉でき、あるいは世界そのものを自由に創造／改変できる存在ではないかと指摘する。だが少なくともそれは推測であり、正確な実像は物語の中で呈示されない（なかった）。長門は情報統合思念体の自律進化の可能性を探る鍵として、朝比奈は時間変動の実情を見定めるため、小泉は再創造で世界が消失しないため、ハルヒを探り、見守る役割を担っている。

『ハルヒ』という物語は、ナレーターでもあるキョンがハルヒという存在を通じて、世界の驚異を体験し、その摂理の一端を知る探索の面を持つ。それはきわめて平凡な存在（今のところ）であるキョンだからこそ、できうることだ。

では、世界はハルヒにとってどのようなものだろうか。彼女は、自身が世界を創造／干渉できる存在との自覚はゼロである。彼女は無自覚に自身の周囲に、宇宙人、未来人、超能力者を集める。だがそれに気付かないがため退屈感に焦燥的に苛まれ、飽くことのない探求と騒動を巻き起こしていく。そこには非日常的で超常的な現象もあり、あるいは彼女とキョンをめぐる超常的な争闘がある。しかし、彼女はそれに決して気付くことはない。その中で彼女は非日常ではなく、むしろ日常に潜むものの尊さに気付かされていく。それはキョンというかけがえのない存在であり、3人の部員という友人であり、あるいは「ライブアライブ」でひょんなことから「らしくもなく」手助けした見知らぬ人の感謝の真心であったりする。それは、宇宙人、未来人、超能力者という彼女が願望して引き寄せた／創造した存在でないがゆえに他者であり、自身（の延長、接続物）でないものだからこそ意味がある。つまり、本作は彼女が他者を探す出会いの物語でもある。付言するなら、無意識下の非日常、非常を抑制して顕在意識を正常化する物語とも言える。

これに対し、キョンにとってこの物語は自らが捨ててしまったものとの出会いでもある。それは「宇宙人や未来人や幽霊や妖怪や超能力者や悪の組織」に代表される憧れや可能性である。それを体現するのが、自らの思うことを果断速攻で行動に移すハルヒだ。

つまり、本作はキョンとハルヒの合わせ鏡の構造を持っている。世界は、キョンとハルヒのふたりによって見られ、探索され、解釈され、理解される。そしてその求める方向性は異なるものの、互いであることは共通する。叙述はキョンによるが、プロットはハルヒによって用意される。その中で世界はキョンとハルヒの複数の視点から読み込まれ、語られていく。その豊かさを本作は持っている。

それは原作が小説であるように、世界そのものが読まれることを待つ一冊の本であるからと言えるかもしれない。

データベースにナラティヴを付与する、キョンのモノローグ　『涼宮ハルヒの憂鬱』

アニメ『涼宮ハルヒの憂鬱』は「テクスト」である原作が万華鏡のような多面性を持つことを示す。そのアプローチのひとつが、第1期の変則的なエピソード配列（シャッフルと呼ばれる）だ。放映された順番は、時系列、因果関係とは関係ないものだった。それは原作を読み込んであることをなかば前提としたファン向け、少なくともながらではない積極的な受容層向けを意図していた。第2期では、時系列、因果関係に沿ったものに放送し直され、さらに新エピソードが数話付け加えられた。ちなみに第1期は監督が石原立也、シリーズ演出が山本寛、第2期は総監督が石原立也、監督が武本康弘と、スタッフはじゃっかん異なる。

そもそも第1期第1話は「朝比奈ミクルの冒険 Episode 00」だった。これはSOS団が文化祭用に制作した同名映画を30分枠をほぼ使って放映したもの。両サイドに黒枠があり、これが虚構の映画だと明示される。全編に自主映画らしさを演出するこだわりがある。予算の点で特撮を使えないがための、ジャンプ時の不自然なカットの切り替え。ややぎこちない3回反復クローズアップ。光線などの映像効果とBGMの打ち込み音、などだ。だがこれは単なるお遊びではなく、作品そのものを暗示する大きな意味を持つ。

試写でこれを見つめるハルヒは、映画の監督であると同時に世界を創造し、見守る役割を担っている。作品の出来が悪ければ、映画=世界はリセットされる。暗闇の試写室の中、唯一団員は世界の中で選ばれた存在として彼女の意向を見守る立場だ。

映画はSF仕立ての青春学園ドラマで、朝比奈みくるは未来人ミクルとして、長門有希は宇宙人ユキ、古泉一樹は超能力者イツキとして登場。キョンはナレーションと物語の立ち位置はそのまま。かれらの会話も非常に暗示的だ。

ユキ「今言えるのはあなたの選択肢はふたつあるということだ。私とともに宇宙をあるべき姿へと進行させるか、彼女に味方して未来の可能性を摘み取るか」

イッキ「…ですが今の僕には決定権がない。まだ、結論を出すには早すぎると僕は考えます。保留ってことで、今は手を打ちませんか。…あなたたちがすべての真相を語ってくれるなら、別かもしれませんが」

一方、キョンはありふれたラブコメ的なシチュエーションにはこう突っ込む。

「あえて言おう。湧き上がる感情を押し殺して、深く考えないことにしたい。我々の予測範囲内で動く登場人物に、人間的なリアリティなどあるわけがないからだ」

これは自主映画のキャラクターだけでなく、ハルヒが物語世界の中で創造した人物たち、さらに小説／アニメという虚構の物語を指すメタ視点を持つ。

「朝比奈ミクルの冒険 Episode 00」は、『涼宮ハルヒの溜息』という自主映画制作エピソードのいわば成果物で、第2期では5エピソードかけて本筋が展開された後、放映された。こちらのほうが明らかに親切ではある。

ほかにも、2話連続エピソードの「孤島症候群」は夏の孤島でのリゾートが殺人事件に急転する物語だが、第1期ではそのあいだに「ミステリックサイン」が挿入され、話の流れを見事に断ち切っている。この構想は、企画制作会議のさい、原作者の谷川流本人が提案したことから発している。

これから時系列がゴチャゴチャになるのに第1話をマトモにしても、これはかえって不親切だろうと。最初から〝メチャクチャになる〟ということを明示しておいた方がいいなと、少なくとも僕は考えました。

谷川流コメント『オフィシャルファンクラブ 涼宮ハルヒの公式』角川書店

もともと、原作は時間改変を扱う小説らしく、時系列で執筆されたわけではない。作品世界の時間軸とは別のところに、物事の原因と結果がある側面もある。さらに、アニメは作中で示される時間概念とも深く関わっている。

朝比奈「時間は連続性のある流れのようなものではなく、その時間ごとのもの。アニメーションを想像してみて。あれってまるで動いているように見えるけど、本来は時間と時間との間に断絶があるの。それは限りなくゼロに近い断絶だけど。だから時間移動は積み重なった時間平面を三次元方向に移動すること。未来から来た私は、この時代の時間平面上ではぱらぱらマンガの途中に描かれた余計な絵みたいなもの」 第3話

ここでは時間の連続性は否定される。時間が不連続であるなら、シャッフルのように(一見だが)不規則に並べてもいい。第1期のコンセプトはここにあるだろう。また長門有希の行動が示すように作品中の世界とは情報環境と同義であり、彼女は情報改変によって世界の再創造もできる存在だ。いわば情報としてのデータベースをシャッフルしたのが第1期『ハルヒ』とも言える。

レフ・マノヴィッチは、映画をナラティヴとデータベースのふたつの要素から構成されていると

指摘した。『ハルヒ』第1期とは映画の持つデータベース的要素（情報性）を最大限活かしたものである。そこには時間軸に沿ったナラティヴはないが、意味は確かにある。

キョンとハルヒの合わせ鏡の構造が示すように、世界は解釈し、読み込まれ、意味を与えられる巨大な「テクスト」（データベース）である。『涼宮ハルヒの憂鬱』の世界とはそのような意味を豊富に湛えた存在、重層体でもある。それは自明のものではなく、読み込みという働きかけを必要とする。

本作は時系列に添ったナラティヴではないが、時系列の錯綜した中、叙述というナラティヴのかたちでキョンによって語られていく。それは、現代における情報が過剰であるがゆえの進退自由の「永遠の現在」への意味の付与である。

時間平面は積層され、あらかじめ決定されているかに見えるが、意志を持つ人間である限り、現在と未来を改変する力を発揮する。それは超常能力ではなく、むしろ平凡人であるがゆえのキョンの行動力だ。

「我々の予測範囲内で動く登場人物に、人間的なリアリティなどあるわけがない」

本作は記号化されたキャラクターで満ち満ちているが、「自由意志」が大きな意味を持ち、物語を動かしていく。キャラクターに「人間的なリアリティ」を与えるものとは、意志を持って何か（本作では意味の欠如）に抗おうとする、振る舞いであると思う。

ガンダムへの返歌をめぐって

ガンダムという物語体系　『GUNDAM CENTURY』というデータベース　『機動戦士ガンダム』

世界とは物理的な実体ではなく、幾重にも意味が織り込まれた織物だとしたら。そこに織り込まれた仮想現実＝フィクションもまた、私たちにとって大切な意味をたたえたものとなる。フィクションであるサブカルチャーにとって、もっとも芳醇な意味をたたえた作品のひとつがいわゆる『ファーストガンダム』であるのは論を待たないだろう。これをめぐる叙述法を探ることは、サブカルチャーが存在する根拠、ひいては現代における人と世界の関係のあり方を探ることにつながる。

「ファーストガンダム」をめぐる叙述法はふたつの方向性にわかれる。レフ・マノヴィッチにならっていうならひとつはデータベースで、『GUNDAM CENTURY』（初版はみのり書房）から『評伝シャア・アズナブル』（皆川ゆか、講談社）などに至る道がある。もうひとつは、ナラティヴだ。これには、福井晴敏によるオリジナル小説と正史として綴られた『機動戦士ガンダムUC』の小説、およびアニメ作品がある。そこに、私たちはどのような意味を見出せるだろうか。

まず、「ファーストガンダム」を概括する必要があるだろう。『ファーストガンダム』とは富野由悠季監督による、テレビシリーズ『機動戦士ガンダム』（1979年、全43話）、再編集ベースの映画三部作（同名1981年、『機動戦士ガンダムⅡ　哀・戦士編』同年、『機動戦士ガンダムⅢ　めぐりあい宇宙編』1982年）の総称だ。地球連邦とその支配をはねよけようとするスペースコロニー（植民地）のジオン公国との間の戦争（一年戦争）を題材とする。連邦軍の現地徴用兵アムロ・レイとジオン軍のエリート士官シャア・アズナブルは戦いのさなかにニュータイプという人類変革の鍵となる存在に目覚めるも、かれらが混迷した状況下で苦闘するありさまが物語となる。

本作の長所に世界観、デザイン設定（兵器やスペースコロニーなど）の緻密さが指摘される。しかしそれは相対的なもので、後続作では乗り越えられている。作画監督を担当した安彦良和は「ジオンなんて階級章がない」（安彦良和コメント「安彦良和×伊藤悠　戦争を描く、人間を掴む」『ユリイカ』2007年9月号）と端的に否定する。

人物同士のちょっとしたやり取りが、理屈通りにいかない現実の実相を伺わせる。生々しさを持ったドラマや日常的なリアリティ。振り返れば、こうした要素がいまに至るも重みと厚みを感じさせる。

「僕はあなたの全部が好きと言うわけじゃありません。でも、今日まで一緒にやってきた仲間じゃないですか」　アムロ　第27話
「当たらなければどうということはない」　シャア　第2話
「ああでも言ってもらわなければ、みんな逃げ出しているわ。怖くてね」　セイラ　第42話

この生々しさに肉づけられた個々人のドラマ。それは巧みな筋運びによって、各地の散発的な遭遇戦という点からいつしか戦局の帰趨を窺わせる線となり、それぞれの運命を呑み込む最終決戦へと大きな奔流となってなだれこんでいく。時系列順に追った戦記には、民間人（大人の市民）や子どもたち、それぞれの兵士が抱える生活に彩られた厚みがあり、その群像劇はフィクションでありながら、ひとつの時代の流れをまさに体感させた。歴史群像劇というダイナミズムは、特に『Ⅲめぐりあい宇宙編』が出色だ。それは新しい「体験」であり、サブカルチャーという存在の地平を広げた。

この『ファーストガンダム』のデータベースとしての受容にはどんな意味があるのだろうか。その最たる例『GUNDAM CENTURY』（１９８１年）には、制作者寄稿と座談会もあるが、前半部分に集中した兵器考証がむしろ核心だろう。一年戦争の開戦から終戦に至る経緯をイラストレーションで構成した「グラフィック ジオン戦記」。地球圏での宇宙活動／開発とミノフスキー粒子（電波撹乱効果を持つ物質）対応の兵器体系を詳述した「GUNDAM MACHANICS」。さらに作品

世界を補完する、現実の宇宙（軍事）開発をかいつまんで紹介した「GUNDAM SCIENCE」などだ。いわばガンダム版・ムックビジュアル戦記で、その後のガノタ（ガンダムマニア）によるガンダムの消費のされ方の規範のひとつの先駆だろう。そしてここではジオン・ダイクンのジオニズム、ニュータイプ論という政治思想の観点の欠落が興味深い。

当初『ガンダム』は純粋な作品批評や感想も多かったが、時代が下るにつれ、データベースとしての受容の性格が強くなっていく。押井守においては「1968年」という政治思想性と軍事／警察への趣味性が併存していたが、後継者たちは後者が強くなった。「ガンダムシリーズ」においても、これは共通する。『評伝シャア・アズナブル』はシャアの人生の軌跡を追う形でニュータイプ論にも触れるが、それはあくまで現実への射程を持つ政治性ではない、イデオロギー論という趣味性の範疇でしかない。このいわゆるポリティカル・フィクションへの志向は、アニメーションをめぐる消費のあり方として90年代から台頭した。

ガンダムという物語体系　福井晴敏に見る市民の不在性　『機動戦士ガンダムUC』

では、先ほど述べた『機動戦士ガンダム』のナラティヴを引き受ける存在の小説家・福井晴敏の場合はどうだろうか。純然たる本格派アクション・エンタテインメント小説家として出発した彼だが、その作品全般に『ガンダム』あるいは富野由悠季の影響を見出すのは困難ではない。

第二次世界大戦末期の日本帝国軍を舞台とする『終戦のローレライ』（２００２年）は題名からして富野色が強いが、超能力少女パメラと彼女の感応力を増幅させて索敵機能とするローレライシステムは、ララァとサイコミュを彷彿させる。

こうした設定を持ち出さずとも、本作を読んだものは了解するだろうが、戦況を包含したさまざまな事象が「歴史」となって流れていく展開、その叙述からかもし出される空気が「ファーストガンダム」を彷彿させる。


八月十五日近辺に必ずやる『ガラスのうさぎ』や『はだしのゲン』を見ても、何一つ感情移入できない。戦争というものを考える土台が何もなかったんですよ。そういう世代にとって、ガンダムは戦争を考えるきっかけになったんだと思う。

我々の世代が初めて手に入れた、感情移入できる戦争という言い方が一番ふさわしいと思います。

福井晴敏コメント「かわぐちかいじ×福井晴敏　プラモとガンダムから始める戦争論」『小説新潮』２００５年12月号

福井晴敏の語る「感情移入」はここだけ取り出すと誤解が生じるかもしれない。以下のコメントと併せるとその真意が読み取れると思う。

大状況を描いてかつ個々のドラマも見せることに成功したのは、日本ではガンダムがたぶん史上初だったんです。

福井晴敏コメント「福井晴敏解体全書」『ダ・ヴィンチ』2005年6月号

福井晴敏が語りたいことは突きつめればリアリティの問題だ。それは学校教育では得られず、少なくとも1968年生まれの作家の子供時代にあって『ガンダム』がその代償を果たしたことが読み取れる。

高度消費社会において、メディア体験がリアルをしのぐ場合がままあることは誰にでも多少は心当たりがあるだろう。発言から、五味川純平の著作などは読んだことがない印象だ。だが、これが社会思想や国家観、歴史認識に至ると多少の問題は生じる。福井の著作を読むと、左翼と新左翼の違いも理解できていないようだ。

第2章で見たように、サブカルチャーは「大人はわかってくれない」といった若者特有の自意識と反抗心を苗床とする場合が多い。その意味で、福井晴敏もまたサブカルチャー的な因子を強く持つ。それが学校（教育）という権威と歴史という思想を峻別できないところに陥穽がある。だが、彼を憲法九条改正で軍備増強を主張する保守・右翼的な心性の持ち主と考えると足元をすくわれる。

終戦当時の日本人の心性を否定したくはない。戦後、日本はふやけてダメになったという人もいるが、それを恥じることはないと思う。世間ズレしてるからこそ、世界中が愚かな戦争を繰り返す中、日本だけはしないですんでいる。

福井晴敏コメント「日本経済新聞」2002年12月22日号

福井晴敏は憲法九条とともに、現在の自衛隊のあり方を肯定する。これは彼の小説では、たとえば現状の閉塞状況を打開しようとする変革者と自衛隊の特殊部隊DAIS（ダイス）に所属する（関わりがある）主人公との戦いで示される（「DAISシリーズ」）。そして主人公は現状に大いなる不満を抱きながらも、流血による変革を拒否し、未来への微かな希望へつなぐ結末に至る。この図式は『Op．ローズダスト』（2006年）などの作品にも踏襲される。

ここには、「ガンダムシリーズ」の狂った改革者と人の善意を信じるがために抜本的な改革をなし得ない主人公の図式が踏襲されている。つまり、福井晴敏のリアル世界での日本の「現状の肯定」とは、見事に富野由悠季のガンダム世界観の引き移しだと言える。

富野由悠季が創作した『ガンダム』の宇宙世紀の年代記に接ぎ木するように福井晴敏によって書かれた小説が『機動戦士ガンダムUC』（2007年）で、これはアニメ化もされた（2010年、

OVA中編全7話)。

映画『機動戦士ガンダム　逆襲のシャア』(1988年)から3年後の宇宙世紀0096年の設定で、この時代は地球連邦がスペースコロニー群に対し宗主国のように支配し、影響力を振る舞い続けている。これに対し、作中では「活動家」という言葉の頻出により、市民活動による政治是正への否定感は執拗に醸成される。

そして事態を解決へ導くのは、連邦を左右する力を持ったビスト財団の隠し子のバナージ・リンクスを主人公に、副主人公には、すでに敗亡したジオン公国の王家・ザビ家公女のミネバ・ラオ・ザビ、連邦の大統領を輩出した名門政治一族の御曹司でありパイロットのリディ・マーセナス。つまり、揃いも揃って市井の人々でなく、貴種なのだ。

ここでは地球圏の閉塞を救う手段として、これまで隠蔽されてきた宇宙世紀憲章が登場する。それは「将来、宇宙に適応した新人類の発生が認められた場合、その者たちを優先的に政府運営に参画させることとする」というものだ。その公開は地球圏の強権的な政治構造を根底から覆すとされる。

この秘匿された革新憲章とは、憲法九条がもし非公表だったとしたら、という問いかけから始まったものではないだろうか。日本の戦後という価値観の肯定を背景に、市民不在のドラマという構造のもと、善意を信じて戦う軍人と権力者や貴種たち。これはまごうことなき、福井作品というべきだろう。

だが、これが『機動戦士ガンダム』の世界観を踏襲する「正統続編」かとの疑念を筆者は抱く。

変革が必要とした市民の視点

『機動戦士Zガンダム』

人の意識の源には、戦いを好む癖があるのか。ゼータ、それは人の魂の雄叫びだ。そこにわずかな希望をかけて、赤い彗星のシャアがとぶ。そして、カミーユ・ビダンは刻（とき）の涙を見る——。
『機動戦士Zガンダム』第1話の予告

テレビシリーズ『機動戦士Zガンダム』（1985年、全50話）は同じ富野由悠季監督による『機動戦士ガンダム』の続編だが、変化球的な返歌だ。

まず『Zガンダム』は国家同士の戦争ではなく、市民戦争を題材とする。物語背景を概説すると、前作の一年戦争から7年後の宇宙歴0087。戦争による諸組織の疲弊と宇宙移民の発言権（存在感）の増大は、軍内部にティターンズと呼ばれる反動特権集団を台頭させた。市民のプロテストには虐殺でもって応えるなどの暴挙で強権を誇示し始めたティターンズに対し、エゥーゴ（反地球連邦、A.E.U.G.）という抵抗組織が同じ軍内部さらに経済界、市民とのあいだにネットワーク化された。本作は、後にグリプス戦争と呼ばれるこの両派の抗争劇を主題とする。

『ファースト』では市民の存在は描かれるものの、国家間の戦争の物語であるがため直接行動、つまり社会的活動とは無縁の存在だった。むしろ『Zガンダム』にはその一面性を補う意図を感じる。市民の政治活動を背景として窺わせる描写は幾つかある。後に大量虐殺を招いた30バンチの市民運動の存在。フォン・ブラウン市でのエゥーゴにシンパシーを抱く市民とカミーユの会話。小説では、カミーユがアングラ出版物でニュータイプの概念に通じていたことから、その反抗的な性格も相まって（リベラル、左翼的な）政治意識が高い学生だったと窺える。エゥーゴとカラバ（地球上の抵抗組織）も、多種多様な出自や主張のもの（フリージャーナリストのカイ・シデシやシャアら元ジオンの軍人も軍籍改竄で参加／関与）が交じり、第二次大戦時のフランスの人民戦線に似ているかもしれない。

ニュータイプ論は別名「人の革新論」とも言う。その核心は、宇宙時代に適応した認識力の拡大により、人が誤解なくわかり合えるものであるという。ＳＦにありがちな新人類の進化論の意味合いに収まりきれない幅広さがあり、一種の意識革命でもある。市民の抵抗組織の中にニュータイプを置くことで、これは公的な社会性を帯びる。

このような「補完」が富野由悠季があえて返歌を作った理由のひとつに思われる。本作は当初副題は「逆襲のシャア」と題されていた。それは類まれな傑作を世に送り出したがための、彼のプレッシャーを語るものだろう。

『ファースト』の革新性をどう損なわずにかたちを変えて表現できるか。メディアメッセージとして呈示できるか。これを富野由悠季は「空気感」という非常に曖昧なもので表現しようと試みる。

エゥーゴの軍事指導者、ブレックス・フォーラとアーガマの初代艦長ヘンケン・ベッケナーは一年戦争という時代を追想し、そこで得た「なにか」を今に甦らせようとする。具体的には、「人の革新」に導こうとする赤い彗星のシャア（この時はまだ軍籍改竄でクワトロ・バジーナと名前を偽ったまま）の行動への論評だ。

ブレックス「知っているかね？　赤い彗星と呼ばれた男を」
ヘンケン「自分はア・バオア・クー会戦の時、後方のサラミスにいました」
ブレックス「ほう」
ヘンケン「しかし、あのジオングというのは見ていません。ですが…何と言いますか…赤い彗星の力といったものは感じましたし、今も感じますね」
ブレックス「誰にだ？」
ヘンケン「クワトロ・バジーナ大尉にです」　第5話

エマ・シーンはエリート集団であるティターンズの新規配属の士官だったが、その非道さに耐えかねてエゥーゴに身を投じる。彼女はかつて旅行中に偶然目撃した、裕福でありながらも倦怠を抱えた青年を思い起こす。その彼の精神の襞から隠れた事情があったことを推察する。

「私がね、アーガマに来たのは、あの名前のわからない青年のせいだってわかったのは、アーガマの空気なのよ。これがあの青年が求めていた空気なのか、これが彼の求めていたものなのかってわかっていくと、あの青年がアムロだと明確にわかったのよ」第8話

『機動戦士Zガンダム』

ここではシャアやアムロは人々が変革を求めて苦闘した一年戦争という時代精神を体現した存在であり、エマたちはその意味、深層を読み解こうとする。それは、富野由悠季が自身の作品をあるいは私たちが『ファースト』を読み込み、その現代的（同時代的な）意味を見出そうとすることに等しい。この点において、エマたちは私たちの代弁者でもある。

アムロとシャアという存在を経由して透視され、読み解かれる、一年戦争とその時代精神。それは人類の進化論という科学主義に則した種族の定義ではない。それは例えるなら、ニューエイジがサブカルチャーのロックと幸福な蜜月状態の中で夢見た変革の予兆のようなものではないだろうか。

意識変革論から社会批判の視座へ

マイルズ「[アーサー・]ケストラーが一九四三年の著作で言っていたのは、われわれは生まれ変わりの時を迎えているということだったね。経済優先の時代は終わり、新しい時代が生ま

れて、新たな価値観がとって代わるだろうということを、彼はその時点で予見していた。今はまだ実現していないけど、その入口にさしかかっているように思う」

ミック・ジャガー「もちろん、さしかかっているさ。今まさに起ころうとしているんだよ！ただ俺が思うには、それはいつの時代にも起こっていて、いつでも『少しずつよくなっている』というものだったんじゃないかな」

「ミック・ジャガー・インタビュー1968　ストーンズ革命を語る」『文藝別冊　［総特集］ローリング・ストーンズ』

私たちはニューエイジ革命、ウッドストック革命が、政治の革命に帰結しなかったことを史実で知っている。しかしそこで体験し、感じられた感性、編み出された思考は受け継がれ、ひとつの変革のための伏流として今につながっている。それはまるでニュータイプという概念のように。

富野由悠季は『Zガンダム』は「現実認識」の物語だったという。その現実とは、企画趣意書にこう書かれている。「日本は、第一次消費経済からは脱却しつつあるが、先見性を持たない（二十一世紀への保険を支払わない）経済大国の道を安穏と歩んでいる。…自己変革の必要に迫られているのに、旧体を維持するための老人支配が横行しようとしているのは、時代にとって危険である」（「富野由悠季インタビュー」『RAPPORT DELUXE 21　機動戦士Zガンダム大事典』ラポート）。また当時を振り返って、「日本中が夢見心地の時代だったから」描けた、と言っている（『機動戦士Zガンダム』LD解説冊子、バンダイビジュアル）。それは『ファースト』の人の革新論を進化論ではなく意識改革論として捉え、それを読み替えつつ、(当時の) 現実の似姿を『Zガンダム』に描き込んでいく作業でもあった。たとえばブレックス・フォーラがティターンズにののしって言った「地球の引力に魂を引かれた人々の私兵」(第3話) とは、振り返ってみれば日本社会のエスタブリッシュメントそのものへの富野の呪詛に思える。しかし作家の想いが強いほど、作品の振幅は強くなったぶん観念性を増大させ、『ファースト』にあった丹念で重層的な人間ドラマは明らかに後退した。

本作は、前世代に焦点が合わされたため (初期構想にあったように早めに退場すべきだった)、Z世代 (本作初出のキャラクター) はそのゆがみを背負う。かれらは前世代の行為や思いを継承し、検証し、次の世代につないでいく役割を断たれていた。これも物語の爽快感を削いだひとつで、全体のシリーズ構成の過ちでもあるだろう。

こうした混迷の「現実認識」であった本作は、悲劇的結末をあらかじめ用意されていたのだろう。カミーユ・ビダンの名前は女性彫刻家、カミーユ・クローデルから取られている。彼女はロダンの愛人だったがゆえに、その父権的な振る舞いや重圧に押しつぶされ、美術史の中で正当な評価を同時代的に受けられず、発狂して不遇の死を遂げている。カミーユ・ビダンもまた、『Zガンダム』の最終回で時代の矛盾に引き裂かれ、発狂する。それは彼を押しつぶそうとするマジョリティの愚鈍さ、父権的な制度の重圧の寓意であろう。女性=マイノリティの名を冠することで、女性性 (の一部) を引き受けた彼の役割でもあった。寓意と形容したのは、これを現実の政治制度や政治的抗争との対照によって明示できなかったためである。

カミーユの発狂、エマら初出キャラクターの大半の戦死。シャアは理想の実現の困難さと彼に期待される公的な役割に懊悩し、戦いが混迷しか生まないと悟ったとき、失踪する。アムロは危険視されたがための幽閉から、心に残る戦争の傷跡のせいもあり、完全には覚醒しない。それは、構造として練れていないだけ性急であり、またエキセントリックでもあった。だが、時代に突き立てた鋭い刃であることは間違いなかった。この当時の富野由悠季にとって、サブカルチャーとはそういうものであった。

シャアとアムロの物語の行きつく先について言えば、最終回の段階ではまだ決めかねていた節もある。「結局彼（筆者注　シャア）は負け続ける男だろう。だったら地球連邦政府で大統領でもやればいい」（「富野由悠季インタビュー」『RAPPORT DELUXE 21　機動戦士Zガンダム大事典』ラポート）。これは紆余曲折を経ながらも、エゥーゴの延長線上にふたりの協調する未来があった可能性も示唆する。しかし、最終的な形は映画『機動戦士ガンダム　逆襲のシャア』の「破局」という形を取った。

本作は、現実への社会批判をはらみつつ、フィクションの記号でありながらもより人間的な懊悩が刻印されたがためにリアリティを持つキャラクター的身体を経由した解釈行為である。そのニュータイプ論は、多義的で曖昧であるがゆえに、私たちは自身に引き寄せ、自ら突き詰め、その核心とは何かを思考していくことが求められる。『機動戦士Zガンダム』とはそのような構造を持っていた。

戦いという闇で示す人の業、尊厳

ロボットという「闇」をファンタジーの契機に

『聖戦士ダンバイン』

バイストン・ウェルの物語を憶えているものは、幸せである。心、豊かであろうから。私たちは、その記憶を印されてこの地上に生まれてきたにもかかわらず、思い出すことのできない性を持たされたから。それゆえに、ミ・フェラリオの語る次の物語を伝えよう…。『聖戦士ダンバイン』冒頭ナレーション

日本ではいささか俗流に堕した感もあるジャンルに「ファンタジー」がある。このファンタジーは、思弁性も踏まえた非日常の世界の物語だが、科学的アプローチは欠如しており、この点で嗜好と需要で密接な関係にあるSFと一線を画す。科学との断絶は、啓蒙主義や近代的価値観と対極に

ある中世的世界を引き寄せ、反近代への志向を内在する。C・S・ルイスのように、それはキリスト教神学への接近もある。しかしキリスト教が啓蒙と関わりがあることから、むしろ中世騎士物語やゲルマン神話のようなヨーロッパの精神的な古層を題材とすることが多い。J・R・R・トールキンの『指輪物語』がその代表例だ。

しかしアメリカのパルプ・フィクション（大衆小説）で醸成されたファンタジー文学の俗流の部分は、RPGゲームへの移植をも経由し、日本の文学（ラノベ）、マンガ、アニメで濫用される気味がある。安直な空想と願望実現の手段として空想性が用いられている。このジャンルが本来持っていた古層への志向、合理主義への懐疑はかなり薄い。それは欧米のファンタジーがしばしば用いるヨーロッパ中世が、日本人にとってまったく実感の伴わない絵空事という事情もある。

富野由悠季監督によるテレビアニメ『聖戦士ダンバイン』（1983年、全49話）は、日本でのファンタジー題材アニメの草わけ的な存在だ。これは架空の世界、バイストン・ウェルを舞台とする。彼による同じ世界観の小説に、パラレルワールド的設定の『オーラバトラー戦記』（1986年と『リーンの翼』（1984年、彼によってアニメ化〈2005年〉も）、『ガーゼィの翼』（1995年、同アニメ〈1996年〉）がある。これを総称して「バイストン・ウェルシリーズ」という。

このバイストン・ウェルはヨーロッパ中世と似た景色を持つ異世界だ。トールキンの『指輪物語』のアニメ映画（1978年、ラルフ・バクシ監督で前編のみ制作）は公開当時評判は必ずしもよくなかったものの、そこには確かに彼らの文明の闇が刻印されていた。しかし、同種のものを日本のファンタジーに見ることは困難だ（別の形に翻案したダークファンタジーの成功例に『ベルセルク』『進撃の巨人』がある）。富野由悠季は「闇」をロボットを基軸に表現しようとする。

あまりにも想念の世界でありすぎる為に、バイストン・ウェルの世界を描くと宗教的に偏向した世界を描く事になってしまうとか、現代の日本人的な曖昧なファンタジー物になってしまうのではないのか、という懸念があった。

その懸念が、ロボット物といわれるジャンルでバイストン・ウェルの世界を語ることを決意させたのである。

ロボットという俗悪的な表現要素を使うことによって、一般的に見やすくして、想念の世界へ興味を持つ観客の増えることを期待したのである。

富野由悠季「TVフレームの中のダンバイン」『ロマンアルバムエクストラ㊷　聖戦士ダンバイン』徳間書店

世の真理は仮面舞踏会《マスカレード》だと示す、バイストン・ウェルの構造

『聖戦士ダンバイン』

バイストン・ウェルとは、人の想念の力でできあがった世界だ。それは、人が肉体を持つがゆえ

に現世で解消されない衝動や欲動を、死後に魂が発散、浄化するフェールセーフのような役割を持つ。人は果たせなかった業を解消するため、逸楽に溺れるフェラリオ、暴力に興じるガロウ・ラン、そうでないもののためのコモンとして転生する。これは一種のヒンズー教のカースト制に似ているが、この差異は現世の社会を維持するための秩序だ。ふたつの世界は生死でのみ往還ができたが、この想念の世界に満ち満ちている人の意志を変換してエネルギーとするオーラマシンの誕生でその禁断が解かれた。

オーラマシン（オーラシップ）とその応用のロボット・オーラバトラー（私たちの世界の人間＝地上人は適性が高いためパイロットに強制徴発され、かれらを聖戦士と呼ぶ）によって地上との往還をも可能となる。これは科学の才を持った地上人がバイストン・ウェルに召還されたためだが、そんな異常事態が起きたのは現代社会の病弊で「世界の均衡」が崩れたことが根本にあるという。近代以降の人間の均質化による疎外、産業の発達による自然の破壊、消費文明による欲望の限りない増大、だろうか。そこには「地上だけじゃないんだから、そろそろバランスシートを取りませんか」（前掲書）という意志の働きが介在している。物語の後半、オーラマシンのすべては地上に強制的に転送され、聖戦士（地上人）、コモン、地上の軍隊との三つどもえの殲滅戦争が繰り広げられる。そこにのどかな中世のロマンスは皆無だ。

スコット（米軍空母カールビンソンの艦長）「バイストン・ウェルは別世界じゃないんだ。我々の魂が戻るところなのだと、さ。この精神世界が、我々地上界の人間にテキストの戦争を演じさせているのさ。…ここには世界中の軍事力が集まっている。最終的にはかれらはこの軍事力を全滅させるために遣わされた、バイストン・ウェルの代表選手かもしれんのさ」　第49話

ここでは『ダンバイン』の物語が、見られるもの＝物語という存在だと示唆される。現代文明のひずみを伝えるべく、聖戦士のショウ・ザマたちは壮絶な相打ちの後、すべてのオーラマシンを地上から消滅させる。その後、ミ・フェラリオ、チャム・ファウが唯一戦争で生き残り、事態のあらましを地上界の人間に伝える。「それゆえに、ミ・フェラリオの伝えるバイストン・ウェルの物語を伝えよう」。ここで毎回流れる冒頭のナレーションと接続し、この作品じたいがチャム・ファウの語る「おとぎ話」だったことがわかる。

バイストン・ウェルの特徴を「魂のマスカレード」と言い表しています。我々がこの現実でフラストレーションに陥った時、そのフラストレーションを解消するために、人殺しまで含めたお祭り騒ぎをできる場所として想定されたのが、そもそもバイストン・ウェルなんです。

富野由悠季コメント『バイストン・ウェルへの誘い4』(『リーンの翼4』)角川書店

地上の殲滅戦争は「テキスト（テクスト）の戦争」であり、バイストン・ウェルのありようその

ものがマスカレード（仮面舞踏会）。私たちは公的な場では人格＝ペルソナ（語源は仮面）をまとい、ある役を演じる。この公的でハレの役割を極限のかたちである仮面舞踏会と言いあらわし、寓意として示したのがバイストン・ウェルだ。この寓意はテクストとして読み解かれるべきもの。その解釈者とは物語の中で戦争を傍観する一般の人々であり、私たち視聴者でもある構造を持つ。

このバイストン・ウェルとはどのような性質を持つのだろうか。バイストン・ウェルの意志の体現によるテクスト戦争は、現代の資本主義（放映当時は共産主義も）の陥穽を読み解き、語るための政治性として働く。バイストン・ウェルという表象は、人の生死が近代的な倫理観、社会秩序を超え、刹那の生の輝きを持つ世界性を具えている。さらに、バイストン・ウェルは意味の重層体でもある。そこからは幾通りもの読み解きが可能である。幾つもの設定の異動によるパラレルワールドは、読み込みのさいの解釈の問題と考えることもできる。

だが数ある「バイストン・ウェルシリーズ」を通覧して思わせるのは、登場人物たちは役者であっても狂言回しであり、世界の意志を体現しすぎることだ。肉を持った人間としての主張、欲、望み、闇、光が薄い点だ。世界の意味を体現した正義を背負い、相打ちによる死を望む、聖戦士ショウ・ザマらの行動は、深い印象を残さない。そこには作家のメッセージを伝えるためだけの記号の薄さがある。

そのため、マスカレードも、テクストとしての戦争も、バイストン・ウェルの幻灯、影でしかなく、肉体を持つもののドラマと感じさせない。それは世界の意志を前面に出しすぎた叙述法に根ざした問題だろうか。

舞台としてのソロシップ・ブリッジで演じられるもの　　　　　　　　　　『イデオン』

カララ「イデの果実の力を借りて怪獣を倒すことができれば、英雄は助けた美しいお姫様と一緒に平和に暮らせると言われています。けれど、英雄が怪獣を倒せなかったときには、怪獣ともども英雄も星のひとつになってしまうというのです」『THE IDEON　接触篇』

富野由悠季監督によるテレビアニメ『伝説巨神イデオン』（1980年、全39話）は、アンドロメダ星雲にあるソロ（ロゴダウ）星で地球人とバッフ・クラン人の遭遇から発生した戦闘で始まる。この遭遇はソロ星に眠る第六文明人の遺跡、イデオンとソロシップに「宿る」無限力、イデによるものだった。イデとは人の意識を集積して誕生した強大なエネルギー知性体だが、自身に強い影響をもたらすがゆえに周囲の知的生命に善性を求める。第六文明人の意思をすべて吸収し尽くして滅ぼしてしまったイデは地球人とバッフクラン人を創造し、両者の出会いを演出することで善き力を得たいと欲する。しかし、イデの執拗な引き合わせは戦いをエスカレートさせていくというのが粗筋。テレビシリーズは中途で終わり、総集編の「接触篇」と完結編の「発動篇」も併せた二部構成の映画『THE IDEON』（1982年）が上映された。

人間を超える超越者＝神の存在の仮定は、作家の代弁者として機能するため、抑圧と独善を伴いやすい。駒のように扱われたキャラクターに精彩は生まれない。『イデオン』もまた「バイストン・ウェルシリーズ」と似た部分が多いが、大きく異なる。それは人間ドラマの叙述法だ。

ホワイトベースやヤマトの直方体、立方体のブリッジ（艦橋）は閉じた密室であり、居室の趣がある。これはいわば親密圏で、親密でくつろいだメンバー同士の会話を演出する。これに比べ、ソロシップのメイン・ブリッジは、背後に広大な植物の繁茂するドーム（中庭）を控え、その外周に半円形状のかたちを取る。その奥行きの狭さから、メンバーは正面に向かう形を基本姿勢として語りかけなければいけない。これはヨーロッパ伝統の円形劇場に近い。

メイン・ブリッジの正面上方にイデのゲージがある。地球人のユウキ・コスモ、バッフ・クラン人のカララ・アジバらを正面から捉えるカメラ・アイとはイデ（のゲージ）の視点でもある。かれらは、自らが「善」であることをイデに向かって論証しなければいけない立場にある。これは裁判の被告の役割でもあるが、古代ギリシアの演劇が戯曲を見立てとして為政者の信を問う審判の意味合いも持っていたことを想起させる。

この特徴がより濃く出ているのが「接触篇」のラストだ。徐々に正体が明らかになってきたイデに翻弄される自分たちの運命を語り合うシーン。

ジョリバ「俺たちは偶然にしろ、ルウのような赤ちゃんをソロシップに乗せた。そのおかげでイデの力が俺たちを守ってくれていたというわけさ」。
シェリル「そうなのよ。…そのイデに取り込まれているのよ、私たちは」
その会話に唐突に登場するのが、いつの間にかソロシップに潜りこんでいたバッフ・クラン人のギジェ・ザラルである。彼は奥の中庭ドームより姿を表し、片手を胸に当てて礼を示して階段を下りつつ会話に加わる。宝塚の大階段ほどではないが、奥舞台の一段上の背景から階段を下りて加わる役者の趣だ。
ギジェ「異星人同士の争いがまだともに全滅で終わっていないのは、ルウのような赤ちゃんの存在ゆえだと私は考えます。…私の行為を許していただきたい。私はイデの何たるかを知りたいのです」

先ほどまで死闘を繰り広げた相手を、ソロシップのクルーはさほどの抵抗感もなく、受け容れたように見える。テレビシリーズでは多少の葛藤があったが、映画では大胆な省略でこのソロシップが戦いの場だけでなく、「運命」（ギリシア語で運命を意味するモイラという名の乗組員もいる）についで討議する場という要素を強める。

メイン・ブリッジ後方の植物ドームもまた、奥舞台と呼ぶにふさわしい役割を持つ。メイン・ブリッジが行動の討議の場なら、こちらはより内面的な対話劇の場として設定されている。ここでのバンダ・ロッタの復讐心やハルルの愛憎によるカララ銃撃はとりわけ心に残る。

『イデオン』は登場する人類すべてが全滅する、凄絶な殲滅戦で知られる。それはメカによる戦闘シーンだけでなく、人と人の愛憎による殺し合いの積み重ねで丹念に描かれる。テレビエンディングテーマ「コスモスに君と」の歌詞「傷をなめ合う道化芝居」は、宇宙に浮かぶ群像の映像とともに物語そのものを暗喩する。そして、それは意図を持って構築された対話者を結ぶ線（イマジナリーライン）による劇空間（ミザンセヌ）であらわされる。その明瞭な例をバッフ・クランのシーンで見てみよう。

ドバ・アジバの演劇性が示す人の尊厳　『THE IDEON　発動篇』

バッフ・クランの生存のため、あくまで徹底抗戦を貫こうとするカララとハルルの父、ドバ総司令。これに対し、戦いに怯えて動揺を隠せない協力者、オーメ財団のギンドロ・ジンム。ドバの怒りと拒絶の姿勢は、ギンドロへの容赦ない平手打ちで示されるが、アングルはふたりを正面からとらえない。巨大戦艦バイラル・ジンの広大な内部空間に、踊り舞台のような上部ブリッジがある。ここでドバは正面に対し胸を反らして敢然と立ち、脇に立つギンドロを殴打するさまを横から映し出す。それは文字通り、踊り舞台でのドバの自らの尊厳の主張だ。彼が正面に捉えるのは、イデ＝運命だろう。私たちは、この荘厳な舞台を側面から眺めることになる。

しかしドバが胸をそらしつつ、左腕の一振りでギンドロを後方に殴り飛ばすさまのなんと芝居じみたジェスチャーだろうか。演劇批評家、ジークフリート・メルヒンガーは、しぐさは古代ギリシアの政治演劇にとって抵抗を示すための行為能力をあらわすものだったという。ソフォクレスの『オイディプス』を代表例とする当時の悲劇には、神が課す理不尽な運命に抗うこと、行為でのみ徳を示せるとした人間観が背景にある。この徳こそ、共和制を支える市民の柱とされた。

このとき、ドバは戦いの真の理由に気付く。イデは知的生命を欲するが、業（欲、憎しみ、血へのこだわり）を引きずるものは悪しき邪魔な存在と捉え、善なる知的生命を創造したいがために地球人とバッフ・クラン人を滅ぼすのだと。彼は手を見やって自身の身体を確認すると、妄執にたけるギンドロを即座に射殺する。そしてイデにただ自身の存在そのものを示し、主張しようとする。

「私の怨みと怒りと悲しみを、ロゴ・ダウの異星人にぶつけさせてもらう。ハルルが男だったらという悔しみ。カララが異星人の男に寝取られた悔しみ。この父親の悔しみを誰がわかってくれるか」

開き直りのようにも取れる、涙を流しながら切々と訴えるドバの姿は物語中、屈指の名場面だ。『聖戦士ダンバイン』の作画監督も担当した湖川友謙《とものり》は『イデオン』で初めて富野由悠季とタッグを組んだ。彼の彫りの深さと骨格を強調した人物造形は強い写実性を持ち、アメコミのような印象もある。キャラクターの記号性の高いコミカルな演技ではなく、大時代的な「しぐさ」によって、運命を主題にした演劇の色合いを印象づける。昔の日本と古代ギリシア、古代オリエントのテイストを混合させたようなバッフ・クランの衣装もこれを助けるだろう。

本作では、ふたつの人類は戦いを放棄することができず、最後はイデによって滅ぼされる。その後、魂となったかれらは肉体を捨てたがゆえに和解をし、その魂の群れは別の惑星に導かれ、新しい生命の誕生が示唆される。ここから、仏教的な業の超越、解脱がテーマであるかのように見える。だが、そこに至る過程は陰鬱なものではない。凄惨な殺し合いは、映像編集の巧みさでリズム感を生む。キャラクター同士の業のぶつけ合い（演技）、数百人、数百機、数十隻が一瞬に消え去るイデオンソード、イデオンガンの掃討。それらはある種の快感原則を具えている。「接触篇」の「ほとんど」の原画を担当したという湖川友謙のアニメーション作画の冴えだ。妹を嫉妬で殺したというハルル役の麻上洋子の述懐を聞く、ドバ役の石森達幸のふたりの凄惨な愛憎劇の迫力は、ほかのアニメでは体験できないカタルシスをもたらす。

イデがその名の通りプラトンのイデアに因むのなら、彼の『国家』での洞窟の比喩が示すように、太陽＝イデア＝イデ、洞窟の中の火の光の影＝世俗の社会＝人類、という図式になる。イデは、影である人類を圧倒的な光＝無限力で消し去る。だが図式はそうであっても、その影は虚妄ではない。『ダンバイン』のドレイク・ルフトと違い、ドバ・アジバは人間的な魅力に溢れ、生き生きと映る。

「じゃあ、私たちはなぜ生きてきたの？」

イデの「無慈悲さ」に対し、そう叫ぶイムホフ・カーシャ。

「運命は自分で作ってみせる！　俺たちだってルウやメシアと同じだ！　十分に生きちゃいないんだ！」

力強くそう宣言するユウキ・コスモ。その映像の盛り上がりの後、顔面とからだに散弾（破片？）を受け、むごたらしく死ぬカーシャ。コスモは断腸の思いでこう絞り出す。

「こんな、こんな甲斐のない生き方なんぞ俺は認めない。たとえそれがイデの力によろうともな!!」

ソロシップの中では白兵戦で多くの乗組員が死んでいく。ロボットアニメの常のようにコクピットでの死ではなく、生身の戦いで斃れていく。しかしコスモらは諦念や絶望に陥ることなく、最後まで果敢に立ち向かってくるバッフ・クランを滅ぼしていく。物理的、表象として、ソロシップの敵はバッフ・クランだが、戦い、抗う相手の実相はイデが作り出し、与える状況そのものだ。最終的な消滅に至る、この抗いのドラマのうねりこそ、物語の核心だろう。

プラトンが影に対してイデアを持ち出したのは、世俗への絶望、彼の師であるソクラテスを葬り、自らを受け容れなかったギリシアの民主政への忌避にある。それは人々の営みの軽視と捨象に根ざす。それが、ロゴスというヨーロッパの形而上的な知につながっている。

この伝統が始まったのは、プラトンが『国家』の洞窟の比喩において人間の事柄の領域、つまり共通世界に住む人びとの共同の生に関わる一切を暗黒、混乱、欺瞞として描き、真の存在を希求する者は明澄な永遠のイデアの天空を見出そうとするかぎり、この人間の事柄の領域に背を向け、この領域を放棄しなければならないとしたときであった。

ハンナ・アーレント『過去と未来の間』みすず書房

アーレントは、プラトンを祖とする知の伝統に終止符を打ったのはマルクスだとする。人の行動と振る舞いから敷衍された、マルクスの革命の視座への考察である。『イデオン』もまた、「人間の事柄の領域」において、存在の輝きを極限の圧縮された形で示そうとする。

『イデオン』の「英雄たちの戦い」は、イデ＝イデアの単なる劣化コピーの影像、模倣ではない。湖川友謙の傑出した身体描写、表情ではないしぐさで訴え、自らの信条と生き様をからだ全体であらわそうとする、あのアニメートで描出されるキャラクター。そこには、確かに肉体的なものが宿っている。そして本作は誤解が生む戦争を描く点において、私たちの世界に頻発する戦争の愚かさを「英雄たちの戦い」という物語で告発する。それは演劇的であるがゆえに、古代ギリシアの悲劇、喜劇が常に今日の前に展開する政治への批評性を持っていたことも想起させる。

この悲劇は寓意であり、リアリズムとしての結論の呈示ではない。結論やキャラクターの行動の善悪の是非で語るべきではなく、過程の意味を汲み取っていくべき種類の作品だ。そこにわかりにくさもある。

後年に数多く生まれ出る、個、自我への収斂、あるいは〈生社会・趣味〉に耽溺する表現。これに対し、公的領域にあって「英雄」であろうと振る舞う人々のドラマ、『イデオン』。本作はいまも多くのことを語りかけてくれる。

歴史の読み替え。ポストモダン的なズレ

歴史の読み替え　なぜ同心がハードボイルドなのか　『銀魂』

「大きな物語」の終焉。イデオロギーの失墜を意味するとされた、哲学者ジャン=フランソワ・リオタールのこの言葉はどのような意図によるものだろうか。そこには、物語る行為（ナラティヴ）そのものの危機が示されている。

技術は原則、すなわち遂行の最適化の原則に従っている。それはアウトプット（得られる情報ないし変容）の増大と、それを得るためのインプット（消費されるエネルギー）減少という原則である。

その言語ゲームの目標は真理ではなく、遂行性すなわちインプット／アウトプットの最良の関

係である。この新しい目標を正当化するために、国家そしてまた企業は観念論的あるいは人間主義的な正当化の物語を打ち捨ててしまう。

ジャン＝フランソワ・リオタール『ポスト・モダンの条件』水声社

リオタールは現代を理解するキーワードとして遂行性をあげている。遂行性は効率の追求を志向し、それは最適な解、結果を得るために投入される努力、資源の最小化を要求する。そこでは彼がゲーム理論を援用して述べるところの、真理という仮説を第一義に求める行為は不要となる。社会の絆、家族の情愛、隣人との交流。それらは得られる結果のみで査定され、精神的な紐帯を至高のものとする物語は脇に打ち捨てられる。祖先、先代、祖父母もまた、自身を生んだという結果のみで評価される対象となるだろう。

現実には、物語は消滅することはない。しかし、祖父母、祖祖父母の時代は自明ではない。私たちにとっての物語とは、父母、夫婦、子ども、友人とその範囲は確実に狭められている（『超時空要塞マクロス』を想起してほしい）。ロジャー・スミスが言うように、私たちは40年前の記録は持っていても40年前の記憶は持たない。「南京大虐殺はなかった」と公言する歴史修正主義者、自国の負の歴史を無視し、都合の良い「言説」のみ信じる右翼が台頭するゆえんである。

だが、歴史とは物語のことでもある。私たちにとっては、『機動戦士ガンダム』とはひとつの歴史であると先に書いた。では、「本当の歴史」に対してはどうだろうか。そこには、ナラティヴをめぐる現代的な葛藤がある。

――ハードボイルドの語源を知っているか。「固ゆで卵」。そう、今宵の月はまるでハードボイルドだ。

――…こんなハードボイルドな夜は無性に酒が欲しくなる。男には酒でしか癒せない乾きがある。

――マスター、カミュ。ロックで頼む。

「へい、焼酎」

――焼酎じゃねえ。カミュと呼べ、マスター。

「マスターじゃねぇ、親父と呼べ。旦那」『銀魂』第84話

『銀魂』（原作マンガ・2004年、アニメ・2006年）は、幕末にアメリカのペリーの乗る黒船ではなく、異星人（天人＝あまんと）が乗るUFO（宇宙船）が訪れていたら、という仮想歴史の物語だ。この世界では、オーバーテクノロジーを擁する天人を味方に付けた江戸幕府が攘夷志士を圧倒。ちょんまげや身分制度（サムライ）をそのままの形で保持し、携帯電話やファミレスが日常風景となった江戸の町を舞台に、物語が展開する。

このお江戸は、現代日本とふたつの共通点がある。権力者の世襲などの保守性による政治の閉塞

感。そして、規範を欠いた過剰な消費社会、の2点だ。大きな違いは江戸風習俗の根幹にある、支配階級と必ずしも一致しない、エートスとしてのサムライの存在だ。かれらサムライが唱える攘夷は現代日本のナショナリズムのメタファーとなりうるが、この閉塞は巧妙に回避される。

かつての攘夷戦争の生き残りの志士、白夜叉の異名を取った主人公、坂田銀時はどう見ても下層の階級出身だ。彼が営む万事屋《よろず》（面倒を解決する何でも屋）は「歌舞伎町」にある。真選組や攘夷志士だけでなく、キャバクラのお嬢や売れっ子ホスト、刀鍛冶、ホームレス、飲み屋のママらが作品を彩る。かれらにはそれぞれの「職業」の誇りがある。原作、（かろうじて薄められている）アニメのきわどい下ネタの「下品」さには、貴賤を越えた生身の人間という平等感がある。登場人物のひとりに、ハードボイルド同心こと、小銭形平次がいる。彼は過去の経緯から町人の出身とわかり、本来士分ではない。

本エピソードはハードボイルドらしく、冒頭の小銭形のモノローグから始まる。アニメでは、ゴダールばりの字幕とぶつ切り映像が挿入されるが、脚本を日本ヌーベルヴァーグの大和屋竺《あつし》（脚本、監督）の息子、大和屋暁が担当しているせいもあるかもしれない。

――仕事の後の一服。これがたまらない。至福の時。もはやこれ一本のために仕事をしていると言っていい。男はたかが一本のために命をかける。

上司「何やりとげたツラ、してんだ！　仕事中に遊んでいただけだろうが、てめーは！　何してんだ、おめー。一本って何？　そっちの一本か？　一本一万円コースか？」
――男には我慢できない一本がある。
上司「最低なことをハードボイルド調で言うな！」　第84話

勤務中にイメクラに行ったことで叱責を受けた小銭形だが、謹慎中の身でありながら凶賊に対して怒りを燃やし、戦いに身を投じる。彼は基本的にダメ人間で臆病なさますら見せるものの、その姿はハードボイルド調でキメられている。実のところ内心（内面）を窺わせない。物語が進むにつれ、彼が凶賊に家族を皆殺しにされ、その非道を許せず、同心となったことが明らかになる。そして彼は相手が盗賊であっても、自らの流儀をきっちり守り、筋を通すものには敬意を払う。ゆえに、無軌道な悪は許せないのだ。

「俺にも俺の流儀があるだけだ。腐った卵は俺の十手で叩きつぶす。それが俺のハードボイル道だ!!」

小銭形は、他者からのレッテル、評価にたじろぐことはない。あくまで自身のスタイル（ハードボイル道）を貫くこと。ズレを強調する演出は、この流儀の尊さを際立たせるためと言っていい。原作のマンガ（空知英秋）は淡泊なコマ割と語り口だが、アニメはこれに起伏をつけて脚色する。

小銭形に扮する石塚運昇のスタイリッシュとギャグの演じわけ、彼の歌うテーマソングとジャズBGM。ギャグにお江戸調の陰影と、緩急のあるドラマ構成。凶賊の中の善なる反乱者、長五郎（屋台の親父）を演じた塚田正昭の時代調のセリフ。これらは作品に強いメリハリを与える。

ハードボイルドはアメリカという個人主義社会で育まれた行動規範だ。これは日本の社会土壌と真逆と言っていい。だが江戸文化を延長させ、これと接続させる意味。それは、私たちの日本がたどった近代とは別ルートの近代の呈示ではないだろうか。現代日本への批評性を意図とする歴史の読み替えである。

歴史の読み替え　毛利元就が語る民主主義論

『戦国無双3』『銀河英雄伝説』

歴史がひとつの統一感をもってイメージできないとき、浮上してくるのが人物だ。面という世界観ではなく、点という人物伝。ここでキャラクターなるものと歴史の現在的な接点がある。

歴史人物のキャラクター化。それは歴史という公的なものを親密なものとすることでもある。武将たちの戦略と戦術、剣客の流派と必殺技。歴史の谷間に咲き誇る姫君たち。かれらはパラメーター化され、その属性に応じて愛でられ、消費される。これがまず前景化されるのはレジャー、遊興的なジャンル、パチンコやゲームだろう。

ゲームは、アルゴリズムに添って配置された選択肢により複数に分岐するルートで構成される。そこには、唯一性の物語が持つナラティヴは稀少で、むしろデータベースの要素が濃い。選択肢を選び取ることは、情報を呼び出し、特定の目的のため編集／配置していくことと同じだからだ。そこではキャラクターもまた情報だが、そのパラメーター（属性）によって選択する情報が異なってくるので要の存在となる。

この点から、キャラクターには差別化のため「誇張」がなされる。そして歴史意識の希薄化は、よりラディカルな「改変」を生む。たとえば、ゲーム『戦国無双３』（２００９年、コーエーテクモゲームス）に登場する毛利元就は深謀遠慮という史実が反映されているものの、ゲーム中の年代では老人であるはずのその容貌は不自然に若い。怠惰そうに寝ころび、彼の周囲には書物が山積みとなり、「私は歴史家になりたかったんだ。もう一生分は働いたと思うんだが」と呟く。これは小説『銀河英雄伝説』のヤン・ウェンリー提督の言動そのままである。ほかセリフもほぼ翻案したものが頻出する。元就の知略の冴えに家臣が「なるほど」と頷くさまは、参謀のパトリチェフそのままだ。

これは制作者がファンであることからのオマージュ、あるいはおたく受けを狙ったものだろうか。第一話「中国防衛戦」では、かの有名な毛利の三本の矢のエピソード（後世の潤色だという）が登場するが、横にいた人物は三本の矢を難なく折ってしまう。ここで毛利元就は結束力のアピールだけでなく、さらに推し進めてこう問いかける。

「三本ならば折れる矢も十本なら？　百本なら？　さすがに折れなくなるんじゃないかな。…歴史を学んで思ったんだ。いずれ人は、一人一人が自分自身という国の君主となり、百万一心となって天下を支える。そんな時代が来るんじゃないかってね」

ここではヤン・ウェンリーが民主共和制の思想家であることが踏まえられている。毛利元就に現代の民主主義を語らせる意図は何だろうか。私たちの時代は、現在の政治への諦念を覚えており、さらに歴史という過去には失望か忘却がある。そこでは、過去から現代に至る物語を紡いでいく行為が生まれにくい。むしろ異世界としての戦国や幕末を、現代とレイヤー状に重ね合わせることで理想や展望を見出そうとする。そうした願いのようなものが感じられないだろうか。

歴史の読み替え　なぜ伊達政宗が英語を喋るのか

『戦国ＢＡＳＡＲＡ』
『戦国ＢＡＳＡＲＡ弐』

では、このゲームのアニメ化という翻訳／解釈行為はどのような意味を持っているだろうか。ここでは『戦国ＢＡＳＡＲＡ』（２００５年にゲーム第１作）を取り上げる。この人気ゲームでは、周知の戦国武将は大きく脚色されている。武田信玄、前田慶次郎、織田信長は史実のイメージとさ・ほど変わりないが、たとえば、伊達政宗は英語を口走るクールガイ、智将として有名な真田幸村は逆に純粋な熱血青年、本多忠勝は巨大ロボット（ロケットブースターで飛行）、信長の妻の濃姫は2丁拳銃にガトリングガンやバズーカ砲を駆使、竹中半兵衛は病持ちは史実ながらもボンデージ的な仮面を被る中性的な美青年だ。かれらは人気声優が声を当て、必殺技と戦術の妙を競う。

ゲームのメディア展開で、幾つかアニメ化もされている。ここでは、最初の第1期（２００９年、全12＋1話）を見ていこう。このProduction I.G制作（第三期からテレコム・アニメーションフィルム制作）は、原作の荒唐無稽を、ディテールにおける徹底、デフォルメされたオーバーアクションで映像化した。第1話冒頭は、伊達政宗一党の進撃から始まる。マフラー、チョッパー型ハンドル（ハーレーダビッドソンなどにある末広がりのタイプ）の付いた馬に乗っての夜陰に乗じた進撃。

「Are you ready, guys? Put ya guns on! Got it! ハデに楽しめよ。パーリー(party)の始まりだ！
Here we go!」

政宗の英語（ほぼ間投詞だが）混じりの景気づけに、一党は手をあげ、喚声で応える。なかには、両手を広げ、背中をのけぞらせるものもいる。続く武田方との合戦では、政宗のジャンプから降下にかけての六爪（六刀）による透過光（マスク効果による光）を使ったハデな一閃。一方の真田幸村は「武田が力、目にものを見よ」と呼ばわり、二槍を一閃すると竜巻が起こり、兵隊が巻き込まれて宙に舞う（ふたりのライバル関係は、大坂夏の陣にちなんだものだろう）。開始2分ほどで、本作がリアリズムと無縁であることが如実に示される。第二期『戦国ＢＡＳＡＲＡ弐』（２０１０年、全12＋1話）には毛利元就の移動要塞、日輪が登場。これは数百メートルの規模の地上戦艦で、「天陽の墜」という太陽光を収束した大量殺戮破壊兵器（『ガンダム』のソーラーシステムのようなもの）すら登場する。

ただし寝具は掛け布団として使う着物型の掻巻など、ディテールの時代考証は案外しっかりしている（布団はずっと後世に登場）。このあたりが、ウソとリアル（現実感）のすりあわせの巧みな点だろう。

ゲームはシナリオがあるにしても、キャラクターを起点にストーリー（アルゴリズムによる展開）が進行していく。それはつまるところ点描でしかない。本作は、キャラクターの芝居と戦いのみに拘泥せず、点を線、面でつなごうと試みる。その工夫が伊達一党の「族」の描写だろう。

リーゼントへアの良直、食いしん坊の孫兵衛、口の悪い左馬助、地味な文七郎。バイカー仕様の一党にもエピソードはきっちりと割かれ、かれらの哀歓と忠誠心（友情にも近い）が描かれる。片倉小十郎の「そこらの軍と一緒にするんじゃねぇ。伊達には雑兵なんざひとりもいねえんだよ」（第8話）というセリフが人のドラマとしての厚みを支える。

アニメ『戦国ＢＡＳＡＲＡ』は戦国時代を舞台にした「スタイリッシュ英雄（ＨＥＲＯ）アクショ

ンゲーム」の派生という枷がある。ここに登場するキャラクターはその明るさと爽快さの演出から、史実に刻まれた決着（生死）を付けることはまずない。むしろループのようにくり返す物語の時間軸の中で、戦う気概と信念、流儀を示し、キャラクターとしての生を示そうとする。しかし、戦争の悲惨さもまたしっかり描写される。

「戦いたくて戦った奴がどれだけいたんだろうな。戦っていうのは、望まない人間まで誰彼構わず巻き込んじまう」『戦国ＢＡＳＡＲＡ』第6話

自由人の前田慶次郎は、魔王・織田信長の非道の戦いを見てこう呟く。

「そもそも、こっちが全部正しいわけじゃねえ。先を見据えていればこそ、非道も道のうちになるのがこの戦国だ」第11話

伊達政宗は戦いを肯定し、そこに道理が必要と語る。毛利元就は冷徹な策略家だが覇道は望まず、毛利家と領国である安芸の安泰のみを計る。ときに相容れないものの、戦いと平和をめぐる多種多様で異なる信条、思想がより合わさる。

アニメ『戦国ＢＡＳＡＲＡ』（Production I.G 制作版）は史実を読み替え、人々の絆、信条を貫

く誇りと気概、戦いの超克による平和への願いをも作品に織り込む。それは小気味のいい（cool!?）英語のセリフや超兵器など、史実を捨象した歴史との隔絶があるからこそ、現代という時代との架け橋となる。

ゲームのシナリオ（信長の打倒）に添っていながらも、その過程においてキャラクターの役割を逸脱して行動する武将たち。たとえば、伊達政宗は自らの一党を甲斐のない戦いに巻き込むのを避けるべく、軍の解散を宣言し、織田信長の軍勢に単身殴り込もうとする。

ここには史実に基づかないゲームであることを踏まえ、メタの視点で読み解き、再構成しようという批評性がある。キャラクターはデータベース上の情報のパラメーターではなく、意外性があるゆえに生きてナラティヴを紡いでいく存在となる。戦国武将（武人）を架空の存在に近くなるまで歪曲し、語ろうとしたこと。それは歴史を人々のうごめきとして引き寄せようとする意図だ。

歴史の読み替え　未完の近代としての維新

『るろうに剣心』

「斬左、維新はまだ終わっておらんよ。確かに新時代明治になって形だけの維新はできた。しかし、多くの人々はいまだ弱者が虐げられる古い時代の中にいる。だから、拙者は自由なるろうにとなり、そういう人たちを守るために、この刀を振るっている。…そうすることが、明治維新の犠牲になった人々の償いになると思っているのでござるよ」『るろうに剣心』第5話

マンガ『るろうに剣心』（原作・和月伸宏、1994年）は、明治11年（1878年）を舞台に、幕末の伝説の剣客だった緋村剣心が新時代をどう生きたかを描く。少女漫画的な画風、パシリ、タコなどの現代俗語の頻出、アメコミヒーローをモチーフとした衣装や出で立ち（鵜堂刃衛や四乃森蒼紫）、エヴァ量産型にそっくりな戦闘ロボット（からくり人形）、身長10数メートルほどの巨人の登場。作品は、時代劇の世界観や歴史物語のリアリティとかなりの隔たりを持つ。後の『戦国BASARA』、あるいは韓国のフュージョン時代劇のような飛躍、奇抜さが魅力だが、物語の基本トーンはシリアスだ。

本作では、ふたつの時代を光と闇であらわす。光が維新で闇が幕末。だが、これは明治が光とは意味しない。藩閥政治で民衆を威圧して利をむさぼり、後に対外侵略へと「弱肉強食」を実践していく明治政府と利権集団の姿が作品では描かれる。光とはいまだ達成せざる維新であり、いわば「未完の近代」のことである。作品は、維新政府の影を執拗に描いていく。

伝説の人斬りである維新志士の抜刀斎・緋村剣心がかつて行った佐幕派の大量暗殺。喧嘩屋の相良左之助、そしてテロリストの月岡津南がかつてメンバーだった、維新政府に切り捨てられた草莽（庶民）の志士、赤報隊。悠久山安慈の身内が殺された民衆暴走の原因となった廃仏毀釈（神仏分

離令）。剣心の後継者となった志々雄真実の実力を怖れ、幕末のどさくさで闇討ちにしようとした維新政府の首脳部。この明治の暗部の直視という問題意識は、長州閥（安倍晋三、佐藤栄作、岸信介らの親族関係）がいまだヘゲモニーを握る現代日本へつながる射程を持つ。

しかし、本作は政治闘争の物語ではない。ふたつの時代を象徴するものとして、作者・和月伸宏が創案した、刃が逆のため殺傷能力を削がれた逆刃刀が登場する。刀は闇の時代に根ざし、光の時代には不要のものとなる。しかし、それは断絶によって到達はできない。剣心自身も心のうちに宿す闇を直視し、乗り越えるプロセスを象徴化したものが逆刃刀であり、剣心が心に誓った「不殺（ころさず）の誓い」である。戦いをめぐる逆刃刀と不殺の葛藤は、過渡期にあった時代の苦悩を後景化し、アクションを前景化したエンターテインメントとして成立する巧みさがある。

光と闇のふたつの時代が層（レイヤー）のように重ね合わせられている本作。それは、話法においても現れている。剣心はふだんの一人称は「拙者」だが、戦いが過酷となり、内なる人斬り、抜刀斎の本性が目覚めたときには「俺」を使う。拙者を用いるときは笑顔を絶やさない典型的に女性的な優男で、冷徹な人斬りのときの表情との落差は大きい。アニメ（1996年）では家事全般をこなすなど（同居の神谷薫は苦手で、明神弥彦は腕白で手伝わない）、この点が強調されている。

明治維新を近代の始点とするなら、この一人称はむしろ逆でなければいけないだろう。しかし剣心の戦いを剣客という特定の時代に依拠するものでなく、人の心の中の戦いという普遍性の観点で見るなら、作品はもうひとつの構造を持つことに気付かせてくれる。それは、闇が現代であり光は理想。現代における精神の葛藤の心象風景が、幕末という戦乱の時代に投影されている。

瀬田宗次郎は子どものころ折檻による死から逃れるため、志々雄の教唆のもと、養育者の家族（宗次郎を庶子とした実父の息子たち）を惨殺する。それは正当防衛でもあったが、以来、罪の呵責から「楽」以外の感情を欠落させた青年として育ち、暗殺を実行する志々雄の懐刀となる。作者は、彼の姿に本作の数年前に起こったオウム真理教によるサリン事件の実行犯を重ね合わせている。人斬りとは、人の生き死にの重みが希薄となり、道徳律が見失われた現代のメタファーでもある。

ゆえに、幕末時の剣心は現代性のある「俺」を用いる。「拙者」は現代ではない、別の可能性の何か、である。それは理想であり、ユートピアであり、あり得べき日本の近代かもしれない。その「光」が私たちの文化と断絶したものではなく、現代風に読み替えた、侍ではない「るろうに」（流浪の剣客の意、作者の造語）、刀ではない逆刃刀という世界観として呈示される意味。それは、文化がナラティヴという語りによる継承であることと関わりがある。その読み替えには、同じくポストモダン的な世界観の『銀魂』や『戦国ＢＡＳＡＲＡ』と共通する現代的な意味が潜む。

歴史の読み替え　「古いものが古いままで新しい」意味　斎藤一　　『るろうに剣心』

原作『るろうに剣心』をアニメはどう解釈し、表現しただろうか。原作は登場人物による年齢のばらつきをある程度抑え、同時代の青年群像として描出する。しかしアニメはテレビ作品という間口を広げた媒体のため（最近では少ないゴールデンタイムの放映）、普遍的な視点の物語に組み替えられた。剣心（28歳）とヒロインの神谷薫（17歳）、左之助（19歳）、明神弥彦（10歳）、高荷恵（22歳）のレギュラーメンバーの他、老医の小国玄斎と彼の孫娘のあやめ、すずめが頻出し、アットホームな雰囲気が強調される。オリジナルエピソードには、明治の風物にまつわる人情話が多い。

ここには、明治の人情時代劇という実写でも余り例のない創意が見られる。演出意図は原作よりも幅を広げたが、逆に視点の狭さから来る心理劇の迫真性は遠のいたかもしれない。殺陣に関しては、この種の時代劇が当時は稀少で、体の重心のかけ方と技の身体バランス、1番目のオープニングでの納刀さいの刀の反りが下向きなどの基礎的な間違い、といった未熟さも散見された。

声優の演技は印象的だ。左之助役のうえだゆうじ（当時・上田祐司）の巻き舌の演技は江戸の漢（出身は信濃だが）の印象をうまくかもし出した。緋村剣心の涼風真世は宝塚出身らしく完全に時代劇調だ。明治の人情時代劇というアニメの意図に添うもので、これは剣戟のシーンで特に顕著だ。

「傷の痛みなど、それを超える気迫と覚悟で耐えればいい。戦いのなかに身を置くものにすれば至極当然。だが、力弱くとも、懸命に生きる人たちにまでその痛みを強いる貴様の時代など、拙者の命が続く限り、絶対に来させはせん。飛天御剣流《ひてんみつるぎりゅう》、九頭龍閃《くずりゅうせん》!!」

第59話の剣心と志々雄の戦いの一コマだが、これは現代劇に馴れた演技では到底迫力は出せない。涼風真世ならではの名シーンだろう。時代劇とジャンプ格闘漫画のミックスという特異なテイストを具える作品となった。

しかし、監督の古橋一浩はこの手法に疑問、迷いがあったようだ。後に制作のOVA、『追憶編』(1999年・全4話)、『星霜編』(2001年・全2話)、『新京都編』(2012年・中編全2話、映画としても公開)では、原作の叫び声を伴う必殺技はほぼ用いられない。『追憶編』はクオリティも高く、傑作の呼び声も高い。しかし、これは幕末の京都を舞台にしたいわば番外編で、その範囲で許されるものだろう。『星霜編』では、日本帝国の外征という時代の苦難に押しつぶされ、遂には病死していく剣心が描かれる。しかし原作が日本帝国による「弱肉強食」の破滅の予感を示唆しながらも、明神弥彦ら次世代が体現する希望で締めくくっていることと対極である。先に見たように、本作が現実と理想の表裏一体の二重構造として江戸から明治の時代を読み解いたのだとしたら、古橋の解釈は原作の意図を損ねるものだろう。現代=闇の対極であるユートピアは光で締めくくるのが問いかけの本分に思う。

付言すると、明治という時代の影は実写映画『るろうに剣心』(監督・大友啓史、2012年)でもしっかり描かれる。本作はマンガの実写化、しかも荒唐無稽な時代劇では異例の出色の出来だ。作品の世界観、トーンによどみがなく説得力を持つのだ。それは本作が、大友が演出したNHK大河ドラマ『龍馬伝』（２０１０年）の姉妹編、番外編の性格を持つという、いわば彼だけに許される反則技のせいかもしれない。
緋村剣心と志々雄真実のふたりの人斬りが光と影の対極の位置にあるなら、これとは別の位相で対極にいるのが斎藤一だ（『さらば宇宙戦艦ヤマト』の斉藤始のモチーフでもある）。彼は新撰組三番隊組長を務めた実在の人物。戊辰戦争では幕府軍として維新政府と戦ったが、維新後は警官となり、西南の役には維新政府側で参戦。大正４年（１９１５年）に享年72歳で天寿を全うしている。彼は敗者の視点から明治維新を語る貴重な人物だ。

「俺たち幕府側の人間も『敗者』という役で、明治の構築に人生を賭けた」第30話

斎藤一は経歴のアウトラインのみ知られている人物で、その足跡の詳細、心のうちは主観的に推し量るしかないのが実情だ。作者の和月伸宏は現代的な解釈で彼を再創造（リ・イマジニング）する。先の斉藤のセリフには続きがある。

「俺が密偵として政府に服従しているのは、明治を食いものにするダニどもを始末するためだ。明治を生きる新撰組としてな。大久保（筆者注　利通、維新志士の最高指導者）だろうが、誰だろうが、私欲に溺れ、この国に厄災をもたらすようなら、『悪・即・斬』のもとに斬り捨てる。

…犬は餌で飼える。人は金で買える。だが、壬生の狼を飼うことは何人にもできん」

斎藤はときに悪辣な政商を冷酷かつ超法規的に、幕末から貫く彼の信念「悪・即・斬」のもと斬って捨てる。彼は人斬りという過去を共有しながらも、その後の信念を違えた剣心とは好敵手の間柄だ。そして、彼が用いるのは新撰組が標準戦法とした平突《ひらつき》を昇華させて必殺技にまで高めた左片手平突、通称牙突。この刃もまた、逆刃刀と表裏一体の関係にある。

明治の時代に生きた新撰組の人間をあえて史実を踏まえず解釈し直し、別の意味を与えること。それは歴史を自らの元に引き寄せ、ナラティヴにより生き生きとした存在とすること。そして、その公的な意味を改めて問いかける行為だ。

思想家の竹内好《よしみ》は、近代において日本人は「主体性」をなくしたと指摘する。それは西洋思想を接ぎ木のようにすげ替え、古き核を残置させることで、かえって近代の破産を招いたという。それは自らの本源に立ち返って、根底から考える姿勢を持たなかったからだ。

「古いものが新しくなるのでなく、古いものが古いままで新しい、というぎりぎりの存在条件」（竹内好「中国の近代と日本の近代」『日本とアジア』筑摩書房）。これはいかにして可能となるのか。本章で読み解いてきた、日本の歴史を再解釈、再創造する作品群はひとつの解答となるのではないだろうか。

テクストと解釈

表象分析で見る、サブカルの極限

星＝表象を読み解く行為　シロッコのまなざし

『機動戦士Zガンダム』

目に映るものは、映る以上の存在である。岩という記号は、岩と呼ばれる対象そのものではない。目の前にある岩は、自然であり、玄武岩でもある。岩という記号は、ある観点から表意する記号であり、この記号のもとの観念を記号学者のチャールズ・パースは「根底」と呼んだ（『パース著作集2　記号学』勁草書房）。そして、岩に神秘性を感じることも誤りではない。これを記号であらわせば「神性」となるが必ずしもすべてを言い尽くしたものではなく、そこには余地、言いあらわされていない膨大な何かを潜ませている。

映像表現もまた、言葉であらわされていること、設定された世界観、人物の行動のあらわれだけで語られるわけではない。映像という表象もまた、多くのことを物語る。

まず『機動戦士Zガンダム』を例に見てみよう。本作ではモビルスーツの操縦系統は進化している。操縦席に全天周囲モニターが具わり、壁面のほぼすべてが外側の風景を写し出す。これは継ぎ目がないようCG加工された映像で、あたかも周囲が透明ガラス張りのような見かけだ。多用途仕様でもあり、接近する機影、照星やマーカーなどの索敵／照準の表示、映像通信などが分割ウィンドウで示される。さらにパイロットの前面には別途ディスプレイ端末があり、こちらで照準表示を行える。

この全天周囲モニターは、作品に大きな映像上の変革をもたらす。それは『Zガンダム』という作品の本質に関わっている。これを、第4話のライラとアーガマのモビルスーツ隊同士の戦闘から読み解いてみよう。1つ目が状況説明の暗示。モニターに映るノイズは攻撃などの物理的干渉によるものだが、これは違和感として明快に危機感を示す。2つ目が、カメラとキャラクターの視点の同化。シャア機のアップに警告音が重なり、これがモニター画像のものと明示。余分なカットの挿入を省き、シャアの敵＝ライラの目線であることの暗示。3つ目が背景による心理の暗示。カミーユの背景の星々が下に流れていくことで、カメラ自体は固定のまま、彼の激昂を示す。4つ目が映像による強調。前面の壁面と小型ディスプレイ双方でジェリド機をアップにし、威圧感を示す。これは映像における主観を画面構成ではなく、作中の仮想空間であらわす機能がある。5つ目が内面の表象。ライラのヘルメットに写る照星が、彼女の内面の攻撃衝動を示す。さらに、6つ目として索敵など付随情報のデータベース機能も加わる。

1分30秒ほどのシーンに、大別すると6つの映像技法が敵味方双方に用いられる。これはマルチスクリーン（ひとつの画面に幾つもの映像を配置）に似て、説明的なカットバックを抑制する効果もある。カメラは人物に固定したまま、背景（モニター上の映像）の移り変わりで、状況説明を図示できる。マルチスクリーンはカメラ＝観客の視点でもあるが、パイロットの視点が上位構造にあり、その下に映像情報が積み重ねられる。並列ではない、入れ子状態の階層だ。全天周囲モニター、小型ディスプレイに加えて、ヘルメットのバイザーもまた周囲の状況の情報、心理状態を表示するツールだ。この3つの情報の層（レイヤー）は、それぞれの位相でライブ映像（状態）を映し出す。『Zガンダム』は、いわばこの複雑な情報環境でドラマが組み立てられている（例で示した第4話が顕著）。

では、こうした「表象」はどのような意味を持つのだろうか。これは先の章で述べたように、『Zガンダム』が目に見えない（時代の）兆しを表現しようと試みた作品であることと関わる。それは後半に登場する、パプティマス・シロッコに顕著だ。

第32話、シロッコは戦艦ドゴス・ギアでアーガマを攻撃するさい、新手の敵の出現を予感する。

「この感覚は。今までと異質なプレッシャーを感じる。誰だ」

これは、ニュータイプのテレパシー的な感応力と説明が付くかもしれない。だがシロッコの兆しを感じとる力は伏兵を察知するに止まらず、周囲の事象から意味を読み取りさえする。自身の部隊がアーガマを圧して押しつぶそうとしたちょうどそのとき、新手の敵＝ネオジオン軍の強襲を受けるが、彼は動揺せず、むしろ昂然と笑う。

「ハハハ。時の運はまだ動いてはいないということか。…偶然とは言え、あのようなものが出てくるのにはわけがある。それは時代の流れを示すものかもしれんのだ。そんなものに逆らっては勝てないよ」

シロッコは、周囲の「気」を攻撃という記号で一義的に理解するのではなく、多義的に捉える。それは、時代そのものの意味の読み解きにつながっている。作中では彼のみがしばしば予言者的な発言、たとえば「戦後の地球を支配するのは女だと思っている」（第21話）と語ることからもわかる。

パサージュと室内、博覧会場とパノラマはこの時代に生まれた。それらはひとつの夢の世界の残滓である。目覚めの際に夢の要素を利用するのは、弁証法的思考の模範的な例である。それゆえに弁証法的思考は、歴史的覚醒のための器官なのである。あらゆる時代は次の時代を夢見るだけでなく、夢見ながら目覚めに向かって突き進んでゆくものなのだから。あらゆる時代はその終焉を自分のなかに含んでいるのであり、この終焉をすでにヘーゲル（一七七〇－一八三一年）が認識していているように——狡智をもって徐々に発現させる。

ヴァルター・ベンヤミン「パリ——十九世紀の首都」『ベンヤミンコレクション1 近代の意味』筑摩書房

ベンヤミンは19世紀のパリの急激に変化する資本主義のうつろいにアレゴリー（寓意）として印された「集団の無意識」を読み取って記した。それは記号論的な一対一の対応関係にある表意、あるいは象徴とは異なる多義的なあらわれの読み取りであった。彼は勃興するがゆえに崩壊という兆しを内包する都市風景に、資本主義の行く末を見定めようとした。シロッコのまなざしとは、ベンヤミンの遊歩者のまなざしであり、それはまた富野由悠季の当時の社会へのまなざし（洞察）でもあったろう。バブルに狂奔する時代にあえて破局を描き込んでいった意味。

シロッコのまなざしの構造は、先に述べた全天周囲モニターの戦闘が映像表現として補強する。その壁面のモニターは星々を映すが、モビルスーツなどの物体のクローズアップ、通話を試みる僚友の表情など、周囲のさまざまな物理的情報をそのうちに隠す層（レイヤー）である。パイロットは、適宜星々のうちにその意味、メッセージを拡大して取り出し、読み込んでいく。この構造は、シロッコのまなざしの構造に等しい。そして、それに秀でたものはニュータイプと呼ばれる。

一方、このネットワークによって支援された知覚のあらわれは別の危うさを含む。サイコミュからバイオセンサー、後のサイコフレームなど、精神の拡張装置は多くのパイロットに過大な負担を強い、極限状況に追い込む。その困難さはしばしば強化人間（ララァの発展形）という精神を改造されたものが引き受けるが、それは例外なく破局を招く。そして主人公のカミーユもまた精神の荷重に耐えかね、発狂する結末を迎える。全天周囲モニターに代表される情報テクノロジーは、この悲劇のアレゴリー（寓意）でもまたある。

アレゴリーによる知覚、力　セブンセンシズ

『聖闘士《セイント》星矢』

身体性の究極の変容。1秒間に1億発繰り出されるパンチ。そして、絶対零度の温度を持つパンチ。この物理的にもあり得ない格闘技は、テレビアニメ『聖闘士星矢』（1986年、全114話、原作マンガ・車田正美）によるもの。その表象にはなにが潜むだろうか。

本作はギリシア神話を題材とし、先にあげた超常的な格闘技を身に付けた聖闘士が登場する。かれらは女神アテナとともに、地上の平和を神々の侵略から守る、というのが大まかな粗筋。原作では、それぞれの格闘技は見開きで迫力を演出する。これはアニメーターの荒木伸吾の手で、独創的な映像解釈が行われた。そしてそれは原作とまた違った角度から作品世界にアプローチし、その深層をかいま見させる。

「十二宮編」のミロを見てみよう。聖闘士はそれぞれ星座を宿命に持つ。彼は黄道十二宮の蠍座

の黄金聖闘士《ゴールド》だ。聖闘士の頂点に立つ黄金聖闘士は全員が1秒間に1億発、つまり光速のパンチや動きが可能とされる。そしてその技は守護星座としばしば関係があり、ミロの場合は蠍の毒を象徴化したスカーレットニードルが必殺技だ。

ミロは光速で疾走し、星矢にスカーレットニードルを打ち込む。その打撃の衝撃は星矢を吹っ飛ばす。しかし、それはミロが星矢を追い越して立ち止まったあと、彼の横を通過して飛ばされていくかたちで映像化される。光速は質量を持たない「光」のみが到達できる速度で、質量を持つ物体は限りなく近づけるも達することはできない。光速で疾走するミロは光の属性を持つ特殊な存在となる。しかし、殴打を受けた星矢のからだは決してミロと同じ速さ、あるいは超える早さで吹っ飛ぶことはできないのだ。

ミロのこの超人的な能力は神話的シンボルの蠍との一体化で得られる。これは、力の際限のないインフレーションで強大なパワーをあらわした『ドラゴンボールZ』と対照的だ。水瓶座のカミュは絶対零度の凍気の必殺技オーロラエクスキューションを放つとき、背景に水瓶を抱いた乙女が浮かぶ。これも神話の持つシンボリックな力が、彼の身体性を変容させた例だ。絶対零度は原子の運動が停止する温度で、この凍気の移動は物理的にはありえない。

光速で動くものは、相対性理論により時間が停止した状態とされる。黄金聖闘士の技は物理法則をねじ曲げるが、それは時間軸の可変も伴う。それは星座というシンボルの力によって、身体という物質が飛躍して別の存在となるためだ。

ヴァルター・ベンヤミンは星座についてこう書きしるしている。「理念の事物に対する関係は、星座の星に対する関係に等しい」（『ドイツ悲劇の根源』法政大学出版）。星座とは飛躍によって得られる事物の構造的な理解であり、そこでは事物の実在的なディテールは捨象される。そこには時間経過を圧縮した本質が潜むゆえに、いわゆる通時的な時間の流れは存在しない。ちょうど、広大な宇宙空間に配列された恒星と平面上に布置した星座はその実在が異なるように。つまり、このアレゴリー（寓意）の想像力の飛躍は、聖闘士の身体性と力の飛躍に対応する。

水瓶座では水瓶を抱えるのは乙女でなく実は少年であり、このあたりは自由な解釈だ。カミュは美形の男性だがジェンダー的に女性の要素が加味され（第三の性。本作のやおいは有名だ）、横断的な存在となる。これも身体の変容だ。さらに、聖闘士は紫龍や氷河が良い例だが、何度でも死の国（冥界）から生還する。その意味でもかれらは境界的な存在だ。

流星拳は連続のパンチ技だが、これは光球としてあらわされる。オリンポスの神はこの打撃をそのままはね返すが、これは無数の光球の逆戻りで表象される。ここには身体と技の断絶がある。打撃の衝撃は誇張とデフォルメを基本とする。倒れたさい顔で石床をえぐり、その顔も衝撃を受けたさい大きくゆがんで打撃の強さがあらわされる。こうした身体と技の表象は何に由来するのだろう。その謎を解く鍵は、セブンセンシズという概念にある。

セブンセンシズとは人間の生命や精神力の源である「小宇宙（作者注　コスモ、気のようなもの）の真髄」とされる。これは小宇宙《コスモ》を究極まで燃やすことで得られる感覚や境地で、黄金聖闘士のみが獲得している。これがなぜ第七感（seventh sense）ではなく、セブンセンシズ（seven senses）なのだろうか。

〈コモン・センス〉とは、諸感覚（センス）に相わたって共通（コモン）で、しかもそれらを統合する感覚、私たち人間のいわゆる五感（視覚、聴覚、嗅覚、味覚、触覚）に相わたりつつそれらを統合して働く総合的で全体的な感得力《センス》、つまり〈共通感覚〉のことだったのである。

中村雄二郎『共通感覚論』岩波書店

『聖闘士星矢』では、人間の五感に追加して頭脳によって働く第六感（直観など）があるとされるが、共通感覚論にならって、これを含めた7番目の感覚でありつつ7つをひとつのごとく運用する感覚と捉えるなら、センシズという複数形の意味も頷ける。味覚や痛覚などの感覚は「おいしい生活」や「痛い発言」など比喩に用いられるが、これは感覚と知覚を橋渡しして敷衍する機能を人間は持っているからであり、これがすべての感覚を統御する共通感覚《コモンセンス》であり、ハンナ・アーレントはこれをより広い働きから捉えて「拡大された心性」と呼んだ。この比喩で例えられた認識がセブンセンシズにつながるなら、水瓶座による絶対零度＝オーロラエクスキューション、蠍座による光速の拳＝スカーレットニードルという現象の意味も見えてくる。これはセブンセンシズで捉えた心象を表象としてあらわした姿である。この飛躍を介在する認識はアレゴリー（寓意）であるし、ベンヤミンのいう星座にも該当する。

聖闘士のこうした技は奇跡を呼ぶが、その小宇宙《コスモ》の力は女神アテナの地上を守ろうとする愛の神性へと収斂する。この宗教性は、放映当時の時代性を示すとともにアニメに潜む精神性を読み解く鍵でもある。

アレゴリー（寓意）を読み解く力を持つ「拡大された心性」は、他者の認識をすりあわせ、バランスを取る共通感覚＝コモンセンス＝常識という意味を持つ。これは他者との共感をも包含するものだが、パプティマス・シロッコの兆しを読む力、ニュータイプの能力とも深く関わっている。

魔法少女という公共性　魔女の物質感が示すもの

『魔法少女まどか☆マギカ』

先の2作品より二十数年。ここ数年のアニメで表象をめぐる大きな変動が起きている。そのひとつは、物質感を強調したコラージュふう美術である。これには、田村せいき（アニメ工房婆娑羅）による『LUPIN the Third　峰不二子という女』（２０１２年）、さらに劇団イヌカレーによる『魔法少女まどか☆マギカ』（２０１１年）がある。ここでは後者について読み解く。

ここ二十数年ほどのアニメーションは、ＣＧの採用という技術上の大きな変革を迎えた。アニメーションは元来、その平面は幾つもの層（レイヤー）から成り立っている。これは移動する人間やもの、静物、そして背景の2つに大別できる。近景と遠景の役割分担にも等しいが、透明フィルムであるセルを近景、着彩された紙を遠景とするなら、ふたつの画材は異なるため、違和感、ズレが「遠さ」「隔たり」を生み、奥行きに似た錯視を生む。しかし両者ともCGの場合は「画材」（技法）が同じであり、錯視が生まれにくい。さらに近年は色彩設計の彩度を抑える傾向があり、平板な印象を強くする。これを避けるためには、人物（キャラクター）の描画の簡略化、背景の意図的な描法の変化など、差異化が必要とされる。

劇団イヌカレーは、背景美術とは別の「異空間設計」を担当する。これはコラージュ、手描き、切り絵などのアナログ作業から始まることが多く、スキャンしてデジタル加工というプロセスを経る。キャラクター設定の仕事を大きく逸脱したものだ。たとえば脚本では「結界・迷路」とだけ記され、これを元に魔女とそれにまつわる異空間（背景も含む）を作り込み、その動作をも担当するという。魔女にはそれぞれ謎めいた記号（解読は可能らしい）も付随するが、これも劇団イヌカレーによるもの。まさに、異世界のような異化の効果にまつわる全般を担当する。

劇団イヌカレーの異空間設計は、ロシアのユーリ・ノルシュテインの実験アニメのような物質感がある。人魚の魔女はバリ島の魔女ランダを思わせる呪術性があり、また芸術家の魔女はその性格からかパリの凱旋門に似た容貌（外観？）を持つ。コラージュや手描き、切り絵などの物質感（手触り感）はCGの空間設計の必要性から要請された側面もあるだろう。そして、この造形は作品世界の根幹に根ざす。

　作中、すべての魔女がこの物質感を持つわけではない。お菓子の魔女と委員長の魔女が例外だ。第10話において、舞台となる世界が暁美ほむらによって幾度となく過去改変によって分岐した時間軸（世界線）のひとつだと明かされる。『涼宮ハルヒの憂鬱』の「エンドレスエイト」と同じく、この世界は幾重もの可能性が層として堆積した織物のような構造を持つ。この多重構造の古層に委員長の魔女が登場するが、これはセーラー服の洗濯物を伴う。これを「清潔」というキーワードで読み解くと、魔女もまた時間の積層の影響を被る存在で、委員長の魔女は怨念の堆積という垢の稀少な「若い」存在と理解することもできる。この時間の堆積という重層体は無数の時間が凝縮されているだけに、意味を幾通りにも読み取れるアレゴリー（寓意）に等しい。この重層体とは世界そのものでもある。

　魔法少女が自身の怨念に押しつぶされ、変容した存在が魔女である。魔法少女と魔女とは対となる関係だ。私たちは社会では公的な存在として振る舞い、家のような親密圏では私的な存在として行動する。魔法少女はみな利他的な「誰かのため」の役割を選び取った公的な存在だ。その役割ゆえ記号として描かれる。彼女たちは時空改変にも関わらず、経緯はどうであれ、必ず自身の役割を選び取る特異かつ象徴的な存在だ。彼女たちの私的な部分に根ざす影から生まれる魔女は、記号としてのあらわれを持たない物質性が強調される。「やり直し」という断絶に行動の意味を紡いでいくのが魔法少女であり、継続という唯一性の自我にとらわれた行動の不能性を体現するのが魔女だ。

ここにはふたつの視点がある。魔女の異空間と日常とは厳密にわけ隔てられている。世界の重層的な意味＝異空間を見通すことができるのは、魔法少女のみができうる。つまり世界の開示とは公的な役割に則るもののみが可能であり、彼女たちは介在者《イン・ビトウィン》（媒介項）でもある。

『まどか☆マギカ』は、ほむらという行動者の視点によって綴られた物語でもある。彼女は強いグレーと黒の基調であらわされる。そしてオープニングに見るように、鹿目まどかは同調性の高い色トレス（色の輪郭線）でしばしば描かれる。これは、彼女が自己を消失させて宇宙を救う存在であることを表象から補強する。そして、最後まで魔法少女の役割に殉じて行動者たらんとするほむらが世界からもっとも陰影を際立たせた色彩をまとっているのも作品の構造から要請されたものだ。

隠された本質を見極めること

『進撃の巨人』

敵の表象には、作り手の自己がしばしば投影される。敵と主人公の関係のあり方は社会の解釈に根ざし、それは自己の振る舞い方につながるからだ。対等かつ共有するものを持った敵。これが「対等」でなくなったのは『新世紀エヴァンゲリオン』が大きな契機だろう。他者への怖れ＝ATフィールドが世界の根幹を成り立たせているのなら、他者を対等な存在として直視することはできない。敵＝使徒とは、自己が抱く畏れの影像でしかない。その異形の姿は、自身の闇の反映でもあろう。敵を殴打することは自らの傷をなでまわすような自己愛とつながっている。

マンガ『進撃の巨人』（原作・諫山創）はどうだろうか。ここに登場する敵とは、皮膚を取っ払い筋肉質がむき出しの人体の外観を持つ巨人だ。本作は、自分たちを捕食の対象とする巨人によって生存圏を城壁で囲まれた地域（直径９６０キロ）に狭められた人類が再び脅威にさらされる異世界を舞台とする。大小とりまぜた巨人（最大で60メートル）が蝟集し、人間を掴み、喰らう姿は残虐ながらも、これまでにない地獄絵図としてユニークであり、多くの注目を浴びた。これを群れという顔を持たない他者への恐怖、城壁を他者に対する壁（ATフィールド）と見ることはたやすい。だが、本当にそうだろうか。

『進撃の巨人』は25話から構成されるテレビアニメ（２０１３年）として制作され、爆発的なヒットを記録した。本作では人間と巨人の線引きは明瞭でなく、主人公のエレン・イェーガーがそうであるように、ほかの幾人もの「人間」が巨人化する。ただし、人間を守ろうとする意思を持っているのはエレンだけだ。人間同士の疑心暗鬼を内包する身体的な残虐表現は『デビルマン』を彷彿させる部分もある。しかし、この怖れに似たものは案外「人間」そのものへの恐怖に連動しない。その意味では、『エヴァ』のような他者への恐怖という自我の問題はアニメにはない。

『進撃の巨人』って王道じゃないもの、変わったマンガとして受け入れられていたところがあったように感じていて。自分はそれをベタなエンターテインメントにしようと思ったし、事実、そういう王道なエンターテインメントの要素が具わっているのはわかっていたけれど、これが本当に『進撃の巨人』にとって正しい姿なのか。

荒木哲郎コメント、諫山創『進撃の巨人 ANIMATION SIDE 吼』講談社

アニメ版の監督の荒木哲郎は制作にあたっての迷いを正直にこう話す。エレンは巨人に変身したとき、しばしば自己を抑えられない攻撃衝動に支配される。だが彼の変身は人間が補食される不条理や肉親や友人を殺されたことによる怒りと義憤が契機であり、そこには人間としての誠心がある。「なあ、アニ。お前、何のために戦ってんだ。どんな大義があって人を殺せた」(第25話)。この問いかけは、戦友であり巨人であったアニ・レオンハートにとどめを刺せないやさしさを窺わせる。

アニメは原作と異なり、ウォール・マリアへの巨人の侵攻の後、数年とばしてトロスト区攻防戦という緊迫の展開へ至るのでなく、エレンらの訓練兵団への入隊と続き、ほぼ時系列通りに進んでいく。これは時系列の倒叙法を避けることでのわかりやすさが目的で、エレン周囲のキャラクターの心理を丹念に描く導入編の役割も果たした。特にエレンは主人公にありがちの身体的な優越さはなく、(実際は器具の意図的破壊のせいだが)立体機動の操作はむしろ落第生すれすれで、根性でこれを切り抜けるさまが描写される。これは視聴者にエレンの誠実さを印象づける。このトーンは、徐々に陰鬱さが支配していく物語の中で失われることはない。では、他者への怖れの具現化に見える巨人とはなにを表象するのだろうか。

「私は思うんだ。私たちに見えているものと、実在するものの本質は全然違うんじゃないかってね。憎しみを糧にして攻勢に出る試みはもう何十年も試された。私は既存の見方と違う視点から巨人を見てみたいんだ」　第15話

ハンジ・ゾエは表象と本質が異なることを指摘する。巨人の肉体は強靭であるにも関わらず軽く、無から生じる。それは、生命活動を支える肉体ではないことを暗示する。巨人というあらわれの核心が虚であるなら、憎悪もまた対象を持たず、戦いも空回りに終わる。この物語は表象としての人間との戦いではなく、むしろ本質としての人間とは何かを求める物語でもある。

作品に一貫して流れるのは、曇りのない目で事実を見ること、過信に陥らないこと、人間の善意を信じることだ。それはハンジの属する調査兵団に顕著だ。兵長のリヴァイは超人的な戦闘力を誇り、冷徹なそぶりを見せるが、常に断定に陥らない問いかけを投げかけ、その心底に熱いやさしさを宿す。エルヴィン・スミスは自己を棄却しても信念を貫こうとする姿勢を崩さない。

本作には（幾つかのアニメを例に見てきたように）他者＝市民への忌避を根底に持つ警官、軍人への偏愛はない。そして、『エヴァ』のような他者に対する隔たりもまたない。『進撃の巨人』にあるのは、良い意味での現場感覚のバランスと倫理観だ。

それは、かれらを常に本質追求のための行動に駆り立てる。謎めいた巨人＝人間の表象とは、その問いかけの契機となる。原作は王制打倒という社会ドラマに突入しているが、荒木哲郎のアニメ化に臨んだアプローチは、公的領域に根ざす行動を含むという意味で正鵠であったかもしれない。

出崎演出が描いた、運命に抗う人々

モンタージュが描出するふたりの運命劇　出崎統『エースをねらえ！劇場版』

表象は時代思潮に大きく影響されるが、表現の構造は時代を超えた普遍性を持つことがしばしばある。数々のアニメ技法を創案し、名監督と言われた出崎統《おさむ》。彼の表現に改めて目を注いだとき、何がかいま見えるだろうか。

「言葉でなく、映像こそが物語を伝えるべきだ」とは、ジョン・フォード監督の言葉だ（ルイス・ジアネッティ『映画技法のリテラシーⅠ』フィルムアート社）。映像技法における唯一の正解はない。ただよりよく物語を伝えうる映画だけが正解であり、すぐれている。出崎のモットーだという「リアリティは写実ではなく、本質にある」も同じことを言い当てている。彼の映像技法は、リアリズムではなくモンタージュと呼ばれる手法だ。リアリズムは現実に起きる出来事の順序、因果関係に則してショットを積み上げ、映像を作りあげる。モンタージュ技法とは、映像における意味の生成に重点を置き、時系列に縛られない省略や映像による暗示でショットを構成していく。これを美術の技法に例えるなら、写実絵画がリアリズムで、抽象絵画がモンタージュに似ている。ただ本質をより的確かつ効果的に伝える点に優劣が生まれるなら、これを要約、誇張する抽象画にアドバンテージ（利点）がある。

出崎統の映像は、脚本をそのまま踏襲することは少ない。テレビアニメ『あしたのジョー』（1970年、全79話）のヤマ場（力石徹との戦い）では形式上の脚本家（小林幸名義の丸山正雄・プロデューサー）から渡されたメモをもとに映像を膨らませたという。『ブラック・ジャック(FINAL)』（1993年、OVA全12話）は脚本家に8稿くらいまで書かせた後、これを出崎が脚色して映像化した。彼は脚本はむしろ詩や小説で良いとすら言うが、それは本質的に映像言語との乖離が大きいシナリオに触媒としての役割を求めているからだ。モンタージュの始祖、セルゲイ・エイゼンシュテインはこう語る。

シナリオは情緒に関する要求を提出するものであり、これを視覚的に解決するのが監督に与えられた課題である。
シナリオ作家には自分自身の言葉を話す権利がある。
われわれは、これまでのように、いちいち番号を追いながら記録的に書き進んでいく撮影台本の形式には反対で、映画小説の形式に賛成するのである。

セルゲイ・エイゼンシュテイン『映画の弁証法』角川書店

この映像言語で出崎統が追求したものとは何だろうか。筆者が彼の最高傑作と感じる『エースをねらえ！劇場版』（１９７９年）を例に見てみよう。

本作は時間88分。西高テニス部新入部員の岡ひろみのコーチ・宗方仁との出会い、部員の反感と厳しい特訓を耐え抜いての、プレーヤーとしての成長。そして、藤堂貴之との恋、加賀のお蘭こと緑川蘭子との死闘、お蝶夫人こと竜崎麗香への憧れと最終的な対決、宗方の発病とアメリカ遠征に向かう矢先の死という別れ、親友・愛川マキとの心温まる友情。この盛りだくさんの内容をいかに時間内に収めるか。この厳しい時間制約を満たすためであろう。『劇場版』は、彼の作品のなかでもモンタージュを大胆に用いたものとなった。

短い作品時間にふさわしく、本作は「駆け抜ける岡ひろみ」という基本イメージが縦貫する。朝寝坊で慌てて西高の対外テニス試合場に向かって走る岡。その過程で、宗方とばったり遭遇し、続いて竜崎に行き会う。これは彼女がこれから向かう行程を圧縮して示す。後日、彼女はトレーニング中に藤堂に声をかけられる。彼もまた、彼女の人生を彩る。愛川との連れだって歩く会話では、横を通りすぎ、戻ってきたバイクの緑川が声をかける。この基本イメージは性急なプロットの連続に流れを生み、自然なものとする。

出崎統のトレードマーク、唐突な乗り物の挿入シーンも本作では多用される。ここで主なのは電車だ。右から左へ。岡ひろみの疾走と向きを同じくし、映像に統一感を与えつつ、スピード感を与える。

この映像の「疾走」は岡だけのためではない。骨髄性白血病に蝕まれ、27歳で命を失うまでの短い期間で岡を比類ないプレーヤーに成長させる宗方の、「光陰の矢」のごとき人生を演出する伴奏曲でもある。

ふたりの矢を描出するため、要素は可能な限り削がれる。岡と宗方のふたりのシーンを基本要素に映像は積み上げられていく。このトーンはふたりのドラマの行間を埋める役割の他の人々にも適用されている。これらのシーンを因果関係ではなく、感情の流れに添ったモンタージュで積み上げていく手法。全体を通してみると、岡の感情の揺らめきが宗方とのやり取りで高まり、昂揚し、艶を帯びていくのが感じられる。出崎統ならではの才だ。

時間の主観性が語る、宗方仁の短い生の尊さ

『エースをねらえ！ 劇場版』

美術の考え方として、背景は映像のバックにあるものであるということを必ず頭に入れて、ま

ず光と影で描いてください。それに色を着けてください、ということを言ったんですけどね。つまり、色を色として主張するのはピカソくらいのレベルにならないとできっこない。実際には光と影を使って、ものの形をくっきりとさせることで、そこに主張が出てくる。色を主張するのは、それにプラスアルファとして光と影を付ける、そういう考えのほうが楽だし、物がしっかり見える。意味がわかりやすくなる

「出崎統未発表ロングインタビュー」『アニメーション監督 出崎統の世界』河出書房新社

ルネサンス時代の理論家、アルベルティが『絵画論』で同様の主張をしている。絵画でいうなら、良し悪しのほとんどはコンポジション（構成）で決まる。一般的に理解される構図と少し異なる。赤と青を並べると、赤は前に向かって見える進出色、青は後ろに下がって見える後退色である。この強弱を引き算に入れて、意図に沿ったバランス配分を作品に行っていく（現代絵画的なテーマの問題はここでは措く）。『劇場版』もまた、先の言葉通り、透過光（マスク効果による光）と影による強調のシーンが多い。これはそのシーンの本質を浮き立たせる。背景もまた、細部の描き込みは避けられ、陰影の強弱、質感の強調に重点が置かれている。

これらの演出技法は、共通の目的に向かって進む岡ひろみと宗方仁というふたりの男女の姿のみを浮かび上がらせる。時にモノローグのようにかぶさる声は、より閉じた親密な関係性を映像に与える。こうした手法は、少し間違えば、人物の主観のみ際立たせる心理ドラマに陥り、映像は心象

風景としてのみ成り立つ結果になる。
ここでキーとなるのが、宗方仁だ。彼はふたつの宿業を背負っている。まず、不治の病だ。

「時間を無駄にしてはいかん」

こう語る宗方の目のアップ。クローズアップは、演劇ではスポットライトに当たる。この目は全体を通してしばしば挿入され、意思の貫徹により運命に抗う、彼の人格を浮き立たせるキーイメージとなる。
もうひとつは、母の非業の死である。終盤、岡と竜崎の最終対決のさなか、宗方は父方のみ血のつながった妹である緑川に、岡を選出し特訓を与えた理由を語る。それは身体的な資質からだったが、彼はこう付け加える。

宗方「岡はどことなくその面影が俺の母に似ていた。母は愛する男に捨てられ、その哀しみから逃れられずに一生を終わった。そういう女だった」
緑川「仁のお母さまを捨てた男は、私の父」
宗方「八歳になるまで、母一人子一人で過ごした。だが、俺の記憶にはいつもひとり声を殺しては泣いていた母の姿しかない。俺の思い出には母の笑顔がない。そんな俺の母に岡はどことなく似ている。母のような弱い女はこの世にひとりでたくさんだ。だから、俺は岡を強いプレーヤーにしたい。心底強いプレーヤーに。この俺の手で」

そして、宗方はあの目のクローズアップでこう続ける。

「たとえ、俺の持てる時間のすべてを使い果たしてもだ」

寡黙な宗方の唯一雄弁なシーンだ。女性に与えられた、男性に従属する「宿業」というジェンダー・ロールを解き放つべく身魂を捧げること。そして歴史の検証と転換によって記憶の意味を変え、母を宿業から解き放ち、その魂を浄化させること。物語は、社会問題にも根ざす宿命を引き受け、自らの役割をまっとうする宗方のドラマによって大きな支柱が与えられる。そこに主観の心象ドラマに陥らない、強いドラマツルギーがある。宗方仁役の野沢那智の厳しいながらも情感を漂わせる名演技がこれを支える。

時間の長さは時計で測ることのできる客観的事実ではなく、ひとつの情緒である。場面のリズム、場面の演じられる空間、さらにその場面の照明が、経った時間は一分だと我々が感ずるか、それとも何時間もであると感ずるかを決定するだろう。

ベラ・バラージュ**『視覚的人間』岩波書店**

出崎統はリアリズムの時間経過とは異なる劇中時間を作りあげる名手だ。この技法でよく知られるのが、リアリズムを超越した『巨人の星』の投球時間の異様な長さだ。ほかに代表例としてジャン・コクトーの映画『詩人の血』がある。出崎のハーモニー（静止画の一種、彼が編み出したとされる）は瞬間でありながら、永遠を感じさせる。画面分割は、それぞれ固有の時間を生きている人間（キャラクター）の時間が遭遇し、対峙する緊迫感がある。同じ動きをカメラが反覆して追う3回パン（岡ひろみのボレーなどで使用、これも彼の発明だという）は、その瞬間の重要さを時間の中に刻みつける。

こうしたカメラ／監督の視点から見た「主観」による時間軸と空間軸のデフォルメは、出崎統の得意とするところだ。観客の主観を役者に誘導するスポットライトにも似た、監督の主観を見るものに刻みこむクローズアップも同じだ。彼の『劇場版』の場合は、運命に抗し、かけがえのない時を生きるキャラクターの人格の輪郭を浮き立たせる。本作の手法、二人芝居の積み重ねもまた、群衆ではない「個」の輪郭を強調する。映画上映中に、立ちあがっての愛川マキの長セリフも強く印象に残る。これは実に演劇的だ。

付言するなら、心理ドラマに陥らないための映像言語はもうひとつある。それは出崎統特有の挿入映像である。電車は先に見たように、必然性がある。では、神奈川という舞台を反映した船、そしてなぜか（お決まりの）飛行機はどうだろうか。船については、ゆっくりと動く巨大な質量、その重くどっしりしたものに例えられる情熱と覚悟。そうした解釈も可能かもしれない。だが、こうした象徴（シンボル）としての解釈は一義的、表層的だ。

これまで昔話、教訓としての寓意（アレゴリー）ではなく、記号的な対応関係にない多義性を持つ表象としてのアレゴリー（寓意）について触れてきた。アレゴリー詩人であるベンヤミンの消費文化へのまなざしもまたそうだ。出崎統もまた、言いしれぬ何か、多義的に解釈できる表象を劇中に挿入する。『劇場版』は、彼の他作品に比べてこの使用率が高い。映像の組み立て方が、閉じた心理ドラマに傾斜する怖れがあるぶん、外部の表象である乗り物を挿入し、バランスを取ったとも理解できる。ごつごつとした重量の質感は、ドラマに重しを与える。このあたりは、彼の映像制作における「勘」によるものではないだろうか。ゆえに模倣しにくい映像言語でもある。

宗方仁＝テクストを読み、語るものたち

『エースをねらえ！劇場版』『エースをねらえ！2』

宗方仁の女性に注ぐまなざしは、男性であるがために一方的でもある。『エースをねらえ！劇場版』は、岡ひろみと愛川マキの友情が一本の縦軸として通っている。やや点描ぎみだが、竜崎麗香

にもスポットライトが当たる。

「ひろみ、いまのはすばらしいエースよ。よくここまで上達したわ。この試合、あなたにはワンゲームも渡さない。あなたが私を追ってくる以上、それが私の、あなたへの愛。さあ、いらっしゃい、ひろみ。力一杯」

声優の池田昌子以外の誰にも似合わないであろうこのセリフは、『エースをねらえ!』が女性たちの友愛/姉妹愛（sisterhood）の物語でもあることを告げる。竜崎の岡への感情の変化は最低限の描写に止まるが、これもまた作品を彩る華であり、自らの孤高を生きる重要なバイプレーヤーである。

『劇場版』の正統続編の性格を持つのが、『エースをねらえ!2』(1988年、OVA全13話)だ。『劇場版』は岡ひろみと宗方仁に焦点を合わせたものだったが、こちらは竜崎麗香、緑川蘭子、藤堂貴之、愛川マキ、桂大悟ら、より多くの人々に焦点を合わせた群像劇の様相を呈する。『2』は『劇場版』とタッチが異なり、少女マンガ的な華麗さはやや影を潜め、劇画的な精密で硬質なタッチであり、出崎統得意の技法もやや控えめだ。それは物語が宗方の死から始まり、これを乗り越えるという生死の問題を深く問いかける物語の構造からくる。全体の演出はリアリズムに比重を置いた印象だ。

本作の柱はふたつある。まず、宗方の死に魂の根底から衝撃を受けた岡が立ち直るまで。次に、宗方から岡に伝えられたテニスへの想い、情熱の周囲への波及、である。

竜崎について言えば、常に孤高を保ってきた彼女が宗方の死の衝撃を契機に、他者を対等の存在として受け容れ、大きく変わっていく。それは、秘めてきた宗方への想いの顕在化、そして彼女の傍らにいる緑川や岡への想いの深化に変わっていく。緑川は復活した岡との試合中、過酷な練習で傷めた腕を故障させながらも、その挫折からなおも立ち直ろうとする。緑川が気概を奮い立たせるシーンの後、続いて竜崎の意識の昂揚もまた示される。作中に一切明示されないものの、ふたつのシーンの映像のトーンのつながり、光による連続性の演出から、ふたりの精神の結びつきもまた容易に見て取れる。このあえて省略で語らない、暗示の演出は出崎統ならではだろう。次の『ファイナルステージ』(1989年、OVA全12話)では、同じ敗者からの再出発という境遇の共有でふたりの絆はより強固となっていく。

『2』の最終話となる第13話、岡との試合会場に向かう車中で竜崎は彼女の父にこう語りかける。

「私、コートの上でひとりきりではなくなったんですから。今までにはなかったことです。私にとって勝ち負けしかなかったコートの中に人の温もりを感じることができるなんて」

竜崎は常にひとりしかいないコートで戦う存在だった。このテニスコートは彼女自身が自らの存在をかけて問う舞台にも等しいものだ。しかし、そこには幾人かの人々が姿を現すようになる。その人々との語り（テニスプレイ＝演技）こそが彼女の人生となっていく。

ここで注目したいのは、すでに死んだ存在の宗方仁との想像上の対話ではなく、彼とは自身にとっていかなる存在であったか。その自己への問いかけによって、彼女の物語は成り立っていることだ。彼女は宗方というテクストを読み、解釈する存在だ。

それは岡もまた同じだ。彼女は寡黙で一方的な宗方の人格を、その闘病も含め、よくはわかっていなかった。彼女のどん底からの再生は、宗方の日記を読み込み、理解することが一助となる。彼女もまた解釈をする存在だ。

宗方の親友だった桂大悟は彼女たちと少し異なる。深い友誼ゆえにコーチの役を受け継いだ桂は、宗方の意図、真情を知り抜いている。死者、霊となった宗方と現世を結び、彼の意図を語る媒介としての役割も持っている。それは文字通り、桂が僧侶という medium ゆえか（霊媒と媒体＝メディアは同じ語）。彼は唯一宗方と語り合うことのできる存在として描かれる（『ファイナルステージ』第12話に描写あり）。

試合の休憩のさなか、竜崎は岡にこう語りかける。

「ひろみ、この試合、見てくれてるわね。きっとどこかで」

竜崎と岡が舞台に立っているなら、それを見ているのは天上の宗方仁。彼女たちは見られる存在として、自身の生を燃焼し、与えられた運命（苦難）と対峙し、打ち克っていく。

抽籤による全日本ジュニア戦の対戦順番は、初戦が岡と緑川の試合で、その勝者がシードの竜崎との対戦となった。偶然にはあまりにもできすぎているだろう。桂は宗方の霊前にこう語りかける。

「まったく短気なお前らしい組み合わせだよ。隠すなよ、お前があの世から仕組んだことだってのはわかってるんだ。あの組み合わせが発表されたときにな、俺はぴんと来たよ。ああ、お前がいる。あの宗方仁が、まだ俺たちをしっかり見つめているってな」

宗方はときに試練を与える神のような存在でもある。彼は物語を作り、そして演出する。だが、どう演じるかは個々の「役者」に任されている。宗方に語りかける桂の大度を感じさせる温かみのある玄田哲章の演技もまた出色だ。

「コートでは誰もがひとりきり」それは人間の孤高を示すものだが、そのプレイ、振る舞いによって、孤高を超え、意味を見出し、絆を持つことができる。それはコートにも似たリングを舞台とする『あしたのジョー』も同様かもしれない。その振る舞いは、いわばキャラクターがテクスト＝脚本を読み、解釈によって血肉を宿す役者となり、演じるものだ。『エースをねらえ！2』はそうした構造を持っている。

雅でなく、生きる人間として光源氏を描くこと

『源氏物語千年紀 Genji』

アニメーションは物質性を持たないがために、イデオロギーや感性ではなく、日本が持つ風土、アウラと本質的に隔たりがある。この無国籍性を強く宿す作家のひとりが出崎統だ。

出崎統の晩年に近い作品に、紫式部の『源氏物語』のテレビアニメがある（2009年、全11話）。本作は、一般に理解されている王朝文学の『源氏物語』とあまりにも異なる。光源氏と頭中将の競い合う乗馬で表現される感情の揺らめき、内心の慟哭のメタファーでもある光源氏と夜盗（野武士）との剣戟。出崎が後半の監督を担当した『ベルサイユのばら』（1979年、全40＋1話）を彷彿させる演出シーンは、あまりにも出崎アニメそのものとしてあらわれる。

出崎版源氏の真骨頂は、光源氏という人格の解釈にある。光源氏は母・桐壺更衣を幼いころ喪い、そこからくる欠落感を埋めるかのように数多くの女性との逢瀬を重ねる。それはキーとなる女性の藤壺中宮と紫上が母の面影を持つことに反映されている、というのが現代的な解釈だろう。出崎統もこの解釈を踏襲する。この報われない行為を「無常」と解釈するのは同じ平安時代を生きる人々の感性だろう。これを現代の人間が振り返ってみるなら、今の私たちと同じ人の営みがあることに気付かされる。それが古典の魅力であり、永遠の生命を持つ理由だ。出崎は、現代人が抱く「雅」というフィルターではなく、あの時代に生きる人間の息吹に迫ろうとする。これを彼は「生きる力」

とインタビューで答えている。

お父さんの愛人で、いままで言えば義理の母親を取っちゃったりするわけだからね。男の子にも手を出しているとか。生きる力だと思うんだよね。人と人が心をぶつけあうという意味では、いまよりもっと積極的な時代だったんじゃないかな。

【ロングインタビュー】「人間を甘く見ている」巨匠・出崎統が〝萌え〟を斬る!、『日刊サイゾー』2009年1月14日、「livedoor NEWS」

これは『あしたのジョー』で活写したドヤ街の人々の姿（原作よりも丹念）と同じアプローチではないだろうか。

『源氏物語』は客観性と写実性にもとづく現代的なリアリズムの小説ではない。個という存在を仮定した上でのプロットの展開ではなく、作家（紫式部）の主観のなかに他者がおりなす出来事、事象が織り込められて綴られていく。それはヨーロッパ文明が生み出した「個」という人格の欠落ゆえだが、人間の営みそのものを傍観するまなざしも感じられる。このアプローチは20世紀初頭からのポストモダン的な志向とも共振する。『源氏物語』がジェイムズ・ジョイスの『ユリシーズ』、マルセル・プルーストの『失われた時を求めて』との相似性を指摘されるゆえんである。

出崎版源氏は『ベルばら』的な強烈な個を放ち、原作『源氏物語』の作風と一見乖離しているように見える。出崎統は、話法を紫上によるナレーション、叙述という手法を取る。このことで光源氏の個人という人格に対してフィルターがかかり、紫上のナレーションの中に浮かぶ人物という形となる。これが出崎自身の主観性を重視した映像技法で描出されるとき、何が起きるのか。光源氏は強烈な生き様を見せつつも、それは紫上の主観の中の存在、一種のキャラクターとなる。
小説『源氏物語』はその主観ゆえに階級的な状況（社会制度を支える庶民）を視野に入れることはない。そのまま現代的な個人を描写する手法を取るなら、視野の狭さと平板さから説得力を欠くものとなる。出崎統の表現主義的な主観性は、この課題を克服する適した技法だろう。彼はこの技法で彼独自の光源氏を描きだしていく。

朱雀帝の演舞が語るこの世と生の意味

『源氏物語千年紀 Genji』

「罪は罪、されど愛は愛。うつせを去ったその人を、もしも再びこの腕に、抱いて思いが叶うなら、地獄も良し、修羅も良し」『源氏物語』第11話

幾本もの矢が刺さり、落ち武者の出で立ちで吹雪の中をさ迷い、こう語る光源氏。出崎演出おな

じみの縦方向の3回パンでくり返される光源氏のゆがんだ形相。パンの繰り返しで、時間の反復、永遠性が強調される。これは、光源氏が永遠に修羅道に止まることを示す。このイメージシーンは、物語そのものをも暗示する。

光源氏のうつせ（現世、現し世）とはいかなるものだろうか。それは光と水で表される。天上からは光、足元には水（御殿の池をはじめさまざまな場所）。そして、ひんぱんに雨、雪が下に降り注ぎ、水の量塊を形づくる。しばしば写し出される水面は、人の心の暗喩だろう。その表面は揺らめいているが、奥底は知れず、計り知れない情念が横たわる。すべての事柄は流れゆき、人の心の奥底に沈んでいく。最終場面は、スキャンダルにより自ら須磨に謹慎をした光源氏の海を見つめるシーンで閉じる。それは彼の前に厳然と立ちはだかる、波濤が渦巻く嵐の海だ。小説ではこの後彼は順調に出世し、栄華を誇っていくが、その心底にあるものを暗示するかのようだ。

作中の水とは、光源氏を囲繞するという意味で話者である紫上自身かもしれない。紫上の光源氏への想いは、彼の慟哭を浮き彫りにするほど、より深く伝わってくる。

光はハレーションを起こし、周囲のディテールではなく、そこに行き交う人々の輪郭をこそ示す。ここには、『エースをねらえ！』の映像空間で示されたテニスコート＝舞台の図式を読み取れるかもしれない。うつせとは舞台なのだ。そして、それは空間設計でも示される。

物語のヤマ場であり、転機は、光源氏が以前情を交わした朧月夜と、彼女が入内した身でありながら再び情を交えたことの露見である（第10話）。光源氏は兄である朱雀帝に呼ばれ、対面する。

「このような月がもし毎晩出ていたら、本当に困ったことになりますねえ。いつも心の底まで照らし出されて、大事に大事に心の奥にしまっておいたものが、なにもかもさらけ出されてしまう。人は誰も心に秘密を持って生きるものです。その秘密があるから、人にやさしさを与え、自らを励ますこともできる。そうだとは思えませんか」

当事者の感情の赴くままに任せるのが恋のあり方と考える朱雀帝は、光源氏を責めない。むしろ、王子でありながら臣下に降り、恵まれた境遇とは言えなかった弟に、朱雀帝は情愛を抱いていた。先の彼の言葉は、弟の心の欠落を知っているようなそぶりがある。これは朱雀帝の情愛の豊かさが恵まれた環境ではなく、立太子を経ながらも寵姫の息子ではない不遇、さらに近親の藤原氏の専横という窮屈さで陶冶された人格に由来するからなのだろう。

朱雀帝は光源氏の心の慰撫のため誘って、一緒に舞う。上からは光、背景やや下には水面のような揺らめき。本作切っての情感溢れる名場面だ。場所は御殿の広庇（寝殿造の渡り廊下のような縁側）だ。ほか会話はしばしば広庇、庇で行われる。横に広がるこの空間は舞台を強くイメージさせる。視線という照明を受け、ひととき舞う姿こそ、かりそめの役割を引き受け、生きる人間であり、役者である。それは朱雀帝の想いであると同時に、作品のテーマでもあるだろう。水島裕の朱雀帝の情愛にあふれる演技もいい。

そんな朱雀帝に光源氏はこう答える。

「私は、私はなるがまま。…生きるも死ぬるも天が決めるまま。それでよしと。そのなかでせいいっぱい。それでよしと。子どもの頃よりそう決めております」

朱雀帝の想いも、光源氏の心をひととき癒すだけである。朱雀帝と同じように言葉をかけるのが、先帝である父、桐壺帝の霊である。周知のように、光源氏は母に似た、父の後妻の藤壺中宮と情を結び、父を裏切った男である。父の霊もまた彼の心底を知っているかのように、こう声をかける。

「許せよ、光。…そうではない、光。お前を許せと言っているのだ。許すとはそういうことだ。まず自分を許せ、光」

これに対し、光源氏は泣いてこう慟哭するだけである。

「父上、それが、それができませぬ。光はそれができませぬのでござります」第11話

温かい情愛を受けながらも、修羅として自らの業をまっとうするしかない光源氏。その琴線に触れるものは、作中を彩る恋の相手の女性たちよりもむしろ男性の比重が高い。ライバルであり親友でもある頭中将は、光源氏のスキャンダルを知るや、その慰撫と身辺を守るため邸に押しかけ泊ま

り込む。才色兼備なあまり自分の羨望と嫉妬の対象の友が、スキャンダルにあってせいせいして食が進むと憎まれ口を叩く。声優・杉田智和のまさに適役だ。このあたりは脚色だが、後に光源氏が自主謹慎でこもる須磨の邸に頭中将が世間の非難をものともせず訪れるエピソードを参考にしたものだろう。

修羅道を生きる光源氏と彼に心を砕く男たちのドラマ、そしてそれを遠く離れた視点で見守り、語る紫上。この物語構造こそ、出崎統による彼らしい解釈の『源氏物語』である。

公的領域に侵蝕するサブカルチャー

意味を生成する存在、行為体＝キャラクター

社会的領域において、つかの間現れる公的領域に侵蝕するサブカルチャー。こうした表現はどのような構造を持つものだろうか。本章はこれまでの考察のひとつの締めくくりとなる。

サブカルチャーを語る上で欠かせない要素にキャラクターがある。サブカルチャーを消費物とするなら、キャラクターは消費行動を喚起、誘う契機となる。作品をテクストとするなら、キャラクターはいわば記号＝主体である。これは消費へ誘う効果（行為遂行性）を持ち、その働きかけは鑑賞を通じての発話媒介行為と呼ぶことができる。

萌え少女やＢＬ美青年、ロボットのパイロット。これらのキャラクターは行動を誘発するものの、その発話媒介行為は主体＝キャラクターによる命令とは限らない。つまり曖昧さがある。ある作品

が犯罪と因果性のある有害な表現か否かの議論の難しさがここにある。
では、言語と発話とは、それを担う発話者＝主体とはいったいどのようなものだろうか。

主体は、それ以前になされた発話の行為遂行的な作用―呼びかけ―をとおして、言語のなかに生みだされるからだ。さらに言えば、主体が語る言語は慣習的なものであり、その意味で引用的なものである。

ジュディス・バトラー『触発する言葉』岩波書店

「呼びかけ」を引用することからわかるように、ジュディス・バトラーの念頭にはルイ・アルチュセールのイデオロギー論がある。私たちは、変人、善人、泥棒などと呼ばれることで主体というものとなる。そして、そこには慣習が深く根ざしている。私たちは、呼びかけ、呼びかけられることにより、名付け、意味づけられる存在となる。
問題は主体ではなく、むしろ呼びかけの言語である。

発話行為を統治的主体から解き放つことによって、行為体とか、さらには応答／責任《リスポンシビリティ》といった、主体に代わる概念を生みだすことができる。つまり、主体が言語のなかで構築されることや、また主体が何かを創造したといっても、実際はべつのところから引き出してきたにすぎないことを、より完璧に認識することができる。

前掲書

バトラーはジョン・L・オースティンの行為体概念を援用しつつ、言語が持つ効果を読み解く。慣習に根ざした呼びかけにより、私たちは制度に従属する存在ともなる。これは主体化／従属化と呼ばれるプロセスだ。この制度と慣習の解体は、読み替え、意味づけ直しにより、可能となる。物語そのものも多義的な構造を持ち、発話媒介行為のようなコミュニケーション活動を一義的なメッセージや命令と異なるものに変容させることもできる。

ここからは、社会行動学的なコンテンツとユーザーという捉え方と別の観点を呈示してきた本書の核心に入る。

補完されていない個別的な言語の場合、そこで意味されるもの、志向されるものは、個々の語や文の場合とは違って、相対的な自立性を見せることはけっしてなく、むしろ不断の変容のなかにあるのだが、それは究極的には、あのありとあらゆる言いかたの調和のなかから、純粋言語として現出しうるまでに至るわけである。

ヴァルター・ベンヤミン「翻訳者の課題」『暴力批判論』岩波書店

ヴァルター・ベンヤミンは翻訳の不可能性を述べたが、それは言語が一義的な解釈に支配されない多義性を持つ存在だと考えたからである。それは作者の死後、言語の海に放り出されてからより熟成して意味を語り出す永遠の命を持つとした。そして、その時間を超える可能性はあらかじめ包含されている。この意味の必然的なぶれをハンナ・アーレントは隠喩の直接性で看取されると述べているが、これは純粋言語のことでもある。

これを同じことを、ロラン・バルトはより平易にこう述べている。

現代の書き手《スプリプトゥール》は、テクストと同時に誕生する。彼はいかなることがあっても、エクリチュールに先立ったり、それを超えたりする存在とは見なされない。彼はいかなる点においても、自分の書物を述語とする主語にはならない。言表行為の時間のほかに時間は存在せず、あらゆるテクストは永遠にいま、ここで書かれる。

ロラン・バルト「作者の死」『物語の構造分析』みすず書房

こうした考察を踏まえるなら、テクスト=表現とは、読み手にとっては無限に生成する意味の海と映る。これはサブカルチャー表現のキャラクターも同じだ。かれらは作者の意図を離れ、いわば行為体となり、豊かな発話を醸成していくであろう。

これはいわば前提条件だ。サブカルチャー表現のキャラクターとは、どのような状況に置かれ、何を語る存在だろうか。

メタ視点は公共性につながる批評性を持つか

「なに、言ってんですか。あんたらそんなふざけたかっこうで。…そんな超展開についていけっていうんですか?」『銀魂』第232話

「そうとも、そもそもこのアニメは学園ラブコメディ。そして俺とハルヒは明らかにラブコメ要員」『桜蘭高校ホスト部』第3話

「最終回だからか?」『聖戦士ダンバイン』第49話

「どうせ、アニメでしょ。それって」『少女革命ウテナ』第38話「予告」

アニメ表現には、しばしばメタ視点が導入される。メタ視点とは、劇中のキャラクターが物語を虚構と理解してのセリフ、あるいは作品が虚構であることを明示する作劇法だ。この作劇上の技法は、昨今ではそのトーンも変わってきた。作品と視聴者との距離の短縮(親密感の醸成)、作品内容の唐突さ/不自然さへの謝罪(了解のための説得)、作品理解における商品意識を高めること、

といったものがある。これはジャンルの成熟により、物語の約束事が共有され、物語展開すらも想定内となってきたことも理由のひとつだ。この現象は、作品の構成要素のうち表現に対する消費の比重が高まっていくことでもある。

メタ視点は、先に見たように『新世紀エヴァンゲリオン』で特に注目された。映画『同 The End of Evangelion』では、現実の観客席の様子が挿入されるが、その直前に「でも、あなたとだけは絶対に死んでもイヤ」というアスカのシンジに対する拒絶の言葉が置かれている。他者からのシンジ=作者に対する拒絶とは、作者の自意識の強さにほかならない。『エヴァ』とは、自意識の強さゆえの他者との関係性の不調和が大きなテーマであった。ここでは、メタ視点とは私を探る、確認するための手段だったことになる。

メタ視点の採用が、商品の消費という生理にもとづくもの、あるいは私の探求にもとづく例が多いこと。それはサブカルチャー表現の社会的領域、生社会への傾斜にほかならない。そしてサブカルチャーという社会集団を前提とするなら、それは客観性を欠いた内々の表現への志向でもあるだろう。

表現の複雑化、精緻化。それは主観性と客観性のいずれにも傾斜する。主観性は深化へ向かうが、客観性は多様性に向かうだろう。ミハイル・バフチンは叙事詩（戯曲）に対して、小説の優位性を唱えた。戯曲は多くの人物が登場するが、その話法（人物の抱える言語表現、言語体系）はむしろ均質だ。しかしバフチンは、すぐれた小説はそれぞれの人物固有の話法を持ち、それがポリフォニーのように多様性をはらむとした。

真の小説的散文の前提となるのは、その言語の内的分化であり、その言語がはらむ社会的多様性と個人のことばの多様性なのである。

小説が前提とするのは、言葉と意味におけるイデオロギー的世界の脱中心化であり、言語的側面における文学意識の一定のよるべなさである。

すなわち小説の中には、その時代のあらゆる社会・イデオロギー的な声が、つまりその時代のあらゆる、多少なりとも本質的な諸言語が呈示されねばならないのであり、小説は言語的多様性の小宇宙《ミクロコスモス》とならねばならないのだ。

ミハイル・バフチン『小説の言葉』平凡社

ここで、バフチンのいう多様性とは形式的な美学に根ざしたものではないことがわかる。ひとつの言語、話法は、それを支えるイデオロギー、制度と強く結びついている。表現とはこれを解体、止揚し、自由な意識をめざさなければならない。それは、社会制度への批判の視点をしばしば内在する。彼の言う小説が、日本の私小説と根本的に相容れないこともわかるだろう。アニメ表現のメタ視点は、用い方によっては多様性と真逆の性質を持つ。

イマニュエル・カントは美に関する趣味判断は公的な判断であると述べている。彼はこの趣味判断は反省的趣味にもとづくといい、他者の目から見てどう映るかを仮想し、それを判断基準に加えて判断を下していくことが常に求められるとする。それは公的領域に属する判断である。だがそれが公的な判断を欠いた生物的な欲求によるものなら、公に触れ得ず、欲望に充足するものとなるだろう。その場合趣味は判断ではなく、快不快の感覚の範疇を出ないものとなる。彼はこれを感覚的趣味と呼ぶ。快不快はひとりひとり固有の身体感覚に根ざすため対話で深められることはないからだ（イマニュエル・カント『判断力批判』（上）（下）岩波書店）。

メタ視点を客観性、公的なものに開いていくものとは何だろうか。

社会的領域で起きる消費への耽溺

ここで、公的なものとサブカルチャーの関係を整理してみよう。

サブカルチャーは、社会集団の研究から誕生した言葉であり、社会性がその発祥から強く刻印されている。それは、ある社会集団を多数派から峻別する作用である。都市文化、消費文化が進展するにつれ、自らを命名するものとなり、アイデンティティとなる。必然的に自他を区別する峻別という命名と、確認行為による抗い、反抗をそのうちに含む。それは相互作用を形成するため、社会行動だけでなく、影響を与え、与えられる表現もまた含まれる。

これを現代社会の実相に当てはめたとき、どのような情景が見えるだろうか。ハンナ・アーレントは、近代になり、社会的領域が出現したと指摘している。古代ギリシアの共和制であるポリスでは、市民はふたつの属性を持っていた。家族の前では私人として振る舞い、それ以外の人々の前では公人として振る舞うことである。前者は私的領域であり、後者は公的領域である。それは、両者とも人間として存在するには不可欠のものだった。これを定義づけるのが、労働、仕事、活動である。

労働は、個体の生存のみならず、種の生命をも保証する。仕事とその生産物である人間の工作物は、死すべき生命の空しさと人間的時間のはかない性格に一定の永続性と耐久性を与える。活動は、それが政治体を創設し維持することができる限りは、記憶の条件、つまり、歴史の条件を作り出す。

ハンナ・アレント『人間の条件』筑摩書房

古代ギリシアでは、日常的な家事、生計のための業務、経済行動は軽視された。市民は民主的な政治活動に従事することがもっとも尊く気高い行いとされた。市民はその「活動」において、群れの一要素ではなく、比類ない人間と見なされたという。労働が私的領域の範疇、活動が公的領域の範疇であり、仕事はいわばその中間の性格を持つ。

その後、この形態は幾つかの変遷を経ながら、存置されていく。だが近代の資本主義、大衆社会、官僚制度の発達で変化が訪れる。「社会」なるものの誕生であり、社会的領域の出現である。これは、人々が唯一性ではなく、多数の中のひとりでしかない、群衆の状態をさす。それは均質化という言葉に象徴される。社会は一般に使われる概念だが、アーレントはあえて歴史性を加味した特別な語義として用いている。

近代から現代にかけて社会的領域がすべてを覆ったという議論もあるが、歴史的な経緯などを捨象した雑ぱくな定義となる怖れもあり、強い影響力をもって侵蝕して片隅に追いやったと仮定したほうが無難だろう。労働と仕事は変質を経ても存置したが、活動はその姿を消そうとしている。ここに大きな問題がある。

私的領域とは、食事や生殖など生命的な行動の領域だが、情愛など人間たらしめる生活の場でもあるという二面性を持つ。これに対し、社会的領域は欲望が支配する。これは一見似ているが、均質化された制度による強制力を持つ点が異なる。これを特徴づけるのが、欲望と深く関わる消費である。畑を耕し、野菜を食べる行為は、本来は消費を意味しない。市場を前提とする規範化された行動となって初めて消費を意味する。

社会的領域とは消費に支配された領域でもある。社会的領域は公が欠落した消費という受動性が支配するため、アーレントは人間的ではない生物的と捉えた。本書ではその問題意識を継承し、生社会と名づけ、さらに〈生社会・自我〉、より規範化された消費が感覚に依存する趣味（感覚的趣味）となってあらわれる〈生社会・趣味〉に二分した。

サブカルチャーは、社会に関わる存在だ。消費とより強く関わるだけに、社会的領域と密接な関係があるが、パブリックなものの公的領域、さらには私（自己）を指向する私的領域にも侵蝕する。ハイアートと呼ばれる芸術は、本来、公的領域の存在となるべきものだが、実情はいささか異なる。応用芸術は、より社会的領域に近い存在だ。

消費を喚起するのが、サブカルチャーで言えば、サブカルチャー資本のヒップネスだ。それは萌えやリアルロボットなどの純度の高さを担う属性だが、それはキャラクターなどのかたちを持つ記号を必要とする。記号が記号のままで、たとえば萌え少女や受け（受動的な性役割）の美青年であるなら、欲望を喚起する存在でしかない。それは消費行動のみで解釈可能な社会的領域の存在だ。

サブカルチャーという表現は、社会の人々から影響を与えられ、与える存在であり、社会構造を映す鏡となる。社会集団としてのサブカルチャーは、他集団を否定、距離を置くことでまとまりとアイデンティティを獲得する。それは、少年少女であるなら「大人はわかってくれない」という言葉に集約される。

パンクの先鋭性はそのひとつだが、それは政治性と消費性の二面性を持つ。日本のオタ（ヲタ）文化のひとつのあらわれとして、軍事への耽溺と裏腹の民主主義への忌避もまたある。それは『超時空要塞マクロス』の分析で触れた。それは全体を代表するものではないが、いまも伏流として存在する。

物語のメタ視点、記号の読み替え。こうした表現の試みは、一義的でないがゆえに欲望を喚起する消費性に直結しない。これこそが、サブカルチャーの持っている可能性だろう。前者の例に『新世紀エヴァンゲリオン』、後者の例に『魔法少女まどか☆マギカ』がある。『エヴァ』は全編を快感原則が支配するが、「私（自我）」への偏愛が随所に見られる。それはメタ視点を持つ思弁性であり、消費の構図に回収されない。いわばATフィールドで、社会的領域に耽溺しながらも自我を守る。

イリュージョンへの耽溺を否定する、演劇性というメタ視点

人格のことをペルソナというが、これは元々は、古代ギリシアの演劇に用いる仮面のことを指す。日本の能もまた仮面劇である。仮面＝ペルソナは何かの役割を引き受けての人々の間での振る舞いを象徴する小道具だが、演劇じたいが世俗の人の在りようのアレゴリー（寓意）でもある。自我という人と人を分断する囲いは、近代になって誕生したものだ。

ペルソナ（仮面）が人の振る舞いであり、役者の演技であるなら、与えられた役割を演じるキャラクターの行動でもあるだろう。本書の問題提起は、ここにある。

人間生活の政治的分野を芸術に移すことのできるのは、ただ演劇だけだからである。同じ意味で、演劇の主体は、他人とさまざまな関係を取り結ぶ人間だけであり、このような芸術はただ

演劇だけである。

ハンナ・アレント『人間の条件』筑摩書房

アーレントは、演劇が公的領域に関わる活動だとする。そして、公的領域における活動とは政治性をさす。サブカルチャーは社会に関わるものだが、社会的領域を離れ、公的領域につながることもある。その幾つかの例をこれまで見てきた。ここでは、もう少し演劇と政治的な活動について見ていこう。古代ギリシアの共和制では、演劇とは戯曲が表象する現実の政治を市民が批評する法廷の場でもあった。当時の共和制を構成した市民に求められた徳は与えられた運命に抗することで陶冶されるとされ、その象徴として悲劇という演劇があった。この徳によって支えられた政体が共和制である。

観客を別の時代、別の世界にひたらせるような幻覚《イリュージョン》はゆるされない。劇がいつ、どこを演じていようと、その劇は第一に、それが上演される場所、すなわち劇場のある時《いま》と所《ここ》を演じた。だれもが自分の隣、自分の周囲に同胞たちの姿を見た。そしてだれもが、一度しか上演されぬこの劇が、自分たちの問題、すなわちそれがすべての人にかかわるかぎり、レス・プブリカ（筆者注　共和国）の問題を扱っているものと期待した。

ジークフリート・メルヒンガー『政治演劇史』白水社

徳によって陶冶された市民による批評の法廷の場が演劇であり、それは共和制という形式の民主主義の柱であった。当時の民主主義が全員参加の形態を取るのはそのためだ。この演劇と政治の関係は、形を変えながらも現代の欧米文化に継承された。古代ギリシアの戯曲を例示してみよう。

クレオン　そんなら、私は自分でなしに、他人の意見で、この国を治めねばならないのか。
ハイモン　だって、一人の人のものならば、国とはけして申せません。
クレオン　だが、国というのは、その主権者に属するはずだ。
ハイモン　では、お立派に一人きりで、砂漠の国でもお治めがいいでしょう。
ソポクレス「アンティゴネ」『ギリシア悲劇Ⅱ』筑摩書房

あるいは、主人公アンティゴネにこんなセリフもある。

アンティゴネ　王さまの威権というのは、ずいぶんいろいろ結構なことがありますのね、勝手なことを、やったり言ったりできるなんて。
前掲書

これは、いまだ民主政へ移行する前の古代ギリシアを舞台とした戯曲だ。その意味では当時にとっても古い時代の物語だが、これを同時代に読み替え、為政者への批判として受け取った。それを共有するとともに、共に考え、議論することに演劇の本領があった。これがいにしえの設定を借りた現代批評であるというメタ視点を、観客は前提として了解していたことになる。

ソフォクレスのいたアテナイ（アテネ）はペリクレスの権勢の絶頂期にあり、彼はこの戯曲が発表（紀元前４４１年）されてからほどないころ、喜劇検閲法という表現規制法が制定されている。ソフォクレスはハイモンをペリクレスに見立てて、批判したと言われている。

こうした演劇の伝統は後世にも継承された。ベルトルト・ブレヒトは「俳優は終始実演者でなければならない。持役を他人として再現しなければならない」（「街頭の場面」『ブレヒト 演劇論』ダヴィド社）と、演技の要諦を説いている。彼の演劇が政治運動への思考を持っていたゆえんでもある。しかし、これは本来演劇が普遍的に持っている性質である。

その場に集った人間と意識なり感慨を共有し、そこだけの場を出現させる。そのもっともラディカルなあらわれが、政治演劇である。

政治演劇は人物の優位によって、その人物を権力の不法と傲慢の犠牲者として登場させ、劇中における彼の批判と抵抗を通して観客の批判と抵抗を呼び覚まそうとするアピール性を、悲劇にあたえたのである。

ジークフリート・メルヒンガー『政治演劇史』白水社

英雄の沈黙が促す、人の運命についての語り《ナラティヴ》

当時の演劇は政治思想やイデオロギーではなく、個人の振る舞いこそを問う。そこには知の集権化は存在せず、思想のテクノクラートもいない。市民すべてが平等に考える存在だ。この平等性に異を唱えたのがプラトンであり、彼の形而上学的な知は西洋の哲学のあり方を長い間規定した。それは、彼が演劇を否定したことからも読み取れる。

この演劇が示唆するのは、模倣（ミメーシス）の原型的な概念である。メルヒンガーは、身体による演劇における模倣（ミメーシス）の本来の性質に注目する。模倣を意味し、ミメーシスとほぼ同義かつ語源を共有するミメイスタイは古代ギリシアでは舞踊で元々使われ、「呈示する」「具体（肉体）化する」の意味があったという。これは俳優の身体を経由するがゆえに、「批判的要素を含み、判断力を呼び起こす」ものだった。

演劇とは戯曲をそのままイリュージョンとして描くのではなく、身体を経由することで生まれるズレ、解釈を与え、これを現実への批評性とすることである。それは、ブレヒトの言が示すように、与えられた役割との距離を確保することだ。それが、自我や欲望と直接接続しない振る舞いの概念である。

ここに、サブカルチャーの多くのキャラクターとの相似を見ることができる。メタ批評性を含み

ながら、ジェンダー・ロールが抱える問題を顕示する役割として男装をまとい、かりそめの舞台で決闘者を演じる天上ウテナ（『少女革命ウテナ』）。情愛にいたずらにとらわれるのではなく、私的領域という闇を抱えたまま振る舞う意味を演舞でさとす朱雀帝（『源氏物語』）。あるいは、自らの業の所在を明らかにし、毅然と戦いの中に死すことで人の尊厳を問いかけるドバ・アジバ（『イデオン』）。これらのキャラクターが、すべて演劇性の強調の中で描かれることに振る舞いの意味がある。

そこには、人の運命への問いかけも含まれている。悲劇はその究極のかたちで、英雄という存在が求められる。それは、キリコ・キュービィー（『ボトムズ』）、宗方仁（『エースをねらえ！』ほか）、ハーロック（「ハーロック・サーガシリーズ」）といったキャラクター（演技体）に顕著だ。これを、本書ではベンヤミンの指摘に添って読み解いてきた。

「悲劇的なるものが演劇という形式を取るのは、それによってまさにこの沈黙を表現することができるからである。…英雄は沈黙することによって、神や世界と自分とを結ぶ橋を取り払い、さらに、人格の領域――そこでは、語ることによって自己を他者から区別し、自己を個人化するのではあるが、――を抜け出て、自我の氷のような孤独の中に入っていくのである」ベンヤミンはローゼンツヴァイクの言葉を引用し、その核心をこう読み解く。

英雄が自分の本分を守ることができるのは、言葉のおかげでなく、自分の身体のおかげであって、だからこそそれを死のうちに成就するのである。

主人公の沈黙にも同様におかれるが、沈黙は弁明を求めず、また見出さず、それによって嫌疑を、追求する側にはねかえすのである。というのは、この嫌疑の意味が逆転するのだ。つまり法廷に見られるのは、告発されるものの驚愕ではなく、無言の苦しみの発する証言である。

ヴァルター・ベンヤミン『ドイツ悲劇の根源』法政大学出版局

英雄は言葉で語ることはない。ただ、行為でのみ語るのである。その沈黙は沈黙であるがゆえに雄弁性を発揮し、無言の告発となるが、それは法廷という議論の場（劇場）で発せられる。つまり、英雄の行為とは人間とは何かを討議する公的領域に関わる問題なのである。この図式を機能させるためにこそ、演劇的なアプローチが用いられたのだ。そしてキャラクターが英雄となることは、サブカルチャーを公的領域に侵蝕させることを意味する。

つながること、語ること、そして複数性。サブカルチャーの可能性

この物の世界というのは、物理的に人びとの間にある。そして、この物の世界から、人びとの特定の客観的な世界的利害が生じてくるのである。この利害《インタレスト》は、まったく文字通り、なにか「間

にある」(inter-rest)ものを形成する。つまり人びとの間にあって、人びとを結びつける何物かを形成する。ほとんどの活動と言論は、この介在者《イン・ビトウィン》に係わっている。

ハンナ・アレント『人間の条件』筑摩書房

活動と言論は公的領域に属する。その本質はつなぐこと、関係性をつくることにある。それは「思考」を伴うため物理的な障壁はなく、あらゆる場所へと浸透する。人は世界の中にある存在であるため、その関係性とは世界の意味とも関わりをもつことになる。そしてこのつなぐ線によって構成されたものを、アーレントは網《ウェブ》の目と呼ぶ。

キャラクターを活動と言論の担い手と見なすことは、作品に豊穣さを与える。叙述構造を持った言説を記号論的な一犠牲から解放する。それはデータベースではなく、ナラティヴに属するものだ。それは記号を行為体と見なすことにつながるが、そもそも人はアーレントのいう網《ウェブ》の目の中の行為者＝行為体＝agentという役割を持つ。

物語性の自覚は(仮想の)世界に生気を吹き込む。サブカルチャーであるアニメでは、しばしば話者の存在は巧みに隠蔽され、イリュージョンとして機能する。それは、消費への傾斜を潜在的にはらむ。古代ギリシアの演劇が仮想性を強固に否定したのはそのためだ。

ハーロックもまた考える。なぜマゾーンに勝てたのか。だが、女王ラフレシア同様、明確な答えは出すことができなかった。だが、作者はこう考える。キャプテンハーロックとその仲間が大マゾーンを打ち破ったのは、自由を求める41名という人間の強い意志と団結が、女王の権力で引きずられてきた何万もの兵士に優ったのだと。『宇宙海賊キャプテンハーロック』第42話

すでに触れたように、ここでは作者という話者の存在が明示されている。ゆえにハーロックはイリュージョンの耽溺の対象ではない。人々の中である役割を担って振る舞う存在、役者（演技体）である。それは行為体として、永遠の反抗者の意味を問う。これはイリュージョンではなく、東北というモチーフを用いての70年代の管理社会の是非という公的な議題についての討論の契機にもつながる。

そして、ハーロックをイリュージョンの記号として捉えないことには大きな意味がある。社会的領域に充溢する欲望へ接続するのではなく、公的領域につなぎ、語っていくこと。それは私たちにとって公的な振る舞いであり、活動の意味合いを帯びるだろう。

そうした契機を担う行為体＝キャラクターは、どのような役割を担っているだろうか。それは公的領域の本質に準じる。第1番目は、つなぐ、である。

作品という叙述構造の言説は、行為体の活動によってもナラティヴを強める。人々に語るという行為である。

活動者にとって、自分の活動の意味はその活動に続く物語の中にはないからである。結局、物語とは活動が必ず生みだす結果であるとしても、物語を感じとり、それを「作る」のは活動者ではなく、物語作者なのである。

ハンナ・アレント『人間の条件』筑摩書房

物語作者とは言論者のことである。キャラクターは自身が活動する存在であり、その物語を語ることはできない。『エースをねらえ！2』では、桂大悟、岡ひろみ、竜崎麗香は、終わってしまった物語を語っていく。それは宗方仁という物語である。そして、かれらの宗方について語るという活動は網《ウェブ》の目を作り、私たちへと至る。ここにあるのは一種の入れ子状のメタ構造だ。

鑑賞することで介在された網《ウェブ》の目の二重構造は、私たちのナラティヴを誘発する。それは、死に抗うことで「英雄性」をあらわした宗方仁の物語だ。彼は語り継がれることで英雄となった『ニーベルンゲンの歌』のジークフリートや『ギリシア神話』のアキレウスといった英雄のように、私たちの間でいまも語り継がれる存在だ。

行為体＝キャラクターの、2番目の役割に自由な振る舞いがある。それは世界のあらゆる場所に侵蝕する。そして、世界の意味を読み込み、媒介し、ときに抗う。

『THE ビッグオー』のロジャー・スミスは、『METROPOLIS』＝世界の意味を読み解き、その改変のため、交渉《ネゴシエイト》する存在だ（介在者《イン・ビトウィン》）。この交渉は媒介より強い意味を持つ。網《ウェブ》の目に批判的なまなざしを注ぎ、内省という作業を経て、行為というかたちで干渉する。そこには、政治的なるものの原型的な姿がある。それは複数性の確保に等しい。イデオロギーというときに一元化を要求する言説に回収されない活動だ。

交渉と陶酔は溝を穿たれた異なる世界ではなく、その両者が言説の領域における限界や他者性として直面するものである

ホミ・K・バーバ「アウラとアゴラ」『ナラティヴの権利』みすず書房

ここで、サブカルチャーがなぜ「サブ」と冠するかの理由も明らかとなる。それは主流の価値観、イデオロギーに距離を置き、批評性を持つことだ。ハイアートのようなロゴスによる批評とは限らない。しばしば、より生活に、皮膚感覚に根ざした形態を取る。たとえば、下世話さを批評性に昇華した『銀魂』がその例だ。ここには、ピエール・ブルデューの指摘した知の階級性、文化資本の問題への回答がある。

サブカルチャーは社会と接する。これを政治的主題、社会的主題にそのままつなげることは表現そのものを読み誤る可能性をはらむ。それは一義的な解釈でしかない。しかし、断絶を前提とした消費の視点でのみ捉えることもその生命力と可能性を失わせる。

複数性をはらんだ政治性。他者とつながることで生まれる意味。あらゆる階級性を否定する視座。

人間を人間たらしめる根拠のあらわれとして、捉え、語ること。そこにこそ、サブカルチャーの意義があるのではないか。

ヒーローであり、鑑賞者《スペクテイター》である意味　銀河英雄伝説

『銀河英雄伝説』

軍人が語る平和という矛盾

「銀河の歴史がまた一頁」

このセリフ（ナレーション）で知られる『銀河英雄伝説』は、田中芳樹の小説（1982年）を原作としたアニメシリーズ（1988年）である。原作は新書版換算で正伝10冊、外伝5冊ほどで、アニメは正伝110話、外伝52話（数話オリジナルあり）、映画（短編含む）3本という膨大なものだ。

本作は、宇宙歴796年、帝国歴487年、西暦に換算すると3596年の遠未来、広大な銀河系（天の川銀河）が舞台だ。そこで人類は、専制主義の銀河帝国と共和主義の自由惑星同盟に分かれ、160年もの不毛な戦争を繰り広げている。

皇帝が君臨する身分制度の重圧が守旧の停滞感となっている銀河帝国。自由を標榜するも、利権政治と大衆の政治への無関心で閉塞感を漂わせる自由惑星同盟。両者とも、執筆当時までの国家社会を参考とし、これまでの人類の歴史に対する思考実験の性格がある。具体的には、専制政治（独裁政治）と民主共和政の「功罪」の検討だ。そのため、古風な歴史小説の体裁を取る。

アニメ版は、歴史小説という原作の形態を尊重する。「原作をひとつの歴史的記述というふうに捉えてアニメ化」とは、プロデューサーであり、アニメ制作をもっとも強く牽引した田原正利の言だ（『ロマンアルバム　銀河英雄伝説』徳間書店）。ちなみに、総監督は『ヤマト』や『マクロス』の石黒昇だ。まず原作が「歴史小説」として何を語ったかを紐解いていこう。

「私は最悪の民主政治でも最良の専制政治にまさると思っている」『銀河英雄伝説』第51話

自由惑星同盟屈指の名将、ヤン・ウェンリーの言葉だ。本作のテーマは、最悪の民主政治と最良の専制政治のどちらが正しいかだとしばしば語られる。だが、本当にそうだろうか。

銀河帝国はゴールデンバウム帝家の支配する専制国家だったが、主人公のラインハルト・フォン・ローエングラムは姉を皇帝の寵姫に取られた私憤から打倒を志し、これはやがて民衆のための公正な政治の志向という公憤へ成長する。彼は政戦両略の天才ぶりを発揮し、帝国を簒奪。さらに腐敗した自由惑星同盟をも征服し、人類に統一国家を樹立する。

「私がここで覇道を退いたら、誰が宇宙に統一と秩序を回復する？ 血統と家門を誇ることしかない大貴族の遊蕩児や詭弁と利権誘導によって愚民を動かすだけの扇動政治家に人類の未来を委ねるのか」 第41話

ラインハルトの気概は奢りにも見えるが、常に公正という大義を高く掲げて邁進し、迷いのないさまは爽やかさすらある。彼の完全無欠ぶりは「民主主義の欠陥を映し出す鏡」（『「銀河英雄伝説」読本』徳間書店）として設定されたという。ただし「血統による王朝などという存在じたいがおぞましい」（第35話）と語り、簒奪を目論むラインハルトの存在は、天皇制（王制）をいただく日本からすれば共和主義的なニュアンスも感じさせる。

同盟のほうは複雑な陰影に満ちている。同盟の政治指導者と軍の高官は目先の利益と視野狭窄が常で、政治的・軍事的な失策から遂には国を滅ぼす。もうひとりの主人公と言って良いヤン・ウェンリーは、ラインハルトと同等の政戦両略の才を持つ。だが民主国家の軍人はシビリアン・コントロールを超えてはならないと考え、その縛りゆえに国家の存亡にあたっても自らの才幹を十全に生かし切れない。

「最悪の民主政治か最良の専制政治か」が作品のテーマであるなら、しばしば言われるように、ラインハルトと対極の存在は好敵手の軍人のヤンでなく、利権政治の権化の政治指導者、ヨブ・トリューニヒトのはずだ。だが、彼はそこまで物語に重きをなさない。

両者が戦わざるをえなかったのは、かれらの価値観がただ一点において一致しえなかったからである。社会的公正を実現するための権力は、集中しているべきか、分散されているべきか。

J・J・ピサドール「英雄的な歴史《ザ・ヒロイック・ヒストリー》」『銀河英雄伝説』8巻、徳間書店

ヤンとラインハルトの戦いを、その時点から未来の歴史家、ピサドールはこう指摘する。前者がラインハルトの帝国であり、後者がヤンの属する陣営である。そして前者の最善例と後者の最悪例をあえて並べ、公を志向する政治のいずれが制度としてすぐれているかを読者に問いかけたのが本作の核心に思える。

ここでは、ラインハルトが転覆し、ヤンが再三論じているように、国家そのものは重要ではない。運用する人間と制度の捉え方が重視されている。事実、同盟の崩壊後、ヤンはエル・ファシル共和政府に彼の一党を率いて参加するが、ここでも彼はこの国家の存続を重視していない。言論の自由という形式（建前）をラインハルトになんらかの形で譲歩して認めさせるため戦うのである。この迂遠さ、わかりにくさはヤンの精神の骨幹をなし、ラインハルトの明瞭さと対照をなす。そしてラインハルトは銀河をその帝国でほぼ統一、ただし民主共和政の精神と制度は一惑星を自治領として存続することで辛うじて命脈を保つ。

ここにイデオロギー失墜、「大きな物語の終焉」といった現代的な状況の反映を読み取ることもできる。そして、ヤンは後に触れるように行動者としての側面とともに「鑑賞者（注視者）」の相貌を持つ。

本作は数多くの二律背反する要素の組み合わせで成り立っている。共和主義と専制主義。平和の志向と軍事的ロマンチシズム。政治の合理的志向と無私の殉である。このうち、最大のものは軍人（しかも男性）によって語られる政治、平和だろう。事典に銀漢660名（商業国家フェザーン、宗教教団・地球教も合算だが）とうたわれる膨大な登場人物だが、そのうちシビリアン（文官）と女性は少なく、物語は男性軍人たちが綺羅星のように飾る。

私たちの文化にとって、これまで論じてきたように、軍人、軍隊とは〈生社会・趣味〉の存在だ。このキャラクターたちが、公的領域に属する政治の問題を公論としてこれでもかと議論し合う。この両義性こそ、サブカルチャーの本領とも言える。この矛盾は、英雄伝説をうたった娯楽小説だからでもあり、作家の田中芳樹自身が「おたく」と呼ばれる領域の人とも関係があるかもしれない。

現代の政治テクストとしての役割　ハイドリッヒ・ラングほか　『銀河英雄伝説』

「政治の実相はひとつです。…少数による多数の支配です。…全体を100として、そのうち51を占めれば、多数による支配を主張できます。ところがその多数派もいくつもの派閥に分かれています。すなわち、51のうち26を占めれば100という全体を支配できます。多数支配などという共和制の建前がいかに虚しいものであるか、明敏な閣下にはおわかりいただけると存じます」　第41話

『銀河英雄伝説』には、さまざまな思惑と意見を持つものが登場する。たとえば、冒頭にあげたセリフは内国安全保障局局長、ハイドリッヒ・ラングのものだ。いわば秘密警察の長の彼は、政治の実相は体制の如何に関わらず、権力をめぐるへゲモニーであることを、政治の暗部で蓄えた経験をもとに語る。物語でさほど重要でない彼だが、ネット社会では一種アイドル的存在だ。

「久々にワロタ。こういう△△が□□だったのが昔の○○なんだよな。今の新参は昔の○○を知らないから困る」。こう語る、頭の禿げた中年男のアスキーアート（文字で構成される絵のこと）を目にした人も多いだろう。出所を知らず使われることも多いこの常套句は、ラングがモチーフになっているが、こうしたセリフがあるわけではない。嘲弄と戒めを込めて使われるこのAA・コピペ（常套句）は、ラングの小人ぶりをよくあらわし、ネット民のメンタリティにマッチして多用されると思われる。

ラングだけでなく、綺羅星のような数多くのキャラクターたちはさまざまな角度から人間社会の実相を鋭く突く。かれらの膨大なセリフは、ネットで数多く引用されているようにいわば箴言となり、日本社会の政治教養の一画をなすのは否定できない事実だ。私たちに、トマス・ジェファーソ

ンもエドモンド・バークもいないが、ヤン・ウェンリーやハイドリッヒ・ラングは「いる」のだ。

こうした政治教養と歴史哲学は、現実の歴史をモチーフにした創作にも影響を及ぼしている。それはゲーム『戦国無双3』で見たとおりだ。また、『銀河英雄伝説』の原作小説は毅然さと剛毅さを持った大量の「漢」たちの香気に包まれているが、本作はBLの二次創作の多さでも知られている。原作が持つホモソーシャリズム（男性優位の連帯・紐帯）を女性たちが読み替え、意味の改変を行ったとも言える。そして原作の『銀河英雄伝説』そのものが、『三国志』を筆頭に古今東西の史実のエピソードの翻案、読み替えから成り立っているのである。

表現とはすべて多義的な存在だ。それは解釈し、解釈される網《ウェブ》の目の中にあるからだ。『銀河英雄伝説』は（銀河宇宙の）史実の紹介と物語の叙述というふたつの構造を持つ「歴史小説」だ。この形態を取るがゆえに、社会のなかでより稠密な網《ウェブ》の目を形成する。分岐した網のひとつ、アニメはこの原典の性格に対し、自覚的な構造を持つ。

アニメのエピソードは基本的に1章（30～50頁弱くらい）を映像化する。一般の脚本は会話劇と映像化を前提とする説明のト書きで構成される。しかし小説は映像と異なり、セリフよりむしろ地の文章の叙述が本体をなす。小説の映像化はこの余剰部分の省略、あるいは一定の幅に狭めた解釈を経て実現する。しかしアニメ版は地の部分をナレーションで拾い、不足部分はセリフにくり込み、あたうる限り叙述を網羅した。多少の潤色はあるが、原作の意図の忠実な反映を意図する。おそらく、もっともナレーションの多いアニメではないだろうか。これは特に後半顕著となる。

「銀河英雄伝説」の映像化の基本コンセプトは、ひとつの歴史ものとしてとらえるということです。…「銀河英雄伝説」は、原作自体が歴史小説の体裁で「事実」と「解釈」の要素があるのだけど、原作に書かれた「事実」を歴史事実としてとらえると、きわめて信頼性の高い資料が存在するのと同じで、創作の入り込む余地は小さくなりました。…つまり原作に、というより史実に、忠実な作りをしたつもりなのです。

河中志摩夫（シリーズ構成・脚本）コメント『ロマンアルバム　銀河英雄伝説』徳間書店

第一期当初は演出方針が定まらず、積極的なオリジナルエピソードの挿入も多かった。これは原作が持つ高級将校の視点の弊害を補うためで、トニオ二等兵とクルト伍長で交わされる末端の兵士の日常会話も設けられた。原作小説は全体小説を志向しないがゆえの意図的な穴だったが、むしろ良改変と言えた。これは第2期以降は姿を消したが、全体の構成が原作から逸脱することを怖れたのだろうか。

映像の演出においては、カメラは主観性をなるべく排した、客観性が基本姿勢だ。状況説明の補足のため、クローズアップ、心理を伝えるフレーミング（構図）は用いるが、カメラは固定が多い。キャラクターの心情を代弁するかのような主観性を持つカメラワークは抑制された。自然、やや引き気味で、ロングも多用された。

客観性が重点の映像技法、そして銀河声優伝説

『銀河英雄伝説』

ヤン・ウェンリーは生来の（消極的な）反抗気質を持ち、利己的な政治家にはことのほか受けが悪い。彼は幽閉に近い形で強制的に召還されて査問会にかけられ、精神的なリンチを政治家たちから与えられる。遂には堪忍袋の緒が切れ、本編2度目の辞表を提出しようと決意する。このときの帽子を投げつけ、天を仰ぐさまは、普通なら投げる動作、天を仰ぐ動作をパンとアップでつなぎ、衝動の勢いを強調するだろう。だが実際はロングの引き気味のカメラで、ヤンの慨嘆するしぐさを映す。これはむしろ演劇的な雰囲気だ。ヤンの心情を必要以上に描写せず、解釈は視聴者に任せた形だ。

全体的にレイアウトは勢いやスピード感ではなく、格調と重厚感を意図した。「伝説」を語る原作小説の風格への配慮だろう。キルヒアイス役の広中雅志はアフレコにあたって「外国映画の吹き替えの気持ちでよろしく」（前掲書）と言われたという。いわゆるアニメ的演出と真逆の方向性だ。

BGMはほぼ全編にわたってクラシック音楽が採用された。マーラー、ワーグナー、ショパン、ベートーベン、ショスタコーヴィチなど、さまざまだ。これも風格を意図したものだろうが、銀河帝国側の描写は耽美性が高くなり、腐女子の妄想をかき立てただろう。

第四次ティアマト会戦にはラヴェルのボレロ。同盟の帝国侵攻作戦の撤退戦にはドヴォルザーク

の交響曲《新世界より》の第4楽章。ヤン艦隊によるシュタインメッツ艦隊とレンネンカンプ艦隊との空前の二連戦撃破にはチャイコフスキーの交響曲第6番《悲愴》第3楽章、がそれぞれ用いられた。オーケストラ曲の抑揚とシンクロし、戦術的展開がテンポ良く展開される、数万隻の宇宙艦隊戦。これに併せ、司令艦橋のモニターにはコンピューターグラフィックスによる艦隊陣形で戦闘の進展状況が図示される。日本のアニメではあまり例を見ない宇宙艦隊戦だが、ビジュアル演出ではひとつの到達点と言って良い範型となった。

宇宙戦艦（軍艦）の司令艦橋の中は、周囲を宇宙空間が取り囲む。これは透明な材質によるものか、『機動戦士Zガンダム』のような全天周囲モニターに似たものかは不明だ。ただ、そこには通話映像がときおり映し出される。しばしば僚艦がそこに映っており、宇宙での遠近からしても宇宙空間はモニターによる映像と考えたほうが無難かもしれない。さらに正面には、戦術状況を示すメインスクリーンが置かれ、これは半透過で艦隊陣形は星々と重なり合う。これは作品がさまざまな（史的）解釈ができうる、幾つもの層（レイヤー）が堆積した重層体という構造をビジュアル演出で補強する。

声優たちによる演技にふれよう。登場人物・銀漢660名のうち実際に声を必要としたキャラクターでダブルキャストは少なく、主立った声優で足りなくなり、劇団系の俳優まで起用された。その比類ない規模から「銀河声優伝説」とうたわれた。カメラの固定されたレイアウト、説明的で難解なセリフ（辞書にも載っていない文語が多い）から、声優の演技に依存する比重は高かった。

専制国家と民主共和国家の星間戦争。そのドラマはやや古風だ。終盤近くなるにつれ、自らの信念、主君への忠義、民主主義への忠誠により、あるいは自らの情念のまま戦い、散っていく男たち。艦隊戦を指揮する勇壮さ、何かに殉じる高潔さ。その精神世界は『宇宙戦艦ヤマト』に通じるものがあるが（ただし理知的な反語もある）、これを支えるには演技力と役者としての風格を持つ名優を必要とする。かれらの息吹があってこそ、無機的な宇宙艦隊戦に人間のドラマが彩られる。

特筆すべきはヤン・ウェンリー役の富山敬（『ヤマト』の古代進役が有名）だろう。ヤンの曲線的、多面的な思考と感性を、高いトーンだが包むような温かみ、陰影のニュアンスに富んだ演技がよくあらわした。

映画『銀河英雄伝説　新たなる戦いの序曲』（１９９３年）は、本編冒頭となるアスターテ会戦に焦点を当てた作品だ。この戦いで、ヤンはいまだ艦隊指揮の権限がなく、天才ラインハルトの戦略を予想しての度重なる警告も無能な上司に無視され、同盟の艦隊は半壊の危機に遭う。司令の負傷により指揮を引き継いだヤンはどうにか逆撃を成功させ、艦隊を全滅の危機から救う。戦いが終わると、彼はこう呟く。

「もう少し私に権限があれば――か」

味方の損失（戦死者）への悼み、戦術眼を活かせなかった悔い、指揮権を得ることへの熱望、戦争で自らの才幹を活かしたいという大望、そしてそんな自分への嫌悪。ヤンを終始支配したこれらの複雑な感情を、富山敬の演技は先の一言に凝縮して感じさせた。そして彼は第三期、ヤンの物語の退場まで演じきってのち病没する。第四期に死者であるヤンの声は一切登場せず、ナレーションか誰かの回想シーンのモノローグ説明で処理される。そのことが、偶然ではあるが彼をこの世界に生きたかけがえのない存在だと実感させた。

まさに「歴史」上の人物である、キャラクターたち。これを血肉ある存在（解釈行為）としたのに貢献したのが、数多くの声優たちだ。

『銀河英雄伝説』

ヤン・ウェンリー、ユリアン・ミンツ。劇場の鑑賞者《スペクテイター》

「いうなれば、宇宙はひとつの劇場だよ」

田中芳樹『銀河英雄伝説』9巻、徳間書店

「宇宙はひとつの劇場であり、歴史は作者なき戯曲である」

田中芳樹『銀河英雄伝説』7巻、徳間書店

ヤン・ウェンリーは、このふたつの言葉を遺している。

原作は、作中時点より未来の歴史家による、ラインハルトの新帝国確立までの経緯を綴った歴史小説という構造を持つ。それは、未来の歴史家による当時の戦争の歴史的評価がたびたび挿入されることでも明らかだ。

この歴史は、一次史料としては、ヤン・ウェンリーのメモリアル（遺稿）、後に歴史家となったと考えられる、ヤンの養子であり後継者のユリアン・ミンツの歴史考察書、ダスティ・アッテンボローの『革命戦争の回想』、エルネスト・メックリンガーの回想録、ウルリッヒ・ケスラーの回想録（断片的なエッセイかもしれない）、さらに各政府／組織の公式記録、などがあげられる。当時の戦争、動乱を後年に歴史的に考察したもの（つまり二次史料）に、J・J・ピサドールの『英雄的な歴史』、ヤンの伝記、ラインハルトの伝記、『ケスラー元帥評伝』、さらにこれに準じるものとしてD・シンクレア、E・J・マッケンジーの著述があげられる。

さらに、出所は随時明記されないが、ラインハルト、ヤンらの決定、行動には、肯定、批判両面の歴史家の評価が挿入される。この手法で、原作小説と言えども「史実」との一定の距離感のもと解釈の介在により叙述されたと明示される。歴史小説は真実の上に配置された可視化された層（レイヤー）の言説という性質を持つ。この層（レイヤー）はいわば網《ウェブ》の目となって、言論と思索のさまざまな行動を誘発させていく。『銀河英雄伝説』は架空小説だが、一次史料であり二次史料でもある両義性を具え、私たちに働きかける。

このテクストと解釈の両義性を強調するのが、ヤン・ウェンリーという存在だ。

ヤンは戦争の実行者であるより構想家であり、構想家であるより哲学者であり、哲学者であるより批判的観察者であった。

田中芳樹『銀河英雄伝説 外伝』3巻、徳間書店

ヤンは民主共和主義をラインハルトの新帝国という新しい社会秩序の中で存続するよう努める一方、状況を冷静に分析する観察者でもあろうとする。ちなみに、先の説明文はアーレントのベンヤミン評の言い回しに似ている（『暗い時代の人々』）。

「後世の歴史家は、我々こそを悪の陣営と色分けするかもしれない」　第39話

ヤンは自由惑星同盟の存亡をかけた戦い、そして自身の民主共和主義者としての抵抗が、平和と統一、それによってもたらされる豊かな果実を阻害したものとして後世から非難を浴びるかもしれないとユリアンに語る。それはつまるところ、彼自身が心の片隅で抱いている疑念でもある。これは自身に対する批判的考察、理性と考えられなくもない。

ヤンはバーミリオン会戦において、巧みな戦術指揮でラインハルトをあと一歩で敗死へと追い込

む。しかし首都は別働隊に急襲され、命を惜しんだ同盟の政治家たちは降伏し、かれらの停戦命令がヤンに下る。彼は攻撃を断念するが、民主主義の軍人はシビリアン・コントロールに従うべきとの信念からだった。攻撃を断行していればラインハルトを討ち果たし、権力が空白状態の宇宙でヤン自身が民主主義を掲げる覇者として君臨できる途方もない機会でもあった。だが、彼は内心にラインハルト殺害への「ためらい」があったことも後に述懐する。それは歴史学者として、改革者ラインハルトへの肯定的評価が根底にあったからだ。彼は行動者であったとしても、あくまで状況を巨視的に俯瞰し、観察することも怠らない。それは、いわば鑑賞者の視点である。

> 美的対象の現存にとっての不可欠条件は、伝達可能性である。つまり鑑賞者《スペクテイター》〔注視者〕の判断力が、それを欠いてはいかなる美的対象も全く現象できなくなるような空間を造り出すのである。公共的領域は演技者《アクター》と制作者《メイカー》によってではなく、批評家《クリティック》と鑑賞者《スペクテイター》〔注視者〕によって構成される。しかもこの批評家と鑑賞者の要素は、どの演技者と制作者のうちにもある。
>
> **ハンナ・アーレント『カント政治哲学の講義』法政大学出版局**

アーレントはカントの美的趣味判断における公的な要素に注目する。判断とは他者の視点を必然的に前提とする。ゆえにそれは公の意味合いを帯びる行為であり、他者と協業する政治的行為、活動と同じ意味合いを帯びると述べている。それが行動者である革命家／政治家ではない、哲学者／

歴史家が存在する意義である。そして趣味判断における美的とは、劇場の鑑賞の問題とも関わりがある。

ヤン・ウェンリーは、行動者であると同時に鑑賞者（注視者）でもある。それは彼が歴史を語る人間だからであり、その姿勢は作品そのものの構造に直結する。ヤンが地球教団のテロの凶弾に斃れた後、その両義的な姿勢もまたユリアンが受け継ぐ。彼は崩壊寸前の民主共和主義を、イゼルローン共和政府の18歳の若き軍事指導者として支える。彼はその重責によく応えるが、同時にヤンとラインハルトの行動と思想がどのような意味を持つかの思索も重ねていく。それは、なかばは死者であるヤンとの対話（解釈）でもあった。ユリアンは、卑劣な手段であっても、平和へと直結する双方の失う人命が少ない作戦、策略のほうが正しいのではないかという、オーベルシュタインの問いかけに真剣に悩む。

「もしそうだとしたら、皇帝《カイザー》ラインハルトとヤン提督とは、なぜ流血をくり返さなくてはならなかったのだろうか。もっとも卑劣に感じられる手段が、もっとも有効に流血を減らすのだとしたら、何のために人は正道を求めて苦しむのだろうか」　第１０４話

この答えは、冒頭に掲げたヤン・ウェンリーの言葉が語っている。「宇宙はひとつの劇場であり、歴史は作者なき戯曲である」

人間とは行動によって理解され、解釈される。その行動の相克、ぶつかり合いにより、世界はひとつの劇場となる。私たちはその役者であり、また鑑賞者でもある。そのいつ果てるともしれない演劇を語る行為を、歴史と呼ぶのである。

『銀河英雄伝説』

なぜ共和主義が表現の柱となるのか

だれ一人として、自分自身の生涯の物語の作者あるいは生産者ではない。いいかえると、活動と言論の結果である物語は、行為者を暴露するが、この行為者は作者でも生産者でもない。言論と活動を始めた人は、たしかに、言葉の二重の意味で、すなわち活動者であり受難者であるという意味で、物語の主体ではあるが、物語の作者ではない。

なぜ、歴史は、多くの活動者と言論者をその中に含み、しかも触知できる作者のいない人類の物語書となるのか。その理由は、物語と歴史がいずれも活動の結果だからである

ハンナ・アレント『人間の条件』筑摩書房

ここで『銀河英雄伝説』のアニメの意図も明瞭となってくる。アニメ版もまた、ヤンやユリアン、「後

世の歴史家」がそうであるように、銀河の歴史を解釈する鑑賞者であり、歴史家としての役割を担っている。それは、原作小説がうちに蔵していた構造を、移し替え、別の視点で問い直す行為でもある。

社会的領域にある表現は私としての生に根ざした欲望によって侵蝕される。だがこれは語られる《ナラティヴ》ことによって、公的な意味合いもまた帯びる。『銀河英雄伝説』は、軍人の漢という〈生社会・趣味〉に根ざすとともに、政治問題という公論を惹起する両義性を持つ。そしてその政治とは、暴力を擁する政治組織にフェティシズム的に固着し、観念に自閉したイデオロギー性に偏愛するといった私の消費と一線を画す。ユリアンの鑑賞者という役割は、キャラクター＝記号に止まらないメタ批評性も具える。

「民主主義とは対等の友人をつくる思想であって、主従をつくる思想ではないからだ」「専制政治が倒れるのは君主と重臣の罪だが、民主政治が崩壊するのはすべての市民の責任」　アレクサンドル・ビュコック　第72話、第53話

「人民を害する権利は、人民自身にしかないからです。…専制政治の罪とは、人民が政治の失敗を他人のせいにできるという点につきるのです」　ヤン・ウェンリー　第54話

政治を得られる結果への効率で評価するなら、民主主義、専制主義、独裁主義、貴族主義など、いくつもの政治思想が並列され、その評価を待つ。だがそこにある種の価値を見出すとしたら、そ

の評価はまったく異なってくる。

それはハンナ・アーレントが「出現の空間《アピアランス》」と呼ぶものである。そこで人々は語り、ともに行動することによって、単なる生物を超えた人間となることができる。これを支える公的領域を、古代ギリシアではポリスと呼んだが、政治体制としては共和主義と呼ばれる。その思想は、共同体を支える市民の意識を要とするもので、分配と権利獲得に主眼を置いて構築されたプロセスを指す民主主義とは位相の異なるものだ。

ポリスでは「公」のため、気高い行動を取るものを「英雄」と呼んだ。アーレントによるとHEROの語源はホメーロスにあり、トロイア戦争に従軍した自由人のことを指したという。伝説上の「英雄時代」の半神、昔の人（heros）を、ホメーロスは人々の間にあって自身をさらす自発性にもとづく勇気の意味合いを込めて言い換えたのだ、そしてこの英雄とは、公的領域の行為の模倣（ミメイスタイ）である演劇と密接な関係がある。

『銀河英雄伝説』においても、惑星ハイネセンの自治という共和主義の存続は、ヤン亡き後のユリアンら優秀だが普通の人々によって成し遂げられる。人それぞれが英雄となる資質を持っているなら、超人的な天才は不要である。だからこそ、ヤンやラインハルトは最後に死なねばならなかった。「誰でも、英雄になるのであって、英雄として生まれるのではない」（田中芳樹『銀河英雄伝説』8巻、徳間書店）

『銀河英雄伝説』の「英雄」とは、その苦闘に参加したすべての人々を指すのではないだろうか。

公的領域に侵蝕する表現が、共和主義を作品のひとつの柱とすること。それは、公的領域の性格を考えるなら当然の帰結とも言える。

最後に、前章で触れた行為体＝キャラクターの第3番目の役割に触れよう。それは鑑賞者だ。そのうちにあって物語世界を注視し、その多義性を思考すること。第1番目のつなぐは、語る（ナラティヴ）ことにより、網《ウェブ》の目をかたちづくる。そして、第2番目の自由に振る舞うは、媒介と抗いに関わる。これらの活動の端緒には思考がある。それは鑑賞／注視で初めて得られる。そして、思考とはより人間の根底に関わるものだ。

それはヤン・ウェンリーだけでなく、時代の無意識を読み解こうとした『ルパン三世』のパイロットフィルム、『機動戦士Zガンダム』の星を読み解くまなざし＝ニュータイプ、表象の奥にある本質を追求する『進撃の巨人』のハンジ・ゾエなどの例に見てきた。そして、サブカルチャーにおける鑑賞者は現実の私たちをも世界そのものの鑑賞／注視へ誘う。

世界は効率で支配された消費物ではなく、生き生きとした意味のあるもの。私たちは消費者ではなく、人間という存在。そこに至る道は、鑑賞／注視から始まる。

そして、サブカルチャーは本質的に社会的領域（〈生社会・自我〉〈生社会・趣味〉）にあって、公共領域に侵蝕する希有な存在であるがために現代社会の本質を浮き彫りとする。

それが、サブカルチャーと呼ばれるものの持つ可能性である。

あとがき

本書は、サブカルチャーと呼ばれるもののうち（なぜこの語句を用いるかは本書そのものを参照されたい）、アニメについて40年もの長さにわたって論じている。その幾つかを例にあげると、『ルパン三世（Part 1）』『エースをねらえ！ 劇場版』『装甲騎兵ボトムズ』『るろうに剣心』『涼宮ハルヒの憂鬱』『進撃の巨人』…となり、扱うジャンル／テイストも多岐に及んでいる。だが本書は、いわゆる通史とは異なる。幾つかの作品を点とするなら、その共通項をつないで線とし、これらの表現に潜むある傾向を浮かびあがらせようと試みたものである。

版元から「アニメ評論の本を」と執筆依頼をいただいたとき、まず何が書けるかと考え込んだ。筆者には『宇宙戦艦ヤマトと70年代ニッポン』（社会評論社）という著作が以前にあり、それが念頭にあったものと思う。前書は作品批評とともに、いわくつきのこの作品の制作過程を「一次」資料にあたって論考した史的研究の要素もある。しかし、本書はこれとはまったく異なるアプローチを取った。

私がこれまで触れてきたアニメの40年もの歴史を振り返ったとき、幾つかのヒーローの面影が浮かぶ。１９７０年代、１９８０年代、１９９０年代、２０００年代、そして２０１０年代。それぞれ時代風潮の影響を受け、その面影はだいぶ異なるが、ひとつの貫かれた芯を見出すことができる。

それは「抗い」である。強大な敵や卑劣な味方、大自然（大宇宙）の非情な摂理…。それは物語の方便としてさまざまな形を取るが、その本質は突き詰めれば「運命」ではないだろうか。「運命」に抗うヒーロー（英雄）。その原存在としての姿の意味の探求が、その出発点にあった。

表現すべてに宿命的につきまとうものがある。それは、自律的か他律的かという性格づけだ。自律的であるなら、社会や世界の事物とは乖離し、表現そのものの純粋なる完成度を志向する。あるいは他律的なら、社会的なメッセージや公理を引き写し、それをよりよく語ることに表現は価値を見出す。だが、表現は往々にしてこの二元論で語り尽くせるものではない。

アニメは純粋芸術よりも大衆性を強く志向するぶん、社会という問題系と生々しく関わりを持つ。しかしすぐれた作品であるほど、社会批評、文明批判の要素は持つものの、その直接的な応答とはならない。そこには回収され得ないぶれがある。これを多義性と呼んでもいいだろう。

このアニメの多義性とは何だろうか。本書ではこれを、「ヒーロー（英雄）」を切り口に読み解いてみた。自然、社会性に留意しつつも、語り口は文芸批評により近いものとなった。近年のアニメ批評では、既に稀少のアプローチだろう。筆者は執筆のフィールドの主軸を美術批評に置いているが、そのキャリアが反映されているからかもしれない。

このアニメの40年の流れにおいて、表現は大きな地殻変動を経験している。それはオリジナルという表現の根拠が喪失し、引用／流用／応用（アプロプリエーション）が作品構造を大きく規定していることだ。「複製技術時代」の複製表現である。それは、物語構造とともにキャラクターのあり方を変えてしまった。それは多義性の変容だが、その萌芽はすでにそもそもの当初からあったのだ。そしてその変遷をたどるとき、多義性の核心もまた見えてくる。

その核心とは何か。本書ではこれを物語ること（ナラティヴ）として提起してみた。とめどもない消費社会にあって、物語という意味を紡ぎ出していくこと。それは作品が何に向き合っているのか、何に関わろうとしているかとも本質的につながっている。

本書は社会／文芸批評のアプローチが強いが、ハンナ・アーレントの社会的領域を敷衍させた〈生社会・自我〉〈生社会・趣味〉、ヴァルター・ベンヤミンのアレゴリー（寓意）の適用、ジュディス・バトラーの行為体のキャラクターへの応用、そして劇場とナラティヴの現代的意義の強調、などの提起はどう受け取められるだろうか。諸氏の忌憚のない意見を待つしかない。

本書の執筆の機会は与えていただいた、織研新聞社のもと編集者・吉川清悟さん、そして担当編集の井出重之さんには深く感謝いたします。

２０１５年１月　アライ＝ヒロユキ

【参考文献】

※原作作品（マンガ、小説）は基本的に引用箇所のあるもののみ記載。

●亜庭じゅんコメント『コミケ誕生打ち明け話』ダイジェストレポート　#2『コミケ』の名称に込められた思いとは？」『ウルトラジャンプエッグ』集英社、２０１０年
●アライ＝ヒロユキ『宇宙戦艦ヤマトと70年代ニッポン』社会評論社、２０１０年
●アライ＝ヒロユキ「『新世紀エヴァンゲリオン』のバランスシート」『ポップ・カルチャー・クリティーク』0号、１９９７年、青弓社
●アライ＝ヒロユキ「なぜ『少女』『革命』なのか」『ポップ・カルチャー・クリティーク』2号、１９９８年、青弓社
●ルイ・アルチュセール『アルチュセールの〈イデオロギー〉論』三交社、１９９３年
●ハンナ・アーレント『カント政治哲学の講義』法政大学出版局、１９８７年
●ハンナ・アーレント『過去と未来の間』みすず書房、１９９４年
●ハンナ・アレント『人間の条件』筑摩書房、１９９４年
●ハンナ・アレント『暗い時代の人々』筑摩書房、２００５年
●庵野秀明コメント『庵野秀明　スキゾ・エヴァンゲリオン』大泉実成編、太田出版、１９９７年
●庵野秀明コメント『庵野秀明　パラノ・エヴァンゲリオン』竹熊健太郎編、太田出版、１９９７年
●諫山創『進撃の巨人　ANIMATION SIDE 吼』講談社、２０１４年
●出渕裕インタビュー、映画パンフレット『宇宙戦艦ヤマト２１９９　第一章　遙かなる旅立ち』宇宙戦艦ヤマト２１９９製作委員会、２０１２年

●井上真樹夫コメントほか『ロマンアルバム・デラックス㉚　宇宙海賊キャプテン・ハーロック』徳間書店、1980年
●岩井阿礼「性表現の主体としての女性」『Sociology Today』第6号、1995年、お茶の水社会学研究会
●アラン・ヴィアラ『演劇の歴史』白水社、2008年
●上野俊哉／毛利嘉孝『カルチュラル・スタディーズ入門』筑摩書房、2000年
●「虚淵 玄×田中ロミオ　この世界に希望がある理由」『ユリイカ』2011年11月臨時増刊号「総特集魔法少女まどか☆マギカ」、青土社
●バートン・H・ウルフ『ザ・ヒッピー』国書刊行会、2012年
●セルゲイ・エイゼンシュテイン『映画の弁証法』角川書店、1953年
●大塚康生『作画汗まみれ 改定最新版』文藝春秋、2013年
●岡田磨理（シリーズ構成）インタビュー（「峰不二子という名のミステリアスな空洞」）『アニメージュ』2012年7月号、徳間書店
●尾崎純子「いま、なぜパフォーマンス?」『ACROSS』1985年5月号、パルコ
●尾崎雅之インタビュー、まつもとあつし「TIGER & BUNNYはこうして生まれた」『ASCII.jp』2012年1月16日、アスキー・メディアワークス
●押井守『すべての映画はアニメになる』徳間書店、2004年
●笠間千浪「サブカルチャー研究における論争点についての一考察」『神奈川大学人文学会誌』神奈川大学、2007年
●金坂健二『幻覚の共和国』晶文社、1971年
●河中志摩夫（シリーズ構成・脚本）コメントほか『ロマンアルバム　銀河英雄伝説』徳間書店、1992年
●『GUNDAM CENTURY』樹想社、2000年（初版はみのり書房、1981年）
●イマニュエル・カント『判断力批判』（上）（下）岩波書店、1964年

●「【京まふ２０１３】角川書店・井上社長による『マンガ・アニメがもたらす地域活性化』聖地巡礼成功の鍵とは」『インサイド』２０13年9月6日、イード
●ジャン＝リュック・ゴダール『ゴダール　映画史（全）』筑摩書房、２０１２年
●小谷野敦「聖なる性の再検討」『日本研究第29集』国際日本文化研究センター、２００４年
●佐藤毅「〈社会論〉人間を問い直す時代」『ブレーン』１９７1年5月号、宣伝会議
●佐藤雅樹「少女マンガとホモフォビア」『クィア・スタディーズ'96』七つ森書館、１９９６年
●「STEPS TO THE ビッグオー」『THE ビッグオー　オフィシャルガイド』双葉社、２００３年
●ルイス・ジアネッティ『映像技法のリテラシーⅠ』２００３年、『映像技法のリテラシーⅡ』２００４年、フィルムアート社
●フレドリック・ジェイムソン『政治的無意識』平凡社、２０１０年
●フレドリック・ジェームソン「ポストモダニズムと消費社会」、ハル・フォスター編『反美学』勁草書房、１９８７年
●霜月たかなか『コミックマーケット創世記』朝日新聞出版、２００８年
●「ミック・ジャガー・インタビュー１９６８　ストーンズ革命を語る」『文藝別冊［総特集］ローリング・ストーンズ』河出書房新社、２００２年
●絓秀実『１９６８年』筑摩書房、２００６年
●鈴木敏夫「日本人と戦争」、映画パンフレット『風立ちぬ』東宝（株）出版・商品事業室、２０１３年
●『オフィシャルファンブック　涼宮ハルヒの公式　コンプティーク編』角川書店、２００６年
●ニュータイプ編『TVアニメ戦国BASARA公式ガイドブック』角川書店、２００９年
●電撃マ王編集部編『公式ガイドブック　TVアニメ 戦国BASARA弐 激闘全書』アスキー・メディアワークス、２０１１年
●ソポクレス「アンティゴネ」『ギリシア悲劇Ⅱ』筑摩書房、１９８６年

●ヘンリー・デイヴィッド・ソロー「市民の反抗」『市民の反抗 他五篇』岩波書店、1997年
●高橋実『ルパン三世——まぼろしのルパン帝国』フィルムアート社、1995年
●高橋良輔インタビュー『ロマンアルバム・エクストラ㊽ 装甲騎兵ボトムズ』徳間書店、1984年
●「高橋良輔ロングインタビュー」「吉川惣司インタビュー」霜月たかなか編著『ドキュメント・ボトムズ』三一書房、2000年
●岡島正晃／あさのまさひこ／中島紳介編『ボトムズ・アライヴ』太田出版、2000年
●竹内好「中国の近代と日本の近代」『日本とアジア』筑摩書房、1993年
●太宰治「右大臣実朝」『惜別』新潮社、1973年
●田中秀夫・山脇直司編『共和主義の思想空間』名古屋大学出版会、2006年
●田中芳樹『銀河英雄伝説』徳間書店、1982～89年
●谷川流コメント『オフィシャルファンクラブ 涼宮ハルヒの公式』角川書店、2006年
●タモリ・松岡正剛『愛の傾向と対策』工作舎、1980年
●『完全保存版 ボブ・ディラン 全年代インタビュー集』インフォレスト、2010年
●「出崎統未発表ロングインタビュー」ほか、大山くまお・林信行（SLF）編著『アニメーション監督 出崎統の世界』河出書房新社、2012年
●【ロングインタビュー】「人間を甘く見ている」巨匠・出崎統が〝萌え〟を斬る!、『日刊サイゾー』2009年1月14日、「livedoor NEWS」、LINE
●富野由悠季「TVフレームの中のダンバイン」『ロマンアルバムエクストラ㊷ 聖戦士ダンバイン』徳間書店、1984年
●「富野由悠季インタビュー」『RAPPORT DELUXE 12 機動戦士Zガンダム大事典』ラポート、1986年
●『機動戦士Zガンダム』LD解説冊子、バンダイビジュアル、1994年
●Web現代「ガンダム者」取材班・編『ガンダム者』講談社、2002年

●富野由悠季コメント『バイストン・ウェルへの誘い 4』、『リーンの翼 4』角川書店、2010年
●「座談会・現象としての富野論　永瀬唯×小谷真理×水民玉蘭」ほか、『富野由悠季　全仕事』キネマ旬報社、1999年
●『ロマンアルバム・エクストラ㊽　伝説巨神イデオン』徳間書店、1982年
●『ロマンアルバム・エクストラ㊿　伝説巨神イデオン 接触篇 発動篇』徳間書店、1982年
●中村雄二郎『術語集』岩波書店、1984年
●中村雄二郎『共通感覚論』岩波書店、2000年
●成美弘至「第二章　サブカルチャー」、吉見俊哉編『知の教科書　カルチュラル・スタディーズ』講談社、2001年
●難波功士「サブカルチャー概念の現状をめぐって」『関西学院大学社会学部紀要』第101号、関西学院大学、2006年
●ロバート・ノージック『アナーキー・国家・ユートピア』木鐸社、2012年
●チャールズ・サンダース・パース『パース著作集2　記号学』勁草書房、1986年
●ジョルジュ・バタイユ『エロティシズム』筑摩書房、2004年
●ジュディス・バトラー『触発する言葉』岩波書店、2004年
●ホミ・K・バーバ「アウラとアゴラ」『ナラティヴの権利』みすず書房、2009年
●ミハイル・バフチン『小説の言葉』平凡社、1996年
●ベラ・バラージュ『視覚的人間』岩波書店、1986年
●ロラン・バルト「作者の死」『物語の構造分析』みすず書房、1979年
●ハル・フォスター編『視覚論』平凡社、2007年
●福井晴敏『機動戦士ガンダムUC　虹の彼方に（下）』角川書店、2009年
●福井晴敏コメント「日本経済新聞」2002年12月22日号、日本経済新聞社

●福井晴敏コメント「福井晴敏解体全書」『ダ・ヴィンチ』2005年6月号、メディアファクトリー
●福井晴敏コメント「かわぐちかいじ×福井晴敏　プラモとガンダムから始める戦争論」『小説新潮』2005年12月号、新潮社
●『TVアニメ「Free!」パーフェクトファイル』主婦と生活社、2014年
●ピエール・ブルデュー『ディスタンクシオン1』『ディスタンクシオンⅡ』藤原書店、1990年
●ピエール・ブルデュー『再生産』藤原書店、1991年
●ベルトルト・ブレヒト『ブレヒト　演劇論』ダヴィッド社、1963年
●ディック・ヘブディジ『サブカルチャー』未來社、1986年
●ヴァルター・ベンヤミン『ドイツ悲劇の根源』法政大学出版局、1975年
●ヴァルター・ベンヤミン「複製技術の時代における芸術作品」「歴史の概念について」『ボードレール　他五篇』岩波書店、1994年
●ヴァルター・ベンヤミン「運命と性格」「翻訳者の課題」『暴力批判論　他十篇』岩波書店、1994年
●ヴァルター・ベンヤミン「パリ――十九世紀の首都」『ベンヤミンコレクション1　近代の意味』筑摩書房、1995年
●ヴァルター・ベンヤミン「K：夢の街と夢の家、未来の夢、人間的ニヒリズム、ユング」『パサージュ論　第3巻』岩波書店、2003年
●『別冊宝島　僕たちの好きな超時空要塞マクロス』宝島社、2003年
●ジョン・G・A・ポーコック『マキァヴェリアン・モーメント』名古屋大学出版会、2008年
●ジャン・ボードリヤール『シミュラークルとシミュレーション』法政大学出版局、1984年
●「【前島 賢氏インタビュー】「セカイ系」を通して見えてくる世界とは何か？」『ビジネス＋IT』2010年4月16日、SBクリエイティブ
●松本零士「大海賊ハーロック」『セクサロイド』④　朝日ソノラマ、1974年

●松本零士『ダイバー0』朝日ソノラマ、1983年
●松本零士「サレルヤの森」「新世界はむらさきの空」『四次元世界』小学館、1995年
●松本零士「宇宙戦艦デスシャドー」『帰らざる時の物語』秋田書店、1998年
●松本零士『ガンフロンティア』1、2　秋田書店、1999年
●松本零士『別冊プレイコミック　宇宙海賊キャプテンハーロック・マンガ特集号』秋田書店、1979年
●松本零士「日本国落城記」『ビッグコミック』2005年8月25日号、小学館
●松本零士インタビューほか「特集宇宙海賊キャプテンハーロック」『フィギュア王』106号、2006年、ワールドフォトプレス
●レフ・マノヴィッチ『ニュー・メディアの言語』みすず書房、2013年
●まんがタイムきらら編『魔法少女まどか☆マギカ公式ガイドブック』芳文社、2011年
●三島由紀夫（×いいだ・もも）「政治行為の象徴性について」『文化防衛論』筑摩書房、2006年
●宮崎駿『風の谷のナウシカ』1983〜1994年、徳間書店
●宮崎駿『出発点〔1979〜1996〕』徳間書店、1996年
●「宮崎駿監督の新作「風立ちぬ」　反戦の心、戦闘機に乗せて」『日経新聞』2013年7月27日、日本経済新聞社
●「宮崎駿、『風立ちぬ』と同じ百田尚樹の零戦映画を酷評『嘘八百』『神話捏造』」『ビジネスジャーナル』2013年9月25日、サイゾー
●宮沢章夫『「東京大学80年代地下文化論」講義』白夜書房、2008年
●ジークフリート・メルヒンガー『政治演劇史』白水社、1976年
●村上春樹（訳者）あとがき、レイモンド・チャンドラー『ロング・グッドバイ』早川書房、2010年
●「『キャシャーン Sins』を戦い終えて……　山内重保・馬越嘉彦インタビュー（2）　荒木伸吾リスペクトと肉体アクションの重視」『WEBアニメスタイル』スタジオ雄、2009年

●山村高淑「自治体・アニメ　タイアップの先進例」『日経グローカル』２０１２年5月21日、日本経済新聞社
●ジョルジュ・ディディ＝ユベルマン『時間の前で』法政大学出版局、２０１２年
●石田仁「ゲイに共感する女性たち」、溝口彰子「妄想力のポテンシャル」、野火ノビタ「人間未満の季節」、ヤマダトモコ「プレ『やおい・ＢＬ』という視点から」ほか、『ユリイカ』２００７年６月臨時増刊号「腐女子マンガ大系」、青土社
●藤本由香里「少年愛／やおい・ＢＬ」、藤本純子「関係性からみるＢＬの現在」、石田仁「『ほっといてください』という表明をめぐって」ほか、『ユリイカ』２００７年12月臨時増刊号「ＢＬスタディーズ」、青土社
●安彦良和×伊藤悠「戦争を描く、人間を掴む」『ユリイカ』２００７年9月号「特集安彦良和」、青土社
●吉本たいまつ『おたくの起源』ＮＴＴ出版、２００９年
●吉本隆明『共同幻想論』河出書房新社、１９６８年
●吉本隆明『源実朝』筑摩書房、１９９０年
●らいとすたっふ編『「銀河英雄伝説」読本』徳間書店、１９９７年
●ジャック・ラカン『精神分析の四基本概念』岩波書店、２０００年
●マーティン・Ａ・リー、ブルース・シュレイン『アシッド・ドリームズ』第三書館、１９９２年
●ジャン＝フランソワ・リオタール『ポスト・モダンの条件』水声社、１９８６年
●『PLUS MADHOUSE 04　りんたろう』キネマ旬報、２００９年
●ジェルジ・ルカーチ『ルカーチ著作集 2』白水社、１９６８年
●ゲオルク・ルカーチ『近代戯曲の発展史』早稲田大学演劇映像学連携研究拠点、２０１１年
●『一〇〇てんランド・アニメコレクション④　ルパン三世 PART-1』双葉社、１９８２年
●『一〇〇てんランド・アニメコレクション⑥　ルパン三世 PART-2』双葉社、１９８２年
●高橋実「『ルパン三世』という名のはてしない物語」「座談会：柏原寛司／出崎統／加藤敏」ほか『THE ルパン三世 FILES～増補改訂版～』キネマ旬報社、１９９８年

●リベロスタイル編著『ルパン三世アニメ全歴史 完全版』双葉社、２０１２年
●ジェリー・ロペス「想像の波に乗る」『coyote』４号 スイッチ・パブリッシング、２００５年
●Gelder, Ken. (ed.) 2005. *The Subcultures Reader*. Routledge, Oxon.
●Muggleton, David. 2002. *Inside Subcuture*. Berg, Oxford.
●Muggleton, David. and Weinzierl, Rupert. (eds.) 2003. *The Post-Subcultures Reader*. Berg, Oxford.
●Thornton, Sarah. 1996. *Club Cultures*. Wesleyan University Press, Middletown, CT.

【著者プロフィル】 アライ＝ヒロユキ

1965年生まれ。美術・文化社会批評。美術、社会思想、サブカルチャーなどをフィールドに、雑誌、新聞、ポータルサイト、展覧会図録などに執筆。

著書に『ニューイングランド紀行　アメリカ東部・共生の道』（2013年、繊研新聞社）、『天皇アート論ーその美、〝天〟に通ず』（2014年、社会評論社）、『宇宙戦艦ヤマトと70年代ニッポン』（2010年、社会評論社）、共著に『エヴァンゲリオン深層解読ノート』（1997年、大和書房）、ほか。

主な寄稿先に、『週刊金曜日』『しんぶん赤旗』『月刊美術』『ミュージック・マガジン』『週刊読書人』『社会新報』『オルタナ』『琉球新報』ほか。連載「アートと公共性」（『月刊社会民主』）。

NPO法人アート農園理事。美術大学、各種学校、美術館などで講義／講演も行う。

オタ文《ぶん》化《か》からサブカルへ
ナラティヴへ誘《いざな》うキャラクター

2015年1月30日　初版 第1刷発行

著　者　アライ＝ヒロユキ
発行者　白子 修男
発行所　織研新聞社
〒103－0015 東京都中央区日本橋箱崎町31－4 箱崎314ビル
TEL 03（3661）3681　FAX 03（3666）4236

制　作　スタジオスフィア
印刷・製本　株式会社 加藤文明社

ISBN978-4-88124-309-1 C0074